Workation, Work-Life-Balance, Workaholic –
Wie die Gen Z und Unternehmen ein Match werden

Andrea Hüttmann

Workation, Work-Life-Balance, Workaholic – Wie die Gen Z und Unternehmen ein Match werden

Andrea Hüttmann
accadis Hochschule Bad Homburg
Bad Homburg, Deutschland

ISBN 978-3-658-46736-4   ISBN 978-3-658-46737-1 (eBook)
https://doi.org/10.1007/978-3-658-46737-1

Die Deutsche Nationalbibliothek verzeichnet diese Publikation in der Deutschen Nationalbibliografie; detaillierte bibliografische Daten sind im Internet über https://portal.dnb.de abrufbar.

© Der/die Herausgeber bzw. der/die Autor(en), exklusiv lizenziert an Springer Fachmedien Wiesbaden GmbH, ein Teil von Springer Nature 2025

Das Werk einschließlich aller seiner Teile ist urheberrechtlich geschützt. Jede Verwertung, die nicht ausdrücklich vom Urheberrechtsgesetz zugelassen ist, bedarf der vorherigen Zustimmung des Verlags. Das gilt insbesondere für Vervielfältigungen, Bearbeitungen, Übersetzungen, Mikroverfilmungen und die Einspeicherung und Verarbeitung in elektronischen Systemen.
Die Wiedergabe von allgemein beschreibenden Bezeichnungen, Marken, Unternehmensnamen etc. in diesem Werk bedeutet nicht, dass diese frei durch jede Person benutzt werden dürfen. Die Berechtigung zur Benutzung unterliegt, auch ohne gesonderten Hinweis hierzu, den Regeln des Markenrechts. Die Rechte des/der jeweiligen Zeicheninhaber*in sind zu beachten.
Der Verlag, die Autor*innen und die Herausgeber*innen gehen davon aus, dass die Angaben und Informationen in diesem Werk zum Zeitpunkt der Veröffentlichung vollständig und korrekt sind. Weder der Verlag noch die Autor*innen oder die Herausgeber*innen übernehmen, ausdrücklich oder implizit, Gewähr für den Inhalt des Werkes, etwaige Fehler oder Äußerungen. Der Verlag bleibt im Hinblick auf geografische Zuordnungen und Gebietsbezeichnungen in veröffentlichten Karten und Institutionsadressen neutral.

Springer Gabler ist ein Imprint der eingetragenen Gesellschaft Springer Fachmedien Wiesbaden GmbH und ist ein Teil von Springer Nature.
Die Anschrift der Gesellschaft ist: Abraham-Lincoln-Str. 46, 65189 Wiesbaden, Germany

Wenn Sie dieses Produkt entsorgen, geben Sie das Papier bitte zum Recycling.

„Wir sind orientierungslos, einsam und überfordert.
Aber wir sind auch frei und selbstbewusst
und wir haben alle Möglichkeiten.
Im Widerspruch liegt unsere Kraft,
denn was uns immer bleibt,
in jedem Augenblick,
ist das endlose Streben
nach einer besseren Welt,
nach einem höheren Selbst."

Valentina Vapaux

Für Stephan

Vorwort

Seit vielen Jahren fungiere ich bei uns an der Hochschule als Bindeglied zwischen aktuellen und zukünftigen Studierenden und dem Arbeitsmarkt. Ich leite das Career Center, organisiere in dieser Funktion einmal im Jahr einen großen Karrieretag, habe unser Partnernetzwerk erweitert und gefestigt, bin für das Duale Studium zuständig. Was ich quasi auf der Brücke zwischen unseren Studierenden – aktuell fast ausnahmslos Angehörige der *Gen Z* – und den Unternehmen beobachte und erlebe, treibt mich seit Jahren um und hat den Impuls und die Motivation geliefert, dieses Buch zu schreiben. Neulich hörte ich mich zu einer Kollegin aus meinem Team sagen: „Unsere Aufgabe ist es, Menschen Tag für Tag aus ihren persönlichen Filmen herauszuholen und der Realität Stück für Stück näher zu bringen." Klingt herausfordernd? Ist es!

Was ist da nur passiert, dass zwischen so vielen jungen Menschen und so vielen Firmenrepräsentierenden ein solch riesengroßer Graben klafft? Wie kann es sein, dass so viele Studien- und Berufsanfänger*innen die Vorstellung haben, Unternehmen seien so etwas Ähnliches wie Sozialinstitutionen, die bei hohem Gehalt und vielen Benefits ausbilden *müssten* und zeitgleich eine gegen Null gehende Erwartungshaltung an ihre Mitarbeiter*innen hätten? Wie kann es sein, dass so viele Firmenrepräsentierende überhaupt keine Kenntnis davon haben, wo junge Menschen heute abzuholen sind, mit welchem Horizont, Wissensstand, mit welcher Lebenserfahrung sie daherkommen?

„Ich weiß jetzt endlich, was ich will!" – diesen erleichterten Satz höre ich nicht selten von jungen Menschen, die etwa einen Studienabbruch- und eine *Gap-Year*-Odyssee hinter sich haben und nun der Überzeugung sind, sobald *sie* wüssten, was sie wollten, würde der Arbeitsmarkt sie, ohne jegliche kritische Betrachtung von fünf Jahren Irrungen und Wirrungen und einer mittelmäßigen Hochschulreife, aufsaugen und – natürlich – mit hohem Gehalt und Benefits versorgen? „Er oder sie hat ja noch gar keine Berufserfahrung!" Diesen empörten Satz höre ich auf der anderen Seite mindestens ebenso häufig von Firmenrepräsentierenden, die bei Sichtung der Lebensläufe frischgebackener Absolvent*innen vollkommen überrascht sind, dass sich Hochschulabgänger*innen ohne einschlägige Praxiserfahrung bei ihnen bewerben (sie sind eben ca. 22 Jahre alt und haben bisher hauptsächlich studiert…) Aha? Oho!

Neben all jenen jungen Menschen, die top aufgestellt sind und ihre Zukunft gewissenhaft und zielorientiert planen sowie all jenen Firmen, die in realistischer Kenntnis des Status Quo und hoher Professionalität ihre Personaldecke systematisch von unten aufbauen, gibt es also auf beiden Seiten – der der jungen Menschen, die einen Weg in ihre berufliche Zukunft suchen, und der der Firmen, die bemüht sind, ihre Belegschaft um Jobeinsteiger*innen zu bereichern – eine ganze Menge unrealistischer Vorstellungen, ein breites Spektrum an Fehleinschätzungen sowie wenig Kenntnis davon, dass das Ausbleiben von Erfolg etwas mit den eigenen realitätsfernen Erwartungen und mangelnder Professionalität zu tun hat.

Genau hier setzt mein Buch an: Es gibt Arbeitgeber*innen und jenen, die sich mit Einstellungsprozessen beschäftigen, einen tiefer gehenden Einblick in die *Gen Z*, jenen jungen Menschen, die jetzt oder in naher Zukunft in den Arbeitsmarkt eintreten. Es schlägt vor, wie Unternehmen sich aufstellen sollten, um für genau diese jungen Menschen, aber auch für viele andere, attraktiv zu werden und zu bleiben. Es diskutiert und erläutert, was Unternehmen zugleich von den jungen Menschen (ein-)fordern müssen, damit ein erfolgreiches Miteinander und vor allem ökonomischer Erfolg möglich werden. Es formuliert schließlich einen Appell an die *Gen Z*. Nicht nur Unternehmen und deren Repräsentierende sollten zum Teil in großem Stil umdenken und ihr Denken und Handeln neu ausrichten; auch der jungen Generation wird dringend empfohlen, bestimmte Vorstellungen, Forderungen und Verhaltensweisen ad acta zu legen und gegen konstruktivere Einstellungen und Herangehensweisen zu tauschen. Da der Graben, der sich zwischen Unternehmen und der *Gen Z* aufgetan hat, in Teilen auch einfach Ausdruck eines Generationenkonflikts ist, beginnt das Buch mit einer Annäherung an die unterschiedlichen Generationen, die zurzeit gemeinsam auf dem Arbeitsmarkt agieren. Wie sind die Menschen aufgewachsen, wie wurden sie sozialisiert, welcher Zeitgeist und welche Ereignisse haben sie geprägt, welche Einstellung zur Arbeit haben sie und wie arbeiten sie?

Ich lade alle Leserinnen und Leser herzlich ein, sich unvoreingenommen und mit Neugierde auf das einzulassen, was Sie auf den nächsten gut einhundert Seiten formuliert finden. Es wird Momente geben, wo Sie eine Pause einlegen und einen Spaziergang machen wollen – nicht jeder Gedanke wird Sie dort abholen, wo Sie gerade stehen. An der einen oder anderen Stelle werden Sie Bereitschaft zeigen müssen, Ihre bisherige Herangehensweise, Ihr etabliertes Mindset zu hinterfragen. Veränderung und damit die Chance auf Erfolg entsteht nur dort, wo wir uns der Zukunft öffnen, gewohnte Bahnen verlassen und uns für Wandel bereit machen. Liebe Unternehmen, liebe *Gen Z* – meine Hoffnung steht, dass viele von Ihnen sich nach der Lektüre besser gerüstet sehen für ein professionelles Zusammenkommen, ein konstruktives Miteinander, gemeinsam herbeigeführte persönliche Zufriedenheit und natürlich auch für Erfolg! Viel Freude auf Ihrer Lese-Reise und vielen Dank für Ihr Vertrauen!

Danksagung

Ich danke meinen Interview-Partnerinnen und -partnern für sehr angenehme Gespräche und inspirierende Einblicke in ihre Gedanken, Beobachtungen und Erfahrungen – viele von ihnen sind in mein Buch eingeflossen.

Ich danke der Familie Meinl-Kexel für das einzigartige Bildungs-Umfeld, das Sie mit accadis geschaffen haben und in dem ich seit nun fast zwei Jahrzehnten weitgehend frei agieren darf. Ich danke meinem sehr besonderen, jungen (!) Team – Alina, Carina, Celina, Georgina, Marieke, Sara – für tägliche gute Laune, Professionalität und Leidenschaft, Leichtigkeit und Humor und das vertrauensvolle Teilen unserer Erfahrungen.

Für immer und von ganzem Herzen danke ich meinem Mann und meinen beiden Söhnen. Danke, dass Ihr da seid! Danke, dass Ihr so seid wie Ihr seid! Danke für Eure Liebe, Eure Haltung, Eure Power, Eure großartigen Gedanken!

Inhaltsverzeichnis

1	**Einleitung**	1
	Literatur	3
2	**Über die Präsenz von vier Generationen am Arbeitsmarkt**	5
2.1	Warum das Miteinander heute besonders herausfordernd ist	5
2.2	Wie sich Unterschiede zwischen Jung und Alt erklären lassen	8
2.3	Die verschiedenen Generationen und was sie ausmacht	12
	2.3.1 Die Babyboomer – Deutschland im Wirtschaftswunder	13
	2.3.2 Die Generation X – Das Ende der Geschichte?	17
	2.3.3 Die Generation Y – 9/11 verändert alles	20
	2.3.4 Die Generation Z – Von Zeitenwende und multiplen Krisen	26
2.4	Von Boomer bis Zoomer – Die verschiedenen Arbeitnehmer*innen-Typen	34
	2.4.1 Die Babyboomer – Leben, um zu arbeiten	35
	2.4.2 Die Generation X – Die Entdeckung der Work-Life-Balance	38

2.4.3	Die Generation Y – Auf der Suche nach Sinn	42
2.4.4	Die Generation Z – Es soll sich nicht wie Arbeit anfühlen	46
Literatur		47

3 Die Gen Z – eine Annäherung — 55
3.1 Grundlegendes — 55

- 3.1.1 Die Gen Z ist eine kleine Generation mit guter Verhandlungsbasis — 55
- 3.1.2 Ist die Gen Z gut situiert? — 56
- 3.1.3 Ist die Gen Z top ausgebildet? — 59
- 3.1.4 Was Schule zurzeit nicht hinbekommt — 62
- 3.1.5 Wo Eltern Erziehung missinterpretieren — 65
- 3.1.6 Die Gen Z blickt in eine ungewisse Zukunft — 68
- 3.1.7 Für die Gen Z ist das Internet ihr natürliches Habitat — 70
- 3.1.8 Die Gen Z befindet sich im Kreuzfeuer der sozialen Medien — 72
- 3.1.9 Die Digitalkompetenz der Gen Z ist ungleich verteilt — 74
- 3.1.10 Die Gen Z ist mental herausgefordert — 75
- 3.1.11 Die Gen Z bleibt in Teilen (vollständig) unverstanden — 76
- 3.1.12 Der Wertekanon der Gen Z — 80

3.2 Wie die Gen Z arbeiten will — 82

- 3.2.1 Die Generation Z und ihre Vorstellung von Arbeit erhitzt die Gemüter — 82
- 3.2.2 Attraktive Vergütung und Sicherheit? – Na logisch! — 86
- 3.2.3 Auf der Suche nach Balance – Zeit für mein Ich — 88
- 3.2.4 Werte und Sinn – Die Sehnsucht nach dem Warum — 89
- 3.2.5 Flexibilität – Arbeiten, wann und wo wir möchten — 91
- 3.2.6 Abwechslung – Langeweile? Och nö! — 93

3.2.7		Inspirierende Leader gesucht – Autorität war gestern	95
3.2.8		Persönliche Entwicklung – Wir wollen wachsen	97
3.2.9		Unternehmenskultur – Es muss sich schon gut anfühlen	99
3.2.10		Unterm Strich – Wie wir arbeiten wollen	101
Literatur			103

4 Wie die Gen Z und Unternehmen ein Match werden — 109
4.1 Wie Unternehmen agieren sollten — 109
- 4.1.1 Tabula Rasa – Gönnt Euch eine Transformation — 110
- 4.1.2 Die Du-Kultur – Achtet auf Respekt und Achtsamkeit — 111
- 4.1.3 Eure Führungskräfte – Gebt Feedback und Guidance — 113
- 4.1.4 Eure Werte – Hauptsache authentisch — 117
- 4.1.5 Schnürt attraktive Pakete – Und legt den Fokus auf etwas anderes — 120
- 4.1.6 Arbeitszeiten und -orte – Ermöglicht viel bei klaren Grenzen — 125
- 4.1.7 Eure Arbeitswelt – Öffnet die Türen für Kreativität und Produktivität — 128
- 4.1.8 Kommunikationsformate – Eure Chance auf Wettbewerbsvorteil — 132
- 4.1.9 Euer Recruiting-Prozess – Professionalisiert Euch schnell — 138

4.2 Über was die Gen Z nachdenken könnte — 145
- 4.2.1 Food for thought – Seid Ihr bereit? — 146
- 4.2.2 Nehmt und gebt – Ein Arbeitsverhältnis bleibt ein Deal — 147
- 4.2.3 Zeigt Respekt – Nur so kann ein Miteinander gelingen — 150
- 4.2.4 Seid lernbereit – Ihr steht erst ganz am Anfang — 156
- 4.2.5 Stellt Fragen – Nutzt die Expertise in Eurem Umfeld — 158

4.2.6	Arbeitet exakt – Das ist nicht alles Boomer-Quatsch	161
4.2.7	Lasst Euch mal ein – Und verlasst die Zuschauertribüne	163
4.2.8	Wofür man Euch wirklich schätzt	166
4.2.9	Verlasst toxische Umfelder - Hier könnt Ihr nichts gewinnen	169
Literatur		170

5 Schlusswort 173

Über die Autorin

Andrea Hüttmann hat in Gießen und Oxford Anglistik, Hispanistik, Lusitanistik und Betriebswirtschaft studiert sowie in Gießen und Madrid über das zeitgenössische historische Theater Spaniens promoviert. Sie ist seit 2006 an der accadis Hochschule Bad Homburg beschäftigt. Neben ihrer Rolle als Vizepräsidentin und Professorin für Kommunikation und Soft Skills ist sie für das Unternehmensnetzwerk der Hochschule, das Career Center und das Duale Studium verantwortlich. Zudem leitet sie die Abteilung Studienberatung/Admissions. Andrea Hüttmann ist Systemischer Coach und begleitet seit vielen Jahren Menschen und Unternehmen bei Veränderungsprozessen. Sie ist verheiratet, hat zwei erwachsene Söhne und lebt in Bad Homburg v. d. Höhe.

1 Einleitung

In Deutschland, wie in vielen weiteren westlichen Industrienationen, herrscht Fachkräftemangel: In Summe fehlen hunderttausende Arbeitskräfte – hoch qualifizierte Akademiker*innen, Ingenieur*innen, IT-Expert*innen und Lehrer*innen werden ebenso vergeblich gesucht wie gelerntes Pflegepersonal, Handwerker*innen oder *einfache* Servicekräfte. Auch wenn die deutsche Bevölkerung in den letzten Jahren leicht – von 80,5 Mio. 2012 auf 84,3 Mio. 2022 (*Bevölkerung*, 2024) – gewachsen ist, bewirkt diese Entwicklung auf dem ausgedünnten Arbeitskräftemarkt wenig Linderung. Schließlich ergab sich der Bevölkerungsanstieg hauptsächlich durch zunehmende Migration. Und auch wenn es viele schöne Erfolgsgeschichten von Zugewanderten auf dem deutschen Arbeitsmarkt gibt, kann der überwiegende Teil der Migrantinnen und Migranten wenig zur Steigerung des Bruttosozialproduktes beitragen – Geflüchteten ist der Zugang zum Arbeitsmarkt oft erst nach vielen Monaten und auch dann zunächst nur eingeschränkt möglich, anderen mangelt es an Qualifikation und Sprachkenntnissen, viele Qualifizierte wiederum scheitern an umständlichen bürokratischen Anerkennungsprozessen.

Hinzu kommt der demografische Wandel unserer Gesellschaft, in der die Zahl der jüngeren Menschen stetig sinkt und die der älteren ebenso stetig steigt: „Jede zweite Person in Deutschland ist heute älter als 45 und jede fünfte älter als 66 Jahre." (*Mitten im demografischen Wandel*, 2024) Auch wenn dieser Trend durch die Zuwanderung insbesondere jüngerer Menschen und einenGeburtenanstieg um 11 % in den Jahren 2013 bis 2022 gegenüber dem vorherigen Jahrzehnt leicht abgemildert ist (*Mitten im demografischen Wandel*, 2024),[1] bleibt unsere Gesellschaft eine alte, in der allein über 6 Mio. Menschen, also gut 7 %, älter als 80 Jahre sind. In Bezug auf den Arbeitskräftemarkt bedeutet diese Entwicklung konkret, dass bis 2036 knapp 13 Mio. Arbeitnehmer, die sogenannten Babyboomer, das gesetzliche Renteneintrittsalter überschritten haben werden. Knapp 30 % der dem Arbeitsmarkt zur Verfügung stehenden Erwerbstätigen werden diesen dann verlassen. (Leyhausen & Klute, 2023)

Halten wir also fest: In einer extrem unsicher gewordenen und sich in diversen Transformationsprozessen befindlichen Welt hat Deutschland als die drittgrößte Volkswirtschaft weltweit und die größte in der EU ein massives Problem: Der eklatante Fachkräfte- bzw. Arbeitermangel bedroht den Erhalt unseres Wohlstands (Dettmers, 2022, S. 12) und ganz konkret die Existenz vieler Unternehmen bzw. deren Erfolgsbilanzen. In einer von der Unternehmensberatung PwC unter knapp 170 deutschen mittelständischen Unternehmen durchgeführten Studie ergab sich der Fachkräftemangel als zweitgrößte Herausforderung, direkt im Anschluss an die Problematik der hohen Energiekosten. (Meier, 2023)

Vor dem Hintergrund dieses Spannungsfeldes dringt die jüngste Kohorte unseres Landes in den Arbeitsmarkt: Die Generation Z, kurz *Gen Z*, also die zwischen 1996 und 2010 Geborenen. Und während Unternehmen auf hochengagierte *High Performer* hoffen, die Personallücken schließen und liegen gebliebene Projekte sowie unerledigte Aufträge mit selbstverständlichem Leistungseifer angehen, haben die jungen Menschen ganz andere Vorstellungen vom Phänomen Arbeit: Sie wünschen

---

[1] Seit 2022 ist die Geburtenrate in Deutschland deutlich zurück gegangen und so niedrig wie seit 2009 nicht mehr: Bekam eine Frau 2021 im Schnitt noch 1,57 Kinder, waren es im Herbst 2023 nur noch rund 1,36. Zurückgeführt wird der Geburtenrückgang auf die Vielzahl an zurzeit koexistierenden Krisen (*Geburtenrate in Deutschland deutlich gesunken*, 2024).

sich etwa eine Viertagewoche, setzen flexible Arbeitszeiten voraus, träumen von Workation, setzen auf eine lockere Unternehmenskultur und fordern selbstbewusst einen Strauß auf sie zugeschnittener Benefits. Die viel beschworene Work-Life-Balance wird als Selbstverständlichkeit vorausgesetzt. Scheinbar unvereinbare Vorstellungen treffen also aufeinander, und während Unternehmen versuchen, sich zu wandeln und der Forderungskatalog der jungen Menschen steigt, wächst die Staubschicht auf den liegen gebliebenen Projekten.

Dass es nicht damit getan ist, den berühmten Tischkicker aufzustellen und eine vegane Alternative in der Kantine anzubieten, haben die meisten Unternehmen inzwischen verstanden – die Herausforderung, den Vorstellungen der jungen Menschen zu entsprechen, impliziert meist einen komplexen Transformationsprozess, welcher vor allem beim Mindset ansetzen muss und das Verständnis von Miteinander und Führung revolutioniert. Dass die *Gen Z* nicht besonders gut damit fährt, schon im Bewerbungsgespräch hauptsächlich Forderungen zu stellen und sich darauf auszuruhen, dass der Fachkräftemangel ihnen in die Hände spielt, dürfte sich auch langsam herumsprechen. Doch wie kann eine Annäherung beider Seiten stattfinden, wie vor allem ein konstruktives und produktives Miteinander gelingen? Das vorliegende Buch versucht, Antworten auf diese Frage zu formulieren und sowohl interessierten Unternehmern, Personaler*innen und Führungskräften als auch jungen Menschen an der Schwelle zu ihrem Arbeitsleben Erklärungen zu liefern, konstruktive Gedankengänge anzubieten sowie ganz konkrete Tipps für den Alltag mitzugeben.

Literatur

Bevölkerung – Einwohnerzahl von Deutschland von 1990 bis 2023 (in Millionen). (2024, Januar 25). Statista. https://de.statista.com/statistik/daten/studie/2861/umfrage/entwicklung-der-gesamtbevoelkerung-deutschlands/. Zugegriffen am 12.01.2025.

Dettmers, S. (2022). *Die große Arbeiterlosigkeit: Warum eine schrumpfende Bevölkerung unseren Wohlstand bedroht und was wir dagegen tun können*. FinanzBuch Verlag.

Geburtenrate in Deutschland deutlich gesunken. (2024, März 20). zdfheute. https://www.zdf.de/nachrichten/panorama/geburten-rate-deutschland-2023-corona-klimawandel-inflation-ukraine-krieg-100.html#xtor=CS5-281. Zugegriffen am 12.01.2025.

Leyhausen, F., & Klute, A. (2023, April 4). *So gewinnen Sie Un-Ruheständler.* Haufe. https://www.haufe.de/personal/hr-management/babyboomer-arbeiten-trotz-rente/rentner-als-arbeitnehmer-zurueckgewinnen_80_591552.html. Zugegriffen am 12.01.2025.

Meier, S. (2023, März 9). *Die zehn größten Herausforderungen für den Mittelstand.* Haufe. https://www.haufe.de/controlling/controllerpraxis/die-zehn-groessten-herausforderungen-fuer-den-mittelstand_112_589610.html. Zugegriffen am 12.01.2025.

Mitten im demografischen Wandel. (2024). Statistisches Bundesamt. https://www.destatis.de/DE/Themen/Querschnitt/Demografischer-Wandel/demografie-mitten-im-wandel.html. Zugegriffen am 12.01.2025.

2

Über die Präsenz von vier Generationen am Arbeitsmarkt

2.1 Warum das Miteinander heute besonders herausfordernd ist

Auf dem Arbeitsmarkt sind aktuell Arbeitnehmer*innen aus vier verschiedenen Generationen anzutreffen: Angehörige der Babyboomer, der Generationen X und Y sowie der *Gen Z* tummeln sich auf Büroetagen, diskutieren in Co-Working-Spaces und brüten in Meeting-Räumen über Konzepten und Projektplänen. Doch was ist neu an dieser Zusammenarbeit zwischen Menschen unterschiedlichen Alters und verschiedener Prägung? Warum wird heute so viel über die Herausforderungen der Mehr-Generationen-Präsenz in Unternehmen gesprochen? Wie konnte sich das Phänomen des Generationen-Managements als modernes Forschungsgebiet etablieren? Waren auf dem Arbeitsmarkt nicht schon immer – jedenfalls seit der Industrialisierung im frühen 19. Jahrhundert – Menschen verschiedenen Alters unterwegs und zur Kooperation gezwungen?

Die Gen Z ist noch die Minderheit auf dem Arbeitsmarkt

Während die Babyboomer, die Generation X und Y mit jeweils ca. einem Drittel den prozentual größten Anteil der aktuell Erwerbstätigen ausmachen, stellt die *Gen Z* den geringsten Anteil, sind doch ihre ältesten Repräsentierenden gerade einmal 28 Jahre alt. Ein Großteil der Generation befindet sich also noch in Ausbildung und/oder Studium (Priebe, 2023).

Drei Beobachtungen sollen zur Erklärung herangezogen werden:

(1) Während traditionell knapp zwei Drittel der Arbeitnehmer*innen in Deutschland (und natürlich ebenso in ähnlich entwickelten Industrienationen) im primären und sekundären Wirtschaftssektor beschäftigt waren – 1950 waren dies gut 67,5 % –, arbeiten heute ca. drei Viertel der Erwerbstätigen (74,5 %) im Dienstleistungsbereich, im sogenannten tertiären Sektor (*Erwerbstätige nach Wirtschaftssektoren*, 2020). In der Landwirtschaft und im produzierenden Gewerbe dominierte – jedenfalls traditionell – der körperliche Arbeitseinsatz, und die Verteilung von Aufgaben erfolgte vergleichsweise klar in Abhängigkeit von körperlicher Kraft und dem Vorhandensein bestimmter Verrichtungskompetenzen. Im Dienstleistungssektor hingegen dominiert die Kopfarbeit, und es wird komplizierter, Menschen genau dort einzusetzen, wo sie ihre Fähigkeiten bestmöglich ein bringen können. Wer verfügt über welche Kompetenzen und Skills? Wer eignet sich für welche Aufgaben? Diese Fragen sind schwieriger zu beantworten. Hinzu kommt, dass Kompetenzen sich nicht geradlinig Menschen bestimmten Alters oder bestimmter Erfahrung zuschreiben lassen; das Leistungspotenzial von Arbeitnehmer*innen in einem bestimmten Gebiet wächst nicht automatisch mit Alter und Erfahrung. Und so bedarf es auf einem von der Dienstleistung dominierten Arbeitsmarkt der ausgeklügelten Zusammenstellung von Teams sowie der Bereitschaft von Menschen, sich in ihre Rollen zu fügen, unabhängig von Alter, Erfahrung und den Jahren der Unternehmenszugehörigkeit.

(2) Die Welt, in der wir leben und wirtschaften, ist hochkomplex. Damit ein Produkt etwa zur Marktreife gelangt, eine Innovation auf die

Straße gebracht oder eine Marketing-Kampagne für eine internationale Brand ausgerollt wird, bedarf es der detailverliebten und konstruktiven Zusammenarbeit sehr vieler Menschen. Kooperation und Kollaboration sind zu Schlüsselkompetenzen geworden. Jeder kluge Kopf in einem Team muss integriert werden, jede*r muss unter optimalen Bedingungen sein/ihr Bestes beitragen können, die Zusammenarbeit von Menschen unterschiedlichster Kompetenzen, verschiedenen Alters und differenziertester Skill-Sets muss reibungslos funktionieren – nur so können Unternehmen auf global wettbewerbsintensiven Märkten bestehen.

(3) Schließlich ist die Frage aufzuwerfen, ob ein heute 21-Jähriger in verschiedener Hinsicht möglicherweise weiter von einem 70-Jährigen entfernt ist als dies z. B. 1980 oder '90 der Fall war. In welchem Haushalt leben heute noch drei Generationen zusammen? In welchen Familien besteht noch ein regelmäßiger Kontakt zwischen den verschiedenen Generationen? Inwiefern sind Menschen also noch darin geübt, sich auf Personen anderen Alters und verschiedener Denk-, Herangehensweisen oder Arbeitsmethoden einzulassen? Hindert uns nicht auch die Möglichkeit, dass wir uns alle in unsere Blasen der Gleichgesinnten zurückziehen können, an der Fähigkeit, Diversität und Differenziertheit auszuhalten, gar zu schätzen? Hat die Tatsache, dass Angehörige der Generation Z sich selbstverständlich einen beträchtlichen Teil ihres Tages im Internet aufhalten und sich u. a. in sozialen Medien tummeln, hat ihre vollkommen andere Art zu kommunizieren, die Wirklichkeit zu rezipieren und sich in der Welt zu bewegen, gar eine Kluft zwischen jungen und älteren Menschen gerissen, die kaum zu überwinden ist? Eine solche These wissenschaftlich zu untermauern, ist sicher nicht leistbar. Dennoch mögen eine Vielzahl von Beobachtungen aufmerksamer Menschen zumindest dafür stehen, dass etwas dran sein könnte an einer solchen Vermutung.

Die Generation Z hat als erste einen Wissensvorsprung

Die Generation Z wird als die erste Generation bezeichnet, die einen Wissensvorsprung gegenüber ihren Vorgänger-Generationen hat. „In der Geschichte der Menschheit gestaltete sich das Eltern-Kind-Verhältnis bisher derart, dass Eltern ihr Wissen an ihre Kinder weitergaben. Im Zeitalter der Digitalisierung ist das umgekehrt: Nun lernen die Eltern von ihren Kindern […]" (*Wer ist die Generation Z? Einordnung und Merkmale der Gen Z*, o. J.) (s. Abschn. 2.4.4).

Fest steht also: Wenn ein Unternehmen auf einem von Fachkräften und zum Teil schlichtweg Arbeiter*innen leer gefegten Arbeitsmarkt und in einer globalen Wettbewerbsintensität bestehen will, muss es ihm gelingen, jeden verfügbaren Kopf gewinnbringend einzusetzen und Kooperation innerhalb – nicht nur altersbedingt – extrem heterogener Teams zu erwirken. Nur so kann Mehrwert entstehen und ein Unterschied gemacht werden.

2.2 Wie sich Unterschiede zwischen Jung und Alt erklären lassen

> „Die Jugend liebt den Luxus. Sie hat schlechte Manieren, verachtet die Autorität, hat keinen Respekt vor den älteren Leuten und schwatzt, wo sie arbeiten sollte. Sie widersprechen ihren Eltern, legen die Beine übereinander und tyrannisieren ihre Lehrer."

Dieses Zitat, über dessen Urheberschaft man sich nicht ganz einig ist – es wird Sokrates zugeschrieben, aber auch Kenneth John Freeman, der es 1907 in seiner in Cambridge erschienenen Dissertation aufgeführt haben soll (*Pauschalierungen sind manchmal nötig*, o. J.) – zeigt, dass Generationenkonflikte bzw. Disharmonie zwischen Menschen unterschiedlichen Alters nichts Unübliches sind. „Sicher fanden auch schon Steinzeitmenschen", so Stöcker, „dass die jungen Leute mit dem Faustkeil nicht richtig umgehen können, sich beim Zerlegen des Mammuts zu zimperlich anstellen und mit ihren neumodischen, verweichlichten Ideen (gebratenes Fleisch schmeckt besser? Ernsthaft?) wirklich furchtbar nerven" (Stöcker, 2022). Wahrscheinlich haben Konflikte zwischen Jung und Alt seit jeher eine Rolle im Zwischenmenschlichen gespielt.

Diese Erkenntnis ist zunächst einmal recht beruhigend und vermag das eine oder andere erhitzte Gemüt abzukühlen, das sich über die Bequemlichkeit, die unrealistischen Vorstellungen und vermeintlich frechen Forderungen der sogenannten Generation Z erzürnt. Auch junge Menschen können möglicherweise mit der Tatsache, dass sie sich von Eltern, Lehrer*innen, Dozent*innen oder älteren Kolleg*innen verkannt und unverstanden fühlen, entspannter umgehen, wenn sie sich bewusst machen, dass sie nicht die erste Generation sind, der es so ergeht. Und dennoch schwächt sich natürlich kein Konflikt ab, nur weil man weiß, dass frühere Generationen diesen auch schon erlebten.

Über die allgemeingültige Erkenntnis der Omnipräsenz einer Art ewigen Unverständnisses zwischen Jung und Alt hinaus gibt es weitere Ansätze, die die Unterschiede und damit das Konfliktpotenzial zwischen Menschen unterschiedlichen Alters zu erklären suchen: Da ist zum einen die Idee der Alters-Effekte, die etwa darauf rekurriert, dass Menschen verschiedenen Alters – über das offensichtlich inhärente Unverständnis hinaus – andere Werte verfolgen, andere Einstellungen und unterschiedliche Bedürfnisse haben und aus diesem Grund Spannungen entstehen: Während jüngere Menschen etwa tendenziell in Richtung Zukunft orientiert seien, so Klaffke, nähme die Gegenwart für Menschen ab etwa 40 Jahren einen höheren Stellenwert ein. Jüngere Menschen verfolgten von daher eher Wünsche nach Weiterbildung, Karriere und Macht, während für Ältere ein höheres Streben nach Autonomie und Wertschätzung sowie der Wunsch, mit ihrer Tätigkeit einen gesellschaftlichen Beitrag zu leisten, wichtiger würde (Klaffke, 2022, S. 15). Offenheit und Begeisterung für Neues sei hingegen eher jüngeren Arbeitnehmer*innen vorbehalten, während ältere Menschen Dinge wie Zuverlässigkeit, Hilfsbereitschaft und emotionale Stabilität höher gewichteten (Klaffke, 2022, S. 15).

Eine etwas andere Perspektive nimmt die Idee der Lebensphasen-Effekte ein (Klaffke, 2022, S. 15): Auch hier werden unterschiedliche Präferenzen und Prioritäten auf unterschiedliche Alter zurückgeführt. Der Erklärungsansatz legt den Fokus allerdings weniger auf das biologische Alter als auf die Lebensphase, in der Menschen sich tendenziell innerhalb einer bestimmten Altersspanne befinden: „Werte und Einstellungen sind hiernach von den jeweiligen privaten Lebensumständen abhängig." (Klaffke, 2022, S. 15). Arbeitnehmer*innen etwa, die für eine junge Familie zu sorgen haben, zeigten andere Bedürfnisse als jene, die sich um alternde Eltern kümmerten. Junge und ungebundene Menschen am Beginn ihrer Karriere verfolgten selbstverständlich andere Ziele und Vorstellungen als ältere Arbeitnehmer*innen, die sich in Richtung Rente bewegten.

Der vierte Ansatz, der der Generationen-Effekte, ist auch als Erklärungsmodell für Konflikte zwischen verschiedenen Generationen und damit implizit auch zwischen Jung und Alt zu verstehen. Sein Fokus ist breiter und umfassender als die bisher genannten. Unterschiede und damit Konfliktpotenziale zwischen verschiedenen Generationen erklärt er nicht bloß mit dem Alter oder unterschiedlichen Lebensphasen und den mit diesen einhergehenden verschiedenen Präferenzen und Werten, sondern auch mit der Tatsache, dass Menschen, die innerhalb eines bestimmten Zeitraums geboren wurden, ähnliche Erfahrungen gemacht haben, von daher ähnlich *ticken*, dieselben Werte teilen und aus diesem Grund ebenso gerne in Konflikt und Unverständnis mit Menschen geraten, die innerhalb eines anderen Zeitraums geboren wurden und aufgrund der von ihnen gemachten Erfahrungen und Sozialisation anders *ticken* und andere Werte verinnerlicht haben (Klaffke, 2022, S. 15).

1928 brachte der Soziologe Karl Mannheim den historisch-gesellschaftlichen Generationenbegriff erstmals ins Spiel und legte damit den Grundstein für diesen Forschungsbereich. Unter einer Generation versteht man in diesem Zusammenhang eine gesellschaftliche Kohorte, „die Geburtsperiode und prägende kollektive Ereignisse […] in Kindheit und Jugend teilt, wodurch sie sich von früheren oder späteren Geburtsjahrgängen unterscheidet" (Klaffke, 2022, S. 16–17). Geht man davon aus, dass gerade die im Jugendalter für die Persönlichkeitsentwicklung so bedeutsamen Aufgaben immer auch im Kontext politischer, wirtschaftlicher und gesellschaftlicher Strukturen gemeistert werden müssen (Klaffke, 2022, S. 17), wird nachvollziehbar, warum Menschen, die in einem bestimmten Zeitraum geboren wurden, in ähnlich ausgerichteten Ländern und möglicherweise auch in bestimmten gesellschaftlichen Schichten aufgewachsen sind, nicht Weniges teilen – kollektive Erinnerungen, Sozialisations-Erfahrungen, allgemeine Bedrohungen, technische Innovationen – und von daher möglicherweise ein ähnliches Wertegerüst ausgebildet haben, ähnliche Einstellungen teilen und vergleichbare Präferenzen verfolgen.[1]

Die Jugendjahre sind von höchster Relevanz

Damit junge Menschen zu reifen Individuen und gesellschaftsfähigen Menschen werden, muss in den – sagen wir – ca. ersten 25 Lebensjahren eine ganze Menge klappen: Der Kompetenzerwerb für die Erwerbstätigkeit und die finanzielle Unabhängigkeit, die Ablösung von den Eltern und der Aufbau eigener sozialer Bindungen sowie einer Partnerschaft, die Entwicklung zum souveränen Konsumenten sowie das Erlangen einer eigenen handlungsleitenden Werteorientierung für die aktive gesellschaftliche Partizipation (Albert et al., 2015). Macht man sich diese Entwicklungsziele bewusst, wird einem klar, von welcher Relevanz diese frühen Jahre für den weiteren Lebensverlauf eines Menschen sind. In den Jugend- und Ausbildungsjahren wird der Boden für das gesamte weitere Leben bereitet. Ob es ein guter Boden wird, liegt nur zu einem Teil in den Händen des jungen Menschen: Eltern, Lehrer*innen, andere Begleitpersonen und die Zeit, in der sie heranreifen, leisten alle einen Beitrag.

Es versteht sich von selbst, dass die genannten Erklärungsmuster – Alters-, Lebensphasen- und Generationeneffekte – lediglich Versuche darstellen, Unterschiede zwischen Menschen – in diesem Falle zwischen älteren und jüngeren oder jenen, die zu unterschiedlichen Zeiträumen auf die Welt gekommen sind – zu erklären. Jeder Erklärungsansatz pauschalisiert, jeder schert Phänomene über einen Kamm, keiner wird der vielschichtigen und facettenreichen Realität gerecht. Und dennoch können die Ansätze zusammengenommen dabei helfen, die Bedürfnisse, Präferenzen und Werte bestimmter Gruppen von Menschen nachzuvollziehen, zu erklären und zu verstehen. Nur in Kenntnis dieser können schließlich Arbeitsbedingungen angeboten und Benefit-Pakete geschnürt werden, die dazu geeignet sind, individuelle Bedürfnisse zu erfüllen. Nur so können Bedingungen in Unternehmen geschaffen werden, die in ein konstruktives Miteinander münden und das gemeinsame Erwirken von Erfolg ermöglichen.

---

[1] Verwiesen sei hier auf die umfänglichen Texte Karl Mannheims (1928).

2.3 Die verschiedenen Generationen und was sie ausmacht

In der Forschung variieren die Daten der angegebenen Geburtszeiträume der jeweiligen Generationen nur leicht. Im Rahmen dieser Arbeit wird sich an die Abgrenzung nach Klaffke angelehnt: Seiner Definition zufolge gehören zu den Babyboomern die zwischen 1956 und '65 Geborenen, die Generation X erblickte zwischen 1966 und 1980 das Licht der Welt; die Angehörigen der Generation Y wurden im Zeitraum 1981 bis 1995 geboren und die der *Gen Z* zwischen 1996 und 2010 (Klaffke, 2022, S. 21). Umrandet werden diese vier heute auf dem Arbeitsmarkt anzutreffenden Kern-Generationen von der Nachkriegsgeneration, geboren zwischen 1946 und '55, sowie der Generation Alpha, deren Repräsentierende seit 2010 auf die Welt kommen (siehe Abb. 2.1). Alle 10 bis 15 Jahre gibt es einen Wechsel zur nächsten Generation mit ihren jeweils ganz eigenen Prägungen, Wertvorstellungen und Erwartungen (Rupacher, 2021). Zu bemerken ist demzufolge, dass die Eltern einer Generation nicht zur unmittelbar vorhergehenden gehören, sondern zu der davor – die Eltern der Generation X gehören also zur Nachkriegsgeneration, die Eltern der *Gen Y* sind die Babyboomer, die Eltern der *Gen Z* die Generation X etc.

Ausgehend von der Annahme, dass junge Menschen während ihres Heranwachsens nicht nur stark von Elternhaus, Freundeskreis und Bildungsumfeld geprägt werden, sondern ebenso durch politische Ereignisse, gesellschaftlichen Diskurs, den Zeitgeist im Allgemeinen, sollen im Folgenden die Einflussfelder umrissen werden, in denen die Angehörigen der vier im Fokus stehenden Generationen aufwuchsen und sozialisiert wurden.

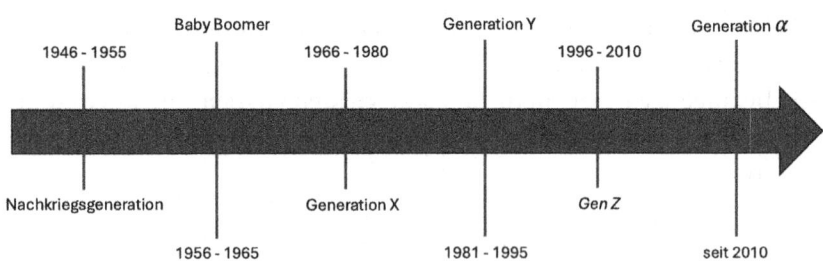

Abb. 2.1 Die Generationen im Überblick

2.3.1 Die Babyboomer – Deutschland im Wirtschaftswunder

Zu den sogenannten Babyboomern gehören die zwischen 1956 und 1965 Geborenen, ihre Vertreter*innen sind im Erscheinungsjahr dieses Buches zwischen 60 und 69 Jahren alt. Die Babyboomer gehören zu den geburtenstärksten Jahrgängen in der Geschichte der Bundesrepublik Deutschland – 1964 etwa kamen im Höhepunkt mit 1,36 Mio. ungefähr doppelt so viele Babys auf die Welt wie 2023 mit knapp 700.000 Neugeborenen (*Bevölkerung – Geburten*, 2024). Der Soziologe Stefan Schulz, der den Geburtszeitraum der Babyboomer auf die Jahre 1958 -'71 ansetzt, führt an, dass in keinem Jahr vor '58 oder nach '71 mehr Kinder geboren wurden als in einem von diesen (Stefan Schulz bei Lanz, 21.12.2023, 27:20 min. ff.).

In der Folge des Geburtenhochs der Babyboomer zeigte sich ein deutlicher Geburtenrückgang: Die zusammengefasste Geburtenziffer sank (in Ost- und Westdeutschland) von 2,1 auf 1,5 Kinder pro Frau und hielt sich bis 2010 auf diesem vergleichsweise niedrigen Niveau.[2] (*Zusammengefasste Geburtenziffer,* o. J.) Neben der Verbreitung von Verhütungsmitteln – Stichwort Pillenknick – führt man diesen Rückgang auf einen gesellschaftlichen Wertewandel zurück: Frauen begannen, sich aus ihrer klassischen Rolle als Hausfrau und Mutter zu emanzipieren, Sexualität vor der Ehe musste nicht mehr heimlich gelebt werden, die Entscheidung für Familie und Kinder wurde zu einer Option und war keine Voraussetzung mehr für gesellschaftliche Anerkennung. Es wurde später geheiratet und Paare bekamen weniger Kinder – dies ermöglichte auch Frauen, einen Beruf auszuüben. Die Verteilung eines spezifischen Einkommens auf weniger Köpfe versprach selbstredend auch mehr Komfort und Möglichkeiten für den/die einzelne/n.

---

[2] In Ostdeutschland führten familienpolitische Maßnahmen wie Geburtenbeihilfe und Ehekredite ab 1975 zu einem kurzfristigen Wiederanstieg der Geburtenzahlen; zu Zeiten der Wende bekamen ostdeutsche Frauen dann wieder wie westdeutsche im Schnitt ca. 1,5 Kinder. Ende der 90er-Jahre erreichte die Geburtenzahl in Ostdeutschland pro Frau mit ca. 0,8 Kinder einen absoluten Tiefpunkt (*Zusammengefasste Geburtenziffer,* o. J.).

Frauen erwerben nur langsam ihre Gleichberechtigung

Aus heutiger Sicht unglaublich, aber wahr: Bis am 1. Juli 1958 das *Gesetz über die Gleichberechtigung von Mann und Frau* auf dem Gebiet des bürgerlichen Rechts in Kraft trat, entschied ein deutscher Ehemann, ob seine Frau arbeiten durfte oder nicht; auch war er berechtigt, ihr Arbeitsverhältnis zu kündigen. Er verwaltete das von der Frau in die Ehe eingebrachte Vermögen ebenso wie ihr Gehalt. Erst seit 1958 sind Frauen in Deutschland berechtigt, ein eigenes Konto zu eröffnen (*Diese Rechte haben Frauen in den letzten 100 Jahren errungen*, 2019).

Die Angehörigen der geburtenstärksten Babyboomer Jahrgänge waren in den für sie prägenden 70er-Jahren Teenager bzw. junge Erwachsene. In was für einem Land, in was für einer Stimmung, in was für einem Prägungsfeld wuchsen sie auf? Während die Nachbeben des zweiten Weltkrieges äußerlich nur noch latent wahrzunehmen waren – der Wiederaufbau des Landes war in großen Teilen vollendet –, suchte Deutschland innerlich weiter nach dem passenden Umgang mit der Last des Holocaust und der Initiation des Kriegs. Als das bis dato stärkste Symbol eines Schuldeingeständnisses ging der Kniefall von Bundeskanzler Willy Brandt am 7. Dezember 1970 vor dem Warschauer Mahnmal für die Opfer des Nationalsozialismus in die Geschichtsbücher ein. Brandts auf Entspannung angelegte Ostpolitik brachte ihm in der Folge den Friedensnobelpreis ein.

In den 50er-Jahren erlebte Deutschland ein beispielloses Wirtschaftswunder: 1955 verzeichnete man eine Wachstumsrate von 12 %. (*Langfristige Wirtschaftsentwicklung in Deutschland*, 2024). Um dem Arbeitskräftemangel im eigenen Land entgegenzuwirken, wurden erste bilaterale Verträge zur Anwerbung ausländischer Arbeitskräfte geschlossen (*Gastarbeiter*, 2021); der VW Käfer wurde zum weltweiten Exportschlager und Symbol des Wirtschaftswunders (Goege, 2018). Auch in den 60er-Jahren blieben die Wachstumsraten auf stabil-hohem Niveau. Anfang der 70er-Jahre dann breitete sich wirtschaftliche Stagnation aus (Klaffke, 2022, S. 21): Die Erdöl-exportierenden Länder der OPEC setzten Öl erstmals als Waffe ein und verhängten in der Folge des Jom-Kippur-Kriegs ein Ölembargo gegen jene Länder, die Israel unterstützten; die Ölkrise 1973 fand ihren symbolträchtigen Ausdruck in vier autofreien Sonntagen (*Erster autofreier Sonntag*, 1973). Die Inflation stieg auf 7 %, die Arbeitslosenzahl knackte die 1 Mio. Grenze, und Deutschland suchte nach der Abwanderung der Massenfabrikation in Schwellenländer nach neuen Erwerbspotenzialen (Bosse, 2022).

Deutschland lockt Arbeitskräfte aus dem Ausland

Mit dem Wirtschaftswunder wurden Arbeitnehmer auf dem deutschen Markt Mangelware; die Bundesregierung entschloss sich infolgedessen, Anwerbeabkommen mit einigen europäischen Staaten zu schließen. 1955 wurde der Vertrag mit Italien ratifiziert, es folgten in den Jahren 1960 – '68 Abkommen mit Griechenland, Spanien, der Türkei, Marokko, Tunesien und Jugoslawien. Die Menschen, die nach Deutschland kamen, wurden Gastarbeiter genannt, da sowohl die Bundesregierung als auch die Menschen selbst davon ausgingen, später wieder in ihre Heimatländer zurückzukehren. Von den 14 Mio., die kamen und einen beträchtlichen Anteil am deutschen Wirtschaftswunder beitrugen, kehrten 11 Mio. wieder in ihre Heimat zurück (Trost & Linde, 2020).

Längst hatte sich eine neue Weltordnung etabliert: Die USA waren engster Verbündeter Deutschlands geworden, einige europäische Staaten mit der Montanunion und der Ratifizierung der Römischen Verträge und damit der Grundsteinlegung für die europäische Wirtschaftsgemeinschaft (EWG) immer enger zusammengerückt (*Die Geschichte der EU von 1945 bis 1959*, o. J.), und die Nato als Institution hatte sich seit ihrer Gründung 1949 konstant gefestigt. Zeitgleich hatte sich in den 60er-Jahren der Ost-West-Konflikt mit der Kuba-Krise und dem Bau der Berliner Mauer verhärtet, zwei Atommächte standen sich bis in die späten 80er-Jahre unversöhnlich gegenüber. (*Die Geschichte der EU von 1960 bis 1969*, o. J.) Die Studentenrevolten der 60er-Jahre waren in ganz Europa Sinnbild für das Aufbegehren der Jugend gegen etablierte Regierungen und das atomare Wettrüsten, das Hippie-Festival *Woodstock* 1969 sowie ähnliche Bewegungen standen beispielhaft für die Opposition gegen Eltern, staatliche Autoritäten und eine überholte Sexualmoral. Die 70er-Jahre waren auch geprägt vom Terror der RAF, deren Ablehnen des deutschen Staates und ihrer Repräsentierenden in grausame Taten mündete und das Land in Atem hielt. Zu den schrecklichen Höhepunkten des *Deutschen Herbstes* gehörte die Entführung der Lufthansa Maschine in

Eckdaten der Generation	Historische Eckdaten	Gesellschaftliche Prägungen	Wirtschaftliche Kennzeichen
Geb. 1956 - '65	Kniefall Willy Brandts in Warschau	Pillenknick – Frauen emanzipierten sich	12 % Wachstum 1955
(2025) Zwischen 60 und 69 Jahren alt	Ost-West-Konflikt	Studentenrevolten	Arbeitskräftemangel
Geburtenstärkste Jahrgänge	Kubakrise	Woodstock	Verträge zur Anwerbung ausländischer Arbeitskräfte
Die Boomer waren immer viele	Bau der Berliner Mauer	RAF-Terror	Beginnende Stagnation in den 70ern

Abb. 2.2 Die Prägungen der Babyboomer

Mogadischu, der Selbstmord der drei RAF-Terroristen Raspe, Baader und Ensslin in der JVA Stuttgart Stammheim sowie die Ermordung des Arbeitgeberpräsidenten Hanns Martin Schleyer (Lörchner, 2017) (Abb. 2.2).

Die Erfahrungen der Boomer waren ausgesprochen vielfältig – sie erlebten die Etablierung einer politischen Sicherheit und wirtschaftlichen Wohlstand versprechenden neuen Weltordnung, die zugleich aufgrund des verhärteten Ost-West-Konflikts ein mächtiges Bedrohungs-Potenzial mit sich brachte. Sie erlebten die letzten Züge des Wirtschaftswunders und die Früchte der Anstrengungen eines Landes, die Verbrechen der Nazis aufzuarbeiten – Deutschland hatte es trotz seiner schrecklichen Vergangenheit und der Schuld des Holocaust geschafft, auf der weltpolitischen Bühne wieder ein anerkanntes Land zu werden. Die Babyboomer lebten in einer konfliktgeladenen Welt, einem gespaltenen Deutschland, zugleich in einem der global prosperierendsten Länder, einer weitgehend lupenreinen Demokratie und in Zeiten des Friedens. Sie waren überwiegend in der Lage, ihren Familien ökonomische Sicherheit und kleinen oder großen Luxus zu bieten, die Grundsicht auf das Leben war positiver Natur.

2.3.2 Die Generation X – Das Ende der Geschichte?

Die Bezeichnung Generation X, aus der sich auch die Namensgebungen der folgenden Generationen Y und Z ergaben, ist zurückzuführen auf den von Douglas Coupland 1991 veröffentlichten Episodenroman *Generation X – Geschichten für eine immer schneller werdende Kultur*. (Klaffke, 2022, S. 22) In Anlehnung an den gleichnamigen Roman von Florian Ilies spricht man in Westdeutschland häufig auch von der *Generation Golf* (der VW Golf prägt als typisches Fahrzeug dieser Zeit die Generation), zu der die zwischen 1966 und '80 Geborenen gehören. Ihre Vertreter*innen sind also im Erscheinungsjahr dieses Buches zwischen 45 und 59 Jahren alt.

Die Angehörigen der Generation X waren in den für sie prägenden 80er und frühen 90er-Jahren Teenager bzw. junge Erwachsene. In was für einem Land, in was für einer Stimmung, in was für einem Prägungsfeld wuchsen sie auf? Der zweite Weltkrieg wurde zwar im Geschichtsunterricht ausgiebig thematisiert, umfassend rezipierte Fernsehproduktionen wie *Holocaust* (Chomsky, 1978) oder *Das Boot* (Petersen, 1985) zwangen zur kollektiven Auseinandersetzung. Die Schrecken des Kriegs spielten allerdings in der emotionalen Befindlichkeit der jungen Menschen nur noch insofern eine Rolle, als ihre mehr oder weniger geprägten Eltern mit den zugedeckten emotionalen Belastungen ihrer Kindheit zu kämpfen hatten (über die freilich niemand sprach). In Summe war die westdeutsche Jugend in den 80er-Jahren in ein recht wohliges Gefühl gebettet – vollkommen kurios natürlich, da allerorts Raketen stationiert waren, die binnen kürzester Zeit eine Apokalypse hätten auslösen können. Einem Großteil der Bevölkerung gelang es, die drohenden Szenarien auszublenden, die ob ihrer Gewaltigkeit in der Folge des Nato-Doppelbeschlusses zumindest auch unwahrscheinlicher geworden waren. „Der Wunsch nach Normalität dominiert die deutsche Gesellschaft", so heißt es im Begleittext der ZDF-Dokumentation *Die 80er-Jahre*; „auf der deutsch-deutschen Ebene stagnieren die Beziehungen. Die Deutschen (West) haben sich in ‚ihrer' Bundesrepublik eingerichtet und die Menschen in der DDR suchen jenseits der Bevormundung durch das SED-Regime ihre privaten Nischen" (*Die 80er Jahre*, 2019).

Eine Fernsehserie trägt das Grauen in deutsche Wohnzimmer

Der amerikanischen Fernsehserie *Holocaust* wird nachgesagt, sie habe unter den Deutschen – nach Jahrzehnten der versuchten Vergangenheitsbewältigung – erstmals ein echtes Gefühl von Betroffenheit hervorrufen können. Die vom NBC produzierte Serie wurde an vier aufeinanderfolgenden Abenden, vom 23. bis 26. Januar 1979, in den zusammengeschalteten Dritten Fernsehprogrammen der ARD jeweils um 21 Uhr ausgestrahlt. Am ersten Abend sahen 32 % der deutschen Haushalte die Sendung, am zweiten 36 %, am dritten 39 % und am letzten Abend 41 %. Jeder zweite Erwachsene hatte also etwas von *Holocaust* gesehen, ein Drittel gar alle vier Folgen angeschaut. Die Schicksale der *arischen* Familie Dorf und der jüdischen Familie Weiss bewegten die Deutschen wie keine weitere filmische oder dokumentarische Aufarbeitung der Nazi-Verbrechen und riefen scheinbar erstmals eine kollektive emotionale Betroffenheit hervor (Wilke, 2004).

Die USA und ihr Lifestyle wurden zunehmend zum Sehnsuchtsort für die (west-)deutsche Jugend: Trends und Neuheiten schwappten kontinuierlich nach Mitteleuropa herüber – von Walkman bis Ghettoblaster, von Jogging bis Aerobic, von *Denver Clan* bis *Miami Vice* – man wollte so cool sein wie die amerikanischen Filmstars und schaute sich verstohlen Trends bei Mitschülerinnen und Mitschülern ab, die ein Schuljahr in den USA verbracht hatten: T-Shirts waberten lässig über dem Hosenbund, Schnürsenkel wurden nicht gebunden, sondern seitlich im Schuh verstaut; zu beneiden waren jene, deren Eltern ein kabelloses Telefon angeschafft hatten.

Einen tiefen Einschnitt in das Wohlgefühl der 80er-Jahre und einen Vorgeschmack auf Bedrohungen jenseits von Kriegen und den bis dato gekannten Ausmaßen von Naturkatastrophen brachte die Reaktorexplosion von Tschernobyl am 26. April 1986 mit sich. Eine dumpfe Decke lag für Wochen bis Monate über Deutschland und benachbarten Ländern – offenkundig und sichtbar ging das Leben normal weiter, doch eine bisher unbekannte, unsichtbare und nicht spürbare Bedrohung sorgte für ein sehr mulmiges Gefühl. In einer weniger zugespitzten Dramatik, dafür in beängstigender Kontinuität, sorgten Phänomene wie der saure Regen und das Waldsterben sowie die Kunde über die stetige Vergrößerung des Ozonlochs für das Bewusstsein um Bedrohungen bisher ungekannter Art.

Die zweite Hälfte der 80er und ein Großteil der 90er-Jahre standen dann politisch unter der Flagge des *Wind of Change*: Michail Gorbatschow führte die Welt im Zeichen von Glasnost und Perestroika in ein neues Zeitalter. Unter seinem Schutz und Einfluss brachten die Bürger*innen der DDR das SED-Regime zum Einsturz. Am 9. November 1989 geschah das nicht für möglich Gehaltene: Die Berliner Mauer fiel und Deutschland feierte am 3. Oktober 1990 seine Wiedervereinigung (*Die 80er Jahre*, 2019). Doch der Fall des Eisernen Vorhangs war nicht das einzige Jahrhundertereignis, das die Stimmung der 90er-Jahre maßgeblich prägte: Im März 1992 votierten mehr als zwei Drittel der weißen und stimmberechtigten Bürger Südafrikas für ein Ende der Apartheid (*Vor 30 Jahren: Referendum zur Abschaffung der Apartheid*, 2022). Zwei Jahre später, am 10. Mai 1994, wurde Nelson Mandela, der 27 Jahre in Haft verbracht hatte, zum ersten schwarzen Präsidenten Südafrikas gewählt. Auch die Ratifizierung der Osloer Verträge ging als unvergessliches Ereignis in die Geschichtsbücher ein: Am 13. September 1993 wurde der erste der Verträge in Washington D. C. unterzeichnet: Das Bild des Händedrucks zwischen Palästinenservertreter Arafat und dem israelischen Ministerpräsident Rabin ging um die Welt. Beide Parteien – Israelis und Palästinenser – hatten sich auf friedliche Koexistenz und gegenseitige Anerkennung, einschließlich des Existenzrechts Israels geeinigt. Palästinenser sollten fortan den Gazastreifen und das Westjordanland selbst verwalten, die Israelis sich zurückziehen. (*Osloer Abkommen als Meilensteine im Nahost-Friedensprozess*, 2020) Die Europäische Union formierte sich in entschlossenen Schritten weiter: 1993 fiel der Startschuss für den gemeinsamen Binnenmarkt, 1995 erweiterte sich die Gemeinschaft um die bedeutenden Mitglieder Finnland, Österreich und Schweden; das Schengener Übereinkommen begann in sieben Ländern zu greifen und ermöglichte grenzfreien Reiseverkehr, der Euro wurde am 1. Januar 1999 als Buchwährung eingeführt (*Die Geschichte der EU von 1990 bis 1999*, o. J.). Wenn auch der Jugoslawienkrieg seine Schatten auf das Europa der 90er-Jahre warf und die zarte Pflanze des Friedens im Nahen Osten mit der Ermordung Rabins durch einen israelischen Rechtsextremen und religiösen Fanatiker im November 1995 erschüttert wurde, so prägte der erwähnte *Wind of Change* das Gefühl dieser Jahre, insbesondere für die zu der damaligen Zeit jungen Menschen.

Der gleichnamige Song der deutschen Rockband *Scorpions*, der vor allem das Ende des Ost-West-Konfliktes besang, wurde zur Hymne dieser Zeit.

Setzt sich die liberale Demokratie endgültig durch?

Die Idee vom „Ende der Geschichte" geht zurück auf den 1989 erschienenen, gleichnamigen Essay des amerikanischen Politikwissenschaftlers Francis Fukuyama und seinen mit demselben Titel versehenen 1992 veröffentlichten Bestseller. Der Sohn aus Japan kommender, amerikanischer Eltern prophezeite in seinen Werken ein Zeitalter der liberalen Demokratie und eine Welt, in der die totalitären Systeme der extremen Linken und Rechten an ihr ideologisches Ende gekommen seien. Zur Debatte stand die Frage, ob mit dem Fall der Mauer der Konflikt zwischen Faschismus, Sozialismus und Kapitalismus nun endgültig beigelegt sei und die liberale Demokratie ungehindert ihren Siegeszug antreten könne. (Halbig, 2022) Diese These wurde bei ihrem Erscheinen viel diskutiert, missverstanden und auch angezweifelt, obwohl die faktische Geschichte die These des Autors durchaus zu unterstützen vermochte.

Auch die Erfahrungen der Generation X waren vielfältiger Natur: Sie wuchsen im erstarrten Ost-West-Konflikt und eingekesselt von atomarer Bedrohung auf; sie erlebten den Fall der Mauer und das Ende des Kalten Krieges; sie wurden Zeuge der Reaktorkatastrophe von Tschernobyl und sahen, wie das kontinuierliche Bestreben von Menschen nach Frieden Früchte trug. Sie erlebten die von Intellektuellen geführte Diskussion um ein mögliches „Ende der Geschichte": Kurzum: Die Generation X – jedenfalls in Mitteleuropa – wuchs in aufstrebenden und durchaus Anlass zu Optimismus gebenden Zeiten auf (Abb. 2.3).

2.3.3 Die Generation Y – 9/11 verändert alles

Zur Generation Y, bei der das Y als Ausdruck für die sie bezeichnende Suche nach Orientierung oft auch *Why* geschrieben wird, zählt man (erneut in Anlehnung an Klaffke, 2022) die zwischen 1981 und '95 Geborenen. Die Angehörigen der Generation Y, auch Millennials genannt, sind im Erscheinungsjahr dieses Buches zwischen 30 und 44 Jahren alt; die sie im Jugendalter stark prägenden Jahre sind die späten 90er sowie

2 Über die Präsenz von vier Generationen am Arbeitsmarkt

Eckdaten der Generation	Historische Eckdaten	Gesellschaftliche Prägungen	Wirtschaftliche Kennzeichen
Geb. 1966 - '80	Nato-Doppelbeschluss	Die Fernsehserien *Holocaust* und *Das Boot* beschäftigten die Gesellschaft	Arbeitslosenquote von ca. 9 % in Westdeutschland (1985)
	Weiterformierung der EU		
	Jugoslawien-Krieg		
(2025) Zwischen 45 und 59 Jahren alt	Reaktorkatastrophe von Tschernobyl	USA und ihr Lifestyle wurden zum Sehnsuchtsort	Bleibt die Rente sicher?
Generation Golf	Fall der Berliner Mauer	Das Ende der Geschichte?	Startschuss für den europäischen Binnenmarkt fällt 1993
	Glasnost/Perestroika		
	Ende der Apartheid		Einführung des Euro 1999 - 2002
	Osloer Verträge		

Abb. 2.3 Die Prägungen der Generation X

die 2000er. In was für einem Land, in was für einer Stimmung, in was für einem Prägungsfeld wuchs die Generation Y also auf?

In jedem Fall ist zu konstatieren, dass der Geschichtsoptimismus, dessen Zeuge ihre Vorgängergeneration geworden war, für die *Why*-ler ein abruptes Ende fand. Dieses führte zu einer grundlegenden Verunsicherung, dessen Überschrift *Was nun?* lauten konnte. Eben noch hatte man das Ende der Geschichte ausgerufen und hielt es für möglich, dass die Staatsform der liberalen Demokratie sich unweigerlich über die Kontinente ausbreiten würde. Eben noch hatte man auf der Berliner Mauer gestanden und sich freudetaumelnd in den Armen gelegen. Eben noch sah man dem überglücklichen Bill Clinton dabei zu, wie er Arafat und Rabin zum feierlichen Händedruck brachte... Und schon schlug am 11. September 2001 um 09:06 Uhr Ortszeit Flug 175 der *United Airlines* in den Südturm des *World Trade Center* in Manhattan ein, und die Apokalypse von 9/11 nahm ihren unvergesslichen Lauf (*Die Flugzeugentführungen*, o. J.) Die Bilder dieses Tages haben sich in den Köpfen aller für immer verewigt. Für die zu dieser Zeit jungen Menschen – sagen wir zwischen 12 und 25 Jahren – wurde das bis dato nicht Vorstellbare dieses Tages und die an einen überzeichnenden Hollywood-Film erinnernden Bilder zu einer Grundprägung, zu einer Urerfahrung. An was sollte man jetzt noch glauben? Worauf sollte man jetzt noch hoffen? Der Song *Only Time* der Sängerin Enya wurde zur Hymne dieses unvergessenen Dramas und steht seitdem für die Trauer, die Bestürzung und die Hilflosigkeit der Betroffenen und aller mitfühlenden Weltenbürger*innen (Schwarzer, 2022) und damit auch ein wenig für die Urprägung der Gen *Why*.

Die Schrecken von 9/11 sind prägend und beispiellos

Menschen, die Zeuge und Opfer von Kriegen wurden, mögen an dieser Stelle aufbegehren. Waren ihre Erlebnisse nicht mindestens genauso schrecklich? Was bedeutet ein Tag gegen Jahre des Grauens, Tötens, der Hoffnungslosigkeit? Nichts liegt mir ferner, als hier Elend verschiedener Art gegeneinander abzuwägen – alle Erfahrungen von gewaltsam herbeigeführtem Tod und unnötigem Sterben und Leiden sind für die Betroffenen von derselben gnadenlosen Intensität. Das Besondere des 11. September 2001 war sicher das Gewaltige und Unvorstellbare, die Komprimiertheit von Terror, Horror und Sterben auf wenige Stunden, ja Minuten und die Tatsache, dass die ganze Welt live Zeuge der Apokalypse wurde und zusehen musste, wie – unter anderem – Menschen aus den Obergeschossen der Zwillingstürme in den sicheren Tod sprangen, um nicht bei lebendigem Leibe zu verbrennen.

Der 11. September 2001, die Anschläge auf das Herz, die Freiheit, die Unverletzlichkeit der USA, zog selbstredend Konsequenzen nach sich: Eine verletzte und getroffene Nation bäumte sich unter ihrem wütenden Präsidenten George W. Bush auf. Im Oktober 2001 begannen die USA den Krieg gegen Afghanistan, in dessen Unübersichtlichkeit sich die Nester des Terrorismus hatten etablieren können. Unter dem Vorwand der Existenz von Massenvernichtungswaffen starteten sie im März 2003 die Invasion in den Irak – die Bilder des aus einem Erdloch kriechenden Saddam Hussein gingen am 13. Dezember 2003 um die Welt. Der Krieg gegen den 9/11-Terror fand seinen medienwirksamsten Höhepunkt in der Erschießung Osama bin Ladens durch US-amerikanische Spezialkräfte am 2. Mai 2011 in Pakistan – die Obama Administration sah live aus dem *Situation Room* im Weißen Haus zu. Der Krieg im Irak endete 2011; je nach Schätzung geht man von 200.000 bis 1 Mio. Toten aus. Der Westen blieb 20 Jahre in Afghanistan in der Hoffnung, das Land in einen Staat mit demokratischer Prägung und zivilgesellschaftlichen Einrichtungen umbauen zu können. Im August/September 2022 endete der Versuch in einem ungeordneten Rückzug, ja einer Flucht der Besatzungsmächte. In den Irak kehrte man nach Kriegsende zurück, um bei der Zerschlagung der IS-Strukturen zu helfen.

Zugleich gibt es positive Ereignisse aus den 2000er-Jahren zu berichten: 2005 wählen die Deutschen Angela Merkel zur ersten Kanzlerin der Bundesrepublik, 2009 zieht Barack Obama als der erste afroamerikanische Präsident der Vereinigten Staaten von Amerika in das Weiße Haus ein. Jedes Ereignis für sich hatte eine enorme Strahlkraft: Deutschland hatte sich von einem wirtschaftlich und moralisch am Boden liegenden Land zu einer vorbildlichen Demokratie und einer der stärksten Volkswirtschaften weltweit entwickelt. Seine moderne Gesellschaft war bereit für eine weibliche Führungskraft an ihrer Spitze, die das Land – so kann man rückblickend konstatieren – auf der internationalen Bühne hervorragend repräsentierte, in sechzehn Jahren Kanzlerschaft allerdings auch wesentliche Themen unangetastet ließ (Digitalisierung, Bildung, Infrastruktur, die energiepolitische Abhängigkeit von Russland, die Exportabhängigkeit von China etc.). Dass der charismatische Obama Präsident eines Landes werden konnte, in dem vierzig Jahre zuvor Martin Luther King erschossen wurde und das bis heute mit institutionalisiertem Rassismus und alltäglicher Diskriminierung zu kämpfen hat, war ein Hoffnungsschimmer für die ganze Welt. Unter der Oberfläche brodelten die weltweiten Konflikte freilich weiter. Auch Obamas verheißungsvolle Rede an die islamische Welt in Kairo konnte weder den IS an seinem Aufstieg noch Assad am Abschlachten seines eigenen Volkes hindern.

Obama beeindruckt die arabische Welt

Am 4. Juni 2009 hielt der sich nicht einmal ein Jahr im Amt befindliche Barack Obama seine als historisch eingestufte Rede in der Universität Kairo. Mit *Salam aleikum* (Friede sei mit Euch) begrüßte er die 2500 geladenen Gäste und die Zuhörer*innen der arabischen Welt und bot den Muslim*innen weltweit Versöhnung und einen Neuanfang der Beziehungen an. Er würdigte den enormen Beitrag des Islam für die Zivilisation, warb zugleich dafür, die USA nicht mit stereotyper Schablone wahrzunehmen – sein Land sei eine der „großartigsten Quellen des Fortschritts" und keine „eigennützige Imperialmacht" (*Obama verspricht islamischer Welt neue Ära*, 2009). Im Oktober 2009 erhielt Obama den Friedensnobelpreis, sicher auch im Nachgang an seine Kairo-Rede. Das schwedische Komitee begründete die Entscheidung mit Obamas „außergewöhnlichen Bemühungen für die Zusammenarbeit zwischen den Völkern" (*Friedensnobelpreis für Barack Obama*, 2009).

Neben den internationalen Konflikten prägte kein Thema die 2000er-Jahre so sehr wie der Klimawandel und das immer stärkere Bewusstsein der Menschen um die mit ihm einhergehenden Gefahren. Politiker*innen jedweder Couleur mussten spätestens jetzt den Klimaschutz mit auf die Agenda nehmen. Aus heutiger Sicht scheint es fast absurd, dass es zunächst weder für Merkel noch für Obama eine Selbstverständlichkeit schien, am Klimagipfel in Kopenhagen teilzunehmen (Seidler, 2009). Klimadiplomatie wurde zur Mammutaufgabe des ersten Jahrzehnts des neuen Jahrtausends – diese Erkenntnis fand ihre deutliche Symbolik in der Vergabe des Friedensnobelpreises an Al Gore und den UNO-Weltklimarat IPPC 2007. „Ohne es zu bemerken", so Al Gore in seiner Rede zur Ehrung, „haben wir einen Krieg mit der Erde begonnen" (Seidler, 2009). Der Bundesverband der Deutschen Industrie wirbt für ambitionierte Klimaschutzziele; in einer Befragung im Auftrag der Europäischen Kommission nennen 74 % der Deutschen den Klimawandel ein „sehr ernstes Problem" (Seidler, 2009). Der Klimawandel ließ sich nicht mehr leugnen: Ende des Jahrzehnts stand fest, dass es – jedenfalls in der nördlichen Hemisphäre – das wärmste der vergangenen 1400 Jahre war. Auch zweifelten Forscher*innen weltweit nicht mehr daran, dass extreme Wetterereignisse aufgrund der hohen Treibhauskonzentration in der Atmosphäre weiter zunehmen würden (*Häufige Fragen zum Klimawandel*, 2021).

Die 2000er-Jahre waren zudem ein Jahrzehnt des technischen Quantensprungs: Am 23. Oktober 2001 stellte Steve Jobs den ersten iPod vor – ein MP3-Player, der im „sexy Design" und mit revolutionärer Benutzerführung den Markt abräumte. Der „kleine, suchtbildende Begeisterungsapparat" sanierte und transformierte den zu der Zeit nicht stabil dastehenden Computerkonzern *Apple* und läutete die beispiellose Erfolgsgeschichte des Unternehmens ein (Patalong, 2007). Im Winter 2007 kam mit dem iPhone das erste Smartphone auf den Markt und bedeutete eine wahrhafte Disruption. Der Journalist David Pfeifer erinnert sich an sein erstes iPhone, das „in einem schicken, festen Karton vor einem lag, mit einem tiefschwarzen Bildschirm, der bonbonglänzend aufleuchtete, sobald man das Gerät in Betrieb nahm – es funkelte wie ein Sportwagen und lag in der Hand wie ein poliertes Stück von morgen". (Pfeifer, 2017) Schon im Jahr 2009 waren 172 Mio. von gut 1 Mrd. weltweit abgesetzten Handys Smartphones; 2013 wurden mit knapp 1 Mrd. mehr Smartphones als herkömmliche Mobiltelefone abgesetzt (*Smartphones überholen Standard-Handys*, 2014); „das iPhone verbreitete sich epidemisch" (Pfeifer, 2017). Es war für mehr und mehr Menschen rund um den Globus normal geworden, „in einen kleinen Bildschirm zu blicken, in dem sich die ganze Welt zusammenballt" (Pfeifer, 2017).

Die Zahl der Internetnutzer stieg rasant an: von 677 Mio. 2002 auf ca. 2 Mrd. Ende 2010. In Deutschland waren 2010 bereits 50 Mio. Menschen online. (*50 Jahre Internet: Von 4 auf 4 Milliarden Nutzer*, 2019). In der ersten Hälfte der 2000er erreichte das Internet mit dem Web 2.0 die nächste Entwicklungsstufe: Nutzer*innen agierten verstärkt interaktiv; aus Konsumenten wurden „Prosumenten", über Social Software konnten User Inhalte mitbestimmen, kommentieren, Content produzieren (*Web 2.0*, o. J.). 2004 gründete Marc Zuckerberg das soziale Netzwerk Facebook, welches Anfang 2012 bereits 1 Mrd. Nutzer verzeichnete (Osman, 2023). Das Internet und das Smartphone hatten begonnen, das Kommunikationsverhalten der Menschen zu revolutionieren. Die *Gen Y* ist die letzte Generation, die – je nach Geburtsjahr – noch eine Kindheit ohne Smartphone verbrachte; dann allerdings von der Welle der digitalen Transformation mit Lichtgeschwindigkeit in die Zukunft katapultiert wurde.

Nicht ausgelassen werden darf der Hinweis auf die *Dot-Com-Blase* Anfang der 2000er sowie die Finanzkrise in den Jahren 2008/9. Insbesondere die Finanzkrise, die sich in rasanter Geschwindigkeit aus dem Schneeball der US *Subprime*-Krise zu einer Lawine entwickelte, die Finanzmärkte weltweit erschütterte, ganze Länder in den Abgrund riss und Vermögen in großem Stil vernichtete, dürfte das Vertrauen der Generation Y in Erzählungen von Erfolgsversprechen und garantiertem Wohlstand nachhaltig erschüttert haben (Abb. 2.4).

Die Erfahrungen der *Gen Y* sind wie die jeder Generation auf ihre Weise vielfältig: Sie erlebten 9/11 und die bahnbrechenden weltpolitischen Folgen dieses Tages. Sie wurden Zeuge der nicht mehr weg-

Eckdaten der Generation	Historische Eckdaten	Gesellschaftliche Prägungen	Wirtschaftliche Kennzeichen
Geb. 1981 – `95	9/11	Klimawandel wird zu einem der dominierenden Themen	Dot-com-Blase Anfang der 2000er
	Krieg in Afghanistan und Irak		
(2025) Zwischen 30 und 44 Jahren alt	Angela Merkel wird 2005 die erste Bundeskanzlerin der BRD	iPod und iPhone etablieren sich blitzschnell am Markt	Finanzkrise 2008/09
Generation Why	Barack Obama wird 2009 erster schwarzer Präsident der USA	Die Nutzung des Internets wird für immer mehr Menschen normal	Zunahme von a-typischen Beschäftigungsverhältnissen
Generation Praktikum			Es ist sicher: Die staatliche Rente wird zum Leben nicht reichen

Abb. 2.4 Die Prägungen der Generation Y

zudiskutierenden Folgen des Klimawandels. Sie erlebten die Verbreitung des Internets und des Zugangs für nahezu alle Bevölkerungsschichten. Sie kamen in den Genuss disruptiver technischer Neuerungen. Die *Gen Y* gilt als weltoffen, tolerant und selbstverständlich multikulturell – die Welt neugierig und offen zu erkunden ist eine ihrer Lebensmaximen.

2.3.4 Die Generation Z – Von Zeitenwende und multiplen Krisen

Die Generation Z, kurz und liebevoll *Gen Z* genannt, umfasst – nach Klaffke – die zwischen 1996 und 2010 Geborenen. Ihre alternativen Bezeichnungen *Generation Smartphone*, *Digital Natives* oder auch *Gen C* (für *connected*) – um nur einige zu nennen – unterstreichen die Tatsache, dass diese jungen Menschen von Kindesbeinen an von Technologie umgeben waren und entsprechend eine intuitive Affinität zu digitalen Geräten und Plattformen aufweisen. Die *Gen Z* ist allerdings wesentlich mehr als eine Gruppe von Menschen, die mit atemberaubender Geschwindigkeit auf ihrem Smartphone herumtippt, Software-Features intuitiv nutzt oder einen Wochenendtrip in einer für sie unbekannten Metropole exklusiv über ihr Handy plant und steuert. Die *Gen Z* ist, wie jede Generation vor ihr, nicht über einen Kamm zu scheren: Sie umfasst – alleine in Deutschland – ca. 12 Mio. Individuen mit ihrer ganz eigenen Sozialisation, ihrer individuellen Familien- und Erziehungsgeschichte und ihrem einzigartigen Charakter. Und dennoch teilt auch diese Generation das gemeinsame Erleben bestimmter historischer Ereignisse, das Aufwachsen in einem soziohistorischen Kontext, dieselben Bedrohungen und Zuversichtsszenarien. Die sie im Jugendalter stark prägenden Jahre sind die 2010er bis in unsere Gegenwart hinein – die *Gen Z*-ler sind im Erscheinungsjahr dieses Buches zwischen 15 und 29 Jahren alt. In was für einem Land, in was für einer Stimmung, in was für einem Prägungsfeld wuchs bzw. wächst diese Generation auf?

Den Beginn der frühen 2010er prägten u. a. Bilder des Arabischen Frühlings: Anfang 2011 griff in vielen Ländern des Nahen Ostens und Nordafrikas eine breite, hoffnungsvolle Protestwelle um sich: Die Menschen waren es leid, in autoritären Staaten unterdrückt zu werden und begehrten gegen ihre machthungrigen Präsidenten auf. Die moderne Technologie – Handys und soziale Netzwerke – halfen dabei, sich zusammenzutun und konzertiert für dieselbe Sache zu kämpfen. Sollte die Idee vom Ende der Geschichte doch um sich greifen? Für wenige Wochen konnte man daran glauben. Zurück blieb allerdings eine ernüchternde Bilanz: Es kam zu keiner breiten Demokratisierung, die soziale und wirtschaftliche Lage in vielen Ländern verschlechterte sich gar in der Folge der Proteste; den Autokraten war es gelungen, ihre Völker mit oberflächlichen Reformen, einem erstarkten Überwachungsapparat und härterer staatlicher Repression zum Schweigen zu bringen. Im Irak, im Jemen, in Libyen und Syrien eskalierten die zunächst regionalen Konflikte zu Bürgerkriegen, auch angeheizt durch das Engagement ausländischer Kräfte. (Rosiny & Richter, 2016) Beispiellos ist der bis heute andauernde syrische Bürgerkrieg, in dessen Folge sich ca. 15 der 22 Mio. Einwohner*innen innerhalb oder außerhalb ihres Heimatlandes auf die Flucht begaben. (Anmerkung: Bei Veröffentlichung des Buches ist Diktator Assad mit seiner Familie nach Moskau geflüchtet; die Zukunft des Landes bleibt bis dato ungewiss.)

Überhaupt sind die 2010er das Jahrzehnt, in dem eine kontinuierliche, massive Flüchtlingsbewegung aus dem Nahen und Mittleren Osten sowie aus Nord- und Zentralafrika in Richtung Europa erwächst. Ihren Ursprung findet sie in den Kriegen, den Auseinandersetzungen, den katastrophalen Folgen für die Menschen in den betroffenen Gebieten in der

Folge des 11. September 2001, des Scheiterns des Arabischen Frühlings sowie der sich intensivierenden Klimakrise, die mehr und mehr Menschen ihre Lebensgrundlage entzieht. Nach Angaben der Uno-Flüchtlingshilfe steigerte sich die Zahl der flüchtenden Menschen weltweit von knapp über 43 Mio. in 2009 auf gut 70 Mio. in 2019. (*2010 bis 2019 – Das Jahrzehnt der Flucht*, 2019) In Deutschland ging das Jahr 2015 in die Geschichtsbücher ein: Ca. 820.000 Menschen kamen als Schutzsuchende ins Land, knapp 500.000 stellten im selben Jahr einen Asylantrag. Zum Vergleich: Im Jahr 2010 wurden rund 50.000 Asylanträge registriert, in 2016 knapp 750.000, in 2020 gut 120.000 (*Zahl der Flüchtlinge*, 2024). Angela Merkel äußerte ihren bekannten Leitsatz „Wir schaffen das". In der Folge breitete sich eine beispiellose Willkommenskultur aus, die nicht viel später zu kippen begann. Heute, im Jahr 2024, spaltet die Migrationsproblematik das Land wie keine andere; zu einem Großteil hat sie sicher das Erstarken der AfD ermöglicht, die z. B. in Thüringen als gesichert rechtsextrem gilt.

Des Weiteren stand insbesondere die zweite Hälfte des Jahrzehnts im Zeichen des IS-Terrors, auch in Europa und Deutschland. In der Folge des Irak-Krieges, aus Afghanistan und anderen Ländern der Region heraus, hatten sich islamistische Gruppierungen gebildet. Sie wandten sich gegen die amerikanische Besatzung, den neuen irakischen Staat, *den* Westen und seine Lebensweise im Allgemeinen und verübten in der Folge im Nahen und Mittleren Osten, aber auch weltweit verheerende und an Grausamkeit kaum zu überbietende Anschläge (*Der Islamische Staat (IS)*, o. J.). Verstörend sind bis heute die Erinnerungen an die Autokorsos, deren Fahrzeuge voll besetzt mit vermummten und bis an die Zähne bewaffneten IS-Kriegern, ihre schwarzen Flaggen schwenkend und vor nichts zurückschreckend, im Mittleren Osten durch die Straßen jagten. Der islamistische Terror hinterließ eine breite Blutspur – auch – mitten in Europa: In Paris wurden am 13. November 2015 130 Menschen getötet – Zuschauer des Fußballspiels Deutschland gegen Frankreich, Besucher von Bars, Cafés und eines Rockkonzerts im Bataclan (*Islamistische Terroranschläge in Frankreich*, 2020). Am 22. Mai 2017 sprengte sich ein Selbstmordattentäter im Foyer der Manchester Arena in die Luft und tötete 22 Menschen, unter ihnen viele Kinder und Jugendliche – sie alle waren Ariana Grande-Fans, mit deren Konzertbesuch sie sich einen

Traum erfüllen wollten (*Viele Tote bei Selbstmordanschlägen auf Pop-Konzert*, 2017). Am 3. Juni 2017 überfuhr in London ein Lieferwagen zunächst mehrere Fußgänger auf der London Bridge, im Anschluss stürmten die Angreifer das Ausgehviertel rund um den Borough Market. Sie stachen wahllos auf Menschen ein, die dort einen geselligen Samstagabend im Kreise von Freunden verbringen wollten (Schirmer, 2017). Am 22. März 2016 töten Islamisten bei Anschlägen auf den Brüsseler Flughafen und die U-Bahn 32 Menschen (*Zehn Männer werden wegen Anschlägen in Brüssel angeklagt*, 2021). Am 19. Dezember 2016 fuhr Anis Amri mit einem Lastwagen in den Weihnachtsmarkt auf dem Breitscheidplatz in Berlin und riss 13 Menschen in den Tod. Hunderte blieben verletzt und traumatisiert zurück (Deggerich & Diehl, 2021). Unzählige weitere Anschläge könnten aufgeführt werden. Zu konstatieren bleibt: Der IS schlug da zu, wo die freie Welt und auch insbesondere junge Menschen feierten und ihr Leben genossen.

Die Generation Z wurde schließlich am 8. November 2016 Zeuge der Wahl von Donald Trump zum amerikanischen Präsidenten und erlebte mit ihm eine politische Figur im mächtigsten Amt der Welt, die ihresgleichen sucht. Donald Trump beleidigt politische Konkurrenz auf nie dagewesene, schamlose und entrüstende Weise, brüskiert Kolleg*innen auf internationaler Ebene, sprengt politische Gipfeltreffen von höchster Relevanz, leugnet Fakten, erfindet seine ganz eigene Welt, nutzt eine Sprache, die eines amerikanischen Präsidenten nicht würdig ist, und – das Kuriose – Mio. von Amerikaner*innen folgen ihm und bewundern ihn wie einen Helden. Traurigster Höhepunkt seines Schaffens: Unter seinem Einfluss stürmte ein aufgepeitschter Mob am 6. Januar 2021 während einer Sitzung des US-Kongresses zur Bestätigung des Präsidentschaftswahlergebnisses das Kapitol. Absurde Szenen spielten sich ab: Der „Büffelmann" grölte mit bloßem Oberkörper und Hörnern auf dem Kopf in die Kameras, andere räkelten sich in den Büros von Senator*innen, Mobiliar wurde kurz und klein geschlagen, Mike Pence von Sicherheitskräften aus dem Gebäude geschafft, fünf Menschen starben in den heftigen Auseinandersetzungen, unter ihnen ein Polizist (Schäuble, 2021).

Donald Trump ist eine Politikerfigur, die man sich bis zu seinem Erscheinen nicht vorstellen konnte. Er sprengt die Grenzen jeglichen Anstands und Anspruchs an eine fundierte politische Arbeit und spaltet damit die amerikanische Gesellschaft; man hasst ihn oder man liebt ihn, viel dazwischen gibt es nicht. Zugleich geschah mit Trump eine Art Dammbruch im politischen Establishment anderer Länder, auch Deutschlands: Würde manche/r AfD-Politiker*in so sprechen, wie sie oder er spricht, ohne dass Donald Trump den Weg zu einem solchen Auftreten freigeschlagen hätte? Kaum denkbar. Die *Gen Z* erlebt Figuren im politischen Geschäft, denen zu vertrauen unmöglich, die zu wählen undenkbar scheint, die allenfalls als Anti-Vorbild eine gute Figur machen. Doch weit gefehlt: Er und seinesgleichen entfachen scheinbar insbesondere auch unter jungen Menschen eine Anziehungskraft, die zu erklären kluge Köpfe zum Rauchen bringt und ratlos zurücklässt. Bei den Landtagswahlen in Thüringen am 1. September 2024 wählten 36 % der unter 30-Jährigen die AfD; auch bei den Europawahlen im Juni desselben Jahres hatten viele junge Wähler*innen bei der AfD ihr Kreuz gesetzt (May, 2024).

Die Corona-Pandemie – mit ihrem Peak vom Frühjahr 2020 bis ins Frühjahr 2022 hinein – bot für alle Menschen rund um den Globus eine nie dagewesene Erfahrung: Über viele Familien brachte sie Tod und Trauer, nicht wenige Branchen erlitten einen ökonomischen Kahlschlag. Staaten waren gefordert, Regelungen zu treffen, Gelder freizusetzen, ihre Bevölkerungen zu schützen. Jedes Individuum musste sich einschränken und seine ganz persönliche Strategie im Umgang mit der Pandemie finden. Für junge Menschen, also für die *Gen Z*, die in diesen Jahren zwischen gut 10 und 24 Jahren alt war, bedeuteten die Einschränkungen eine besondere Zäsur: Aus Schule wurde Home-Schooling, aus Hochschule die Online-Vorlesung, Cafés, Bars und Clubs wurden geschlossen, über Monate durften sich nur wenige Menschen an einem Ort aufhalten. Jegliche soziale Interaktion, deren bedeutende Grundlagen im Kindes- und Jugendalter erlernt werden, wurde auf das Notwendigste heruntergeschraubt. Gemeinsam lernen, zusammen in die Mensa gehen, Uni-Partys feiern, einen Freundeskreis etablieren, sich in ersten Beziehungen probieren – all dies fiel über zwei Jahre weitestgehend flach. Junge Menschen waren oft sich selbst überlassen, mit einem Bildschirm als einzigem Fenster zur Welt (*Mental Imbalance Youth: Die verletzte Gen Z*, 2021). Heute weiß man, dass Vieles schlecht gelaufen ist in dieser Zeit, dass man Jugendlichen mehr Miteinander hätte ermöglichen müssen, dass vor allem die Schulen in Deutschland schlecht vorbereitet waren und keine hochwertigen digitalen Lösungen anbieten konnten. In einem Land, in dem 48 Mio. Menschen älter als 40 Jahre sind und 9 Mio. zwischen 14 und 24 (*Bevölkerung*, 2023), richtet die Politik ihren Fokus reflexartig auf die größere Bevölkerungsgruppe. Da diese in der Corona-Pandemie auch noch jene war, für die das Virus am gefährlichsten werden konnte, tat sie dies umso mehr. Bei den jungen Menschen, die sich mit großer Selbstverständlichkeit einschränkten, um die ältere Bevölkerung zu schützen, blieb ein schaler Nachgeschmack hängen: Sie hatten Rücksicht genommen und waren durch das Aufmerksamkeitsraster der Politik hindurchgefallen – ein doppelter Schlag.

Die Politik interessiert sich kaum für die kleinste Gruppe der Wähler*innen

Übersetzt man die Verteilung der Bevölkerung in Deutschland auf Wählerstimmen, ergibt sich ein extremes Bild: 3,4 % der Wahlberechtigten waren bei der Bundestagswahl 2021 zwischen 18 und 20 Jahren alt, 11 % zwischen 21 und 29 und 38 % waren über 60 Jahre alt (*Altersstruktur der Wahlberechtigten*, 2022). „Wir haben demnächst Bundesländer", so schmückt der Soziologe Stefan Schulz diesen Fakt bildhaft aus, „in denen gibt es mehr Wähler mit Pflegestufe als Wähler unter dreißig […]." „Wir haben es grundsätzlich mit Schieflagen zu tun", so fährt er fort, „bei denen wir uns […] fragen müssen: Setzt […] die Demographie die Demokratie schachmatt?" Wenn es dreimal mehr über 60-jährige Wähler gebe, so Schulz, müsse sich jeder Wahlkämpfer eben fragen, ob es noch Sinn mache, junge Themen anzusprechen. (Stefan Schulz bei *Lanz*, 21.12.2023, 5:20 min. ff.)

Der Ukraine-Krieg, die Terror-Anschläge in Israel mit dem anschließenden Rachefeldzug Israels in Gaza, eine mögliche bevorstehende Annexion Taiwans durch China, die potenzielle Wiederwahl Donald Trumps, der aus seinen Plänen, autokratisch regieren zu wollen, keinen Hehl macht (Anmerkung: Bei Erscheinen des Buches ist Donald Trump erneut gewählt worden und für weitere vier Jahre Präsident der Vereinigten Staaten), nicht enden wollende Flüchtlingsströme – diese Themen und noch viele mehr begleiten die junge Generation wie eine dunkle Wolke. Wie wird die Welt in zehn, in zwanzig, in dreißig Jahren aussehen? Wird Putin es wagen, ein Nato-Land anzugreifen? Gelingt der

EU-Zusammenhalt oder werden rechte Kräfte das Bündnis sprengen? Und die bedrohlichste aller Fragen: Wird es der Menschheit gelingen, den Klimawandel zu stoppen und seine Folgen einzudämmen? Oder bedroht, so lesen sich düsterste Gedankenspiele von Forscherinnen und Forschern, der Klimawandel gar die menschliche Existenz? Hat er das Potenzial, zum Aussterben der Menschheit zu führen? (*Bedroht der Klimawandel die menschliche Existenz?*, 2022) 33 Jahre nach dem Startschuss der internationalen Klimapolitik auf dem Erdgipfel 1992 in Rio de Janeiro steigt der weltweite CO_2-Ausstoß immer noch an, wenn auch verlangsamt. Die *Gen Z* versucht, ihrer Existenzangst mit Demonstrationen und Protestakten von Bewegungen wie *Fridays for Future* und *Letzte Generation* Gehör zu verschaffen. Über all ihren Bemühungen schwebt der Unglaube und das Entsetzen darüber, dass die älteren Generationen, die den Klimawandel herbeigeführt haben, sein Ausmaß und seine Konsequenzen für die Lebensgrundlage insbesondere der jungen Menschen und ihrer zukünftigen Kinder nicht zu begreifen scheinen.

Zugleich bewegt die junge Generation sich mit Leichtigkeit und Selbstverständlichkeit im Internet sowie in sozialen Netzwerken und wir wissen, dass wir sie für die Nutzung beider nicht wirklich gut vorbereitet haben. Was passiert mit meinen Daten? Was sollte ich besser nicht posten? Wem glaubt man besser nicht? Wo versucht man, mich politisch zu ködern? Während in Deutschlands Schulen – abgesehen von vielen, sicher sehr erfreulichen Ausnahmen – althergebrachte Curricula auf der Tagesordnung stehen, bewegen junge Menschen sich in Parallelwelten, von denen Erwachsene auch nicht nur im Ansatz eine Vorstellung haben. „Aber es kann nicht sein", so bringt Valentina Vapaux es in *Generation Z* auf den Punkt „dass so etwas wie soziale Netzwerke das Denken und Verhalten einer ganzen Generation verändern und das Schulsystem einfach so zuschaut und uns einmal in der Schullaufbahn einen lieblos zusammengeschusterten, 45 min langen Workshop hinknallt. Danke für nichts, honestly" (Vapaux, 2021, S. 31).

Die Social-Media-Plattform TikTok bringt einen Paradigmenwechsel

Seit ihrem Start 2017 hat sich die aus China stammende Kurzvideo-App TikTok zu einer der am schnellsten wachsenden digitalen Medienplattformen entwickelt: Aktuell verzeichnet das soziale Netzwerk ca. 1,7 Mrd. User weltweit. In Deutschland nutzen gut 20 Mio. Menschen TikTok (*20,1 Mio. Menschen in Deutschland*, 2023), 65 % von ihnen sind zwischen 18 und 24 Jahren alt (Brosig, 2022). Das von seinen Nutzern gemacht „Mini-Fernsehen" kann inspirieren sowie die Kreativität und soziale Interaktion fördern, zugleich aber auch Minderwertigkeitsgefühle auslösen und sozialen Rückzug sowie Abhängigkeit auslösen (Camerini bei Windmann, 2024). Wie bei anderen sozialen Netzwerken sorgen Algorithmen dafür, dass Nutzern immer mehr von dem in ihren Feed gespült wird, was sie sich in der Vergangenheit angeschaut haben. So bleiben User mehr und mehr in ihren Blasen und verlieren den Blick für die Vielschichtigkeit der Realität. TikTok hat so eine große Strahlkraft, dass selbst die jüngsten Wahlergebnisse der Europa- und der Landtagswahlen in Ost-Deutschland zum Teil auf die starke Präsenz der AfD in der Plattform erklärt wurden (Schou et al., 2024). Auch die Radikalisierung von jugendlichen Straftätern durch den IS läuft vermehrt über die Kurzvideo-App; verrückte Challenges bringen Jugendliche dazu, sich für Likes und Views auf aberwitzige Dinge einzulassen. Insbesondere junge User, so heißt es, müssten in ihrem Nutzungsverhalten von Eltern und Schule begleitet werden. Das Problem hierbei: Kinder und Jugendliche verstehen die Plattform schnell viel besser als die, die sie begleiten sollten. Schule und viele Elternhäuser fühlen sich nicht verantwortlich oder blenden das Thema schlichtweg aus.

Wie für alle vorherigen Generationen sind auch die prägenden Erfahrungen der *Gen Z* sehr vielfältig. Zugleich jedoch ist irgendetwas anders, ein fahler Geschmack macht sich breit: Während von den Boomern bis zur *Gen Y* immer auch positive Erfahrungen gemacht wurden – der wirtschaftliche Aufschwung Deutschlands in den 60ern, die Herausbildung der EU, der Fall der Mauer, das Ende der Apartheid, Barack Obama als erster schwarzer Präsident, um nur wenige Highlights zu nennen, geben die vergangenen Jahre – die Entwicklungsjahre der *Gen Z* – wenig Anlass zu Hoffnung. Blitzlichter positiver Entwicklungen sind kaum auszumachen, einem gesunden Grundoptimismus die Treue zu halten, fällt schwer. Wir leben in einer Zeit multipler Krisen, die Zeitenwende ist ausgerufen, Deutschland befindet sich 2024 im vierten Jahr in Folge in wirtschaftlicher Stagnation, und die Vorstellungskraft, wie all die Jahrhundertthemen zur selben Zeit gelöst werden sollen, lässt uns im Stich. Wer die *Gen Z* auch nur im Ansatz verstehen will, muss diese Abwesenheit von Optimismus-Anlass zur Kenntnis nehmen. Wer die – in Anlehnung zu den Boomern auch so genannten *Zoomer* – zu produktiven Mitarbeiterinnen und Mitarbeitern machen möchte, der muss sich mit den

Eckdaten der Generation	Historische Eckdaten	Gesellschaftliche Prägungen	Wirtschaftliche Kennzeichen
Geb. 1996 - 2010	Arabischer Frühling Syrischer Bürgerkrieg	Corona-Pandemie	Hohe Inflation Anfang der 2020er
			Steigende Energiepreise
(2025) Zwischen 15 und 29 Jahren alt	Flüchtlingswelle 2015/16	Überfall Russlands auf die Ukraine	Hoher Fach- und Arbeitskräftemangel
	Zunehmende Migrationsbewegungen		Marode Infrastruktur
Gen Z	IS-Terror	Soziale Netzwerke wie TikTok entfalten starkes Wirkpotenzial	Schleppende Digitalisierung
Digital Natives	Donald Trump wird 2016 US-Präsident	Zunahme von Klimakatastrophen	Deutschland befindet sich seit 2020er in einer wirtschaftlichen Stagnation bzw. Rezession
	Aufstieg der AfD in Deutschland		

Abb. 2.5 Die Prägungen der *Gen Z*

Umständen beschäftigen, in denen sie aufgewachsen sind. Wer als Arbeitgeber oder Vorgesetzte*r erfolgreich mit ihnen zusammenarbeiten will, der sollte nicht von oben auf sie herabschauen und – sich wundernd – den Kopf schütteln, sondern ihnen auf Augenhöhe begegnen und ihnen zuhören (Abb. 2.5).

2.4 Von Boomer bis Zoomer – Die verschiedenen Arbeitnehmer*innen-Typen

Jede Generation macht ihre eigenen Erfahrungen und wird auf spezifische Weise geprägt. Jede Generation entwickelt entsprechend Wertvorstellungen und Erwartungshaltungen, auch an das Konzept Arbeit. (siehe Abb. 2.6) Welchen Stellenwert darf Arbeit in meinem Leben einnehmen? Ist sie Selbstzweck oder Mittel zum Zweck? Was sollte neben Arbeit in meinem Leben noch möglich sein? Wie geht man in Unternehmen miteinander um? Wie funktioniert Führung? Wie ist Effektivität und Effizienz

Babyboomer 1956–1965	Generation X 1966–1980	Generation Y 1981–1995	Gen Z 1996–2010
• diszipliniert, leistungsbereit, zielstrebig • oberstes Ziel: ökonomischer Wohlstand • leben, um zu arbeiten • besetzen viele **Führungspositionen** • **Rente naht** • entweder Frühverrentung oder *Silver Worker*	• hohe **Leistungsbereitschaft** • **Zeit wird wichtiger als Geld** • **Work-Life-Balance** etabliert sich • **Was macht mir Freude?** wird zur wichtigen Frage • besetzen viele **Führungspositionen** • Karriereweichen sind gestellt • Was wünsche ich mir für die nächsten Dekaden?	• hohe **Leistungsbereitschaft** und **Freizeitorientierung** • möchte Zeit für eigene Projekte • etabliert den **Work-Life-*Blend* • **Suche nach Sinn** steht im Vordergrund • **Fachkarriere** schlägt Führungsposition • Wie kann ich genug Geld verdienen und zugleich meine **Familie und Träume** finanzieren?	• **Arbeit soll sich nicht wie Arbeit anfühlen** • arbeiten **wann und wo ich möchte** • Begegnung auf **Augenhöhe** • Wunsch nach **Abwechslung** • hohe **Freizeitorientierung** • geringe Verbindlichkeit • umfassender **Forderungskatalog** • **Benefits** erwünscht • **Lockere** Atmosphäre

Abb. 2.6 Das Arbeitsethos der verschiedenen Generationen

im Team zu erreichen? Wie und wo will ich arbeiten? Im Folgenden soll umrissen werden, welche Vorstellungen die im Fokus stehenden vier Generationen von dem Konzept haben.

2.4.1 Die Babyboomer – Leben, um zu arbeiten

Die Babyboomer hatten das Wirtschaftswunder im Nacken und den Hunger ihrer Eltern nach Wiederaufbau und Aufstieg im Blut; zugleich erlebten sie die wirtschaftliche Delle der 70er und den Peak der Arbeitslosigkeit Anfang der 80er. Diszipliniert, leistungsbereit und zielstrebig verfolgten die Arbeitnehmer*innen der Boomer-Generation in den ersten Jahrzehnten ihres Arbeitslebens das über allem stehende Ziel, ökonomischen Wohlstand zu generieren. Nie wieder in Armut leben, nie wieder hungern, nie wieder mittellos und geschlagen dastehen, wie sie dies bei ihren Eltern oder Großeltern erlebt hatten. Sie lebten, um zu arbeiten und ordneten alles andere – Familie, Gesundheit, Freizeit – diesem Ziel unter. Für die Boomer war Arbeit stets der Mittelpunkt ihres Lebens – der Begriff Workaholic findet in dieser Generation seine Geburtsstunde. In den Hochjahren des Arbeitslebens bedeuteten Erfolg und Verdienst immer mehr als Zeit und Wohlbefinden; das Privatleben wurde dem Beruf und seinen Verpflichtungen selbstverständlich untergeordnet. Um Wohlstand zu erlangen, war man bereit, Opfer zu bringen. Geld war wichtiger als Zeit.

Das Phänomen der Arbeitssucht hält Einzug

Der Begriff Workaholic wurde erstmals 1971 von dem US-amerikanischen Psychologen Wayne E. Oates verwendet (Oates, 1971). Auf dem Cover des Buches war eine Flasche abgebildet – einer Sekt- oder Likörflasche ähnlich – auf deren Etikett der Buchtitel gedruckt war; der Begriff, von dem Wort *alcoholism* abgeleitet, etablierte sich schnell in der Umgangssprache. Im deutschsprachigen Raum wurde der Begriff der Arbeitssucht erstmals 1979 von Dr. G. Mentzel, dem ersten Ärztlichen Direktor der Hardtwaldklinik II in Bad Zwesten, verwendet. Auch er zog eine Parallele zwischen der Arbeits- und der Alkoholsucht und ging davon aus, dass die langfristigen Folgen für die Süchtigen ähnlicher Natur seien (Mentzel, 1979).

Im Laufe ihrer sehr häufig erfolgreichen Erwerbsbiografien zeigten sich auch die Boomer zunehmend entspannt und erlaubten es sich, auf den hart erarbeiteten Lorbeeren die Disziplinzügel ein wenig zu lockern. Urlaube, Freizeitvergnügen und der Erwerb von Statussymbolen begannen, eine gewisse Bedeutung einzunehmen; in erster Linie waren jedoch auch diese Ausdruck von wirtschaftlichem Erfolg und somit Früchte von Arbeit, nicht Selbstzweck. Wer sich etwas leistete und dies auch stolz nach außen zeigte, der konnte es, weil er hart gearbeitet und es sich verdient hatte – im wahrsten Sinne des Wortes.

Heute neigen sich die beruflichen Karrieren der Boomer dem Ende – bis zum Jahr 2036 werden knapp 12 Mio. Menschen, also 30 % der dem Arbeitsmarkt zur Verfügung stehenden Kräfte, aus dem Erwerbsleben ausscheiden (Leyhausen & Klute, 2023). Dabei sind unter den ins Rentenalter kommenden Boomern zwei Trends auszumachen: Auf der einen Seite zeigt sich ein ausgeprägter Wunsch zur Frühverrentung – 68 % der erwerbstätigen Babyboomer wollen spätestens mit 64 in Rente gehen, 30 % möchten gar nur bis 62 arbeiten (Bakkenbühl & Edelhoff, 2023). Unter den Babyboomern, so Hasselhorn, Leiter der Studie *lidA – leben in der Arbeit*, herrsche eine „ausgeprägte Kultur des Frühausstiegs" (Bakkenbühl & Edelhoff, 2023). Expert*innen bewerten diesen Trend als besorgniserregend, da er sowohl den Arbeitskräftemangel verschärfe als auch die Finanzierbarkeit der Renten gefährde; schon jetzt flössen ca. ein Viertel des Bundeshaushalts als Zuschuss in die Rentenkasse, so heißt es (Bakkenbühl & Edelhoff, 2023).

Auf der anderen Seite ist eine bemerkenswerte Gegenbewegung, das „Great Unretirement" (*Erwerbstätigkeit älterer Menschen*, 2024), zu beobachten: Die Zahl der erwerbstätigen Rentner*innen ist heute so hoch ist wie noch nie. Die Erwerbstätigkeit der 65–70-Jährigen hat sich von 11 % 2012 auf 19 % 2022 gesteigert. (*Erwerbstätigkeit älterer Menschen*, 2024) Hinzu kommt, dass die Erwerbsbeteiligung unter den 60–65-Jährigen so stark angestiegen ist wie in keiner anderen Altersgruppe: von 47 % 2012 auf 63 % 2022. Die Menschen in den entwickelten Industrienationen werden heute im Schnitt zehn Jahre älter als noch in der vorhergehenden Generation und bleiben länger fit und aktiv; viele Menschen möchten entsprechend auch nach dem Eintritt des gesetzlichen Rentenalters weiterarbeiten, und da die Unternehmen die *Silver Workers* auch brauchen, werden Möglichkeiten geschaffen.

Die Babyboomer sind heute zwischen 60 und 69 Jahren alt. Diejenigen, die noch im Arbeitsleben stehen, weisen zum Teil jahrzehntelange Betriebszugehörigkeiten auf und sind sehr gut vernetzt. Sie besetzen immer noch einen beträchtlichen Anteil der Führungspositionen in Unternehmen und Politik und haben einen großen Einfluss auf das gesellschaftliche Leben (Klaffke, 2022, S. 21; Priebe, 2023). Heute wünschen sich die Boomer einen finanziell interessanten Ausstieg aus ihren Unternehmen, eine solide Rente und/oder eben noch eine spannende und sinnvolle Aufgabe. Der Blick der Boomer ist, dem Alters- und Lebensphaseneffekt geschuldet, heute stärker auf die Gegenwart gerichtet als auf die Zukunft. Karriereambitionen sind dem Bedürfnis nach Autonomie, Wertschätzung und einer sinnhaften Tätigkeit gewichen (Klaffke 2022, S. 15). Die Begeisterung für Neues sowie die Geschwindigkeit der Informationsverarbeitung lässt nach; Werte wie Zuverlässigkeit, Hilfsbereitschaft oder auch das Bedürfnis nach emotionaler Stabilität werden bedeutsamer (Klaffke 2022, S. 15). Der Erhalt der Gesundheit, harmonische Beziehungen und Zeit für die Familie sind ebenso bedeutsam wie viele Gelegenheiten, das Leben zu genießen und die hart erarbeiteten finanziellen Mittel in Erlebniswerte umzuwandeln. Auch das letzte Drittel ihres Lebens gehen die Boomer diszipliniert an. Sie blicken mit Stolz auf ihr Berufsleben zurück und erwarten Respekt vor ihrer Lebensleistung.

Die Boomer sind es gewohnt, eher sequenziell zu arbeiten: „Ihr Arbeitsstil ist strukturiert" (Borghardt, 2020). Sie sind beruflich mit Festnetztelefon und Briefkorrespondenz groß geworden. Auch wenn sie heute Smartphones, *Instant Messenger* und in ihren Unternehmen gängige digitale Tools nutzen, geschieht die Anwendung doch nicht intuitiv und nimmt im Vergleich zu jüngeren Anwender*innen mehr Zeit in Anspruch. Die Boomer sind in der Lage, aus dem Stehgreif fehlerfreie Texte mit der Hand zu verfassen, ein schlüssiges Telefonat zu führen und Kolleg*innen sowie Kund*innen mit der geforderten Etikette zu begegnen. Als Angehörige der geburtenstarken Jahrgänge wuchsen sie mit der Urerfahrung der Masse auf und waren gezwungen, positiv ausgedrückt, soziale Kompetenz auszubilden, negativ formuliert, ihre Ellenbogen einzusetzen (Borghardt, 2020). Die Gemeinschaft als solche stellt bis heute einen hohen Wert für sie dar und es ist selbstverständlich, das eigene Wohl nicht reflexartig an die oberste Stelle zu setzen. Loyalität, auch gegenüber einem Arbeitgeber, ist ein bedeutender Wert für die Babyboomer – nicht umsonst blieben viele einem Unternehmen ihr gesamtes Arbeitsleben lang treu (Schnetzer, 2024a). Die Boomer sind geduldig, nehmen sich Zeit für ihre Aufgaben und sind es gewohnt, Dinge konzentriert zu Ende zu bringen. Netzwerke und Beziehungen zu pflegen, ist für sie ebenso selbstverständlich wie klare Hierarchien und der Respekt vor den mit ihnen einhergehenden Verantwortlichkeiten (Borghardt, 2020).

2.4.2 Die Generation X – Die Entdeckung der Work-Life-Balance

Die Arbeitnehmer*innen der Generation X sind – wie die (Nachkriegs-)Generation ihrer Eltern – von einer hohen, wenn auch nicht ganz so ausgeprägten Leistungsbereitschaft geprägt. „Durchhalteparolen wie ‚Lehrjahre sind keine Herrenjahre' sind ihnen vertraut" (Borghardt, 2020). Die Maxime „Wohlstand um jeden Preis" gilt, steht aber nicht mehr über allem. Das Hauptziel von Arbeit bleibt, finanziellen Wohlstand zu erarbeiten, ein hohes Gehalt die größte Motivation für gute Leistung am

Arbeitsplatz (Schnetzer, 2024b); jedoch ist die Generation X nicht mehr bereit, ihre Familie und ihr eigenes Wohlbefinden diesem Ziel uneingeschränkt unterzuordnen. Der Begriff der Work-Life-Balance taucht erstmals auf. Man strebt nach einer hohen Lebensqualität, und das hat eben auch etwas mit freier Zeit zu tun, mit seelischer Balance und körperlicher Gesundheit. Während für die Eltern dieser Generation Geld wichtiger war als Zeit, kehrt sich für die X-ler dieses Verhältnis um. Zugleich macht sich das Bewusstsein breit, dass es weder eine Garantie auf einen sicheren Arbeitsplatz gibt (1985 steht die Arbeitslosenquote in Westdeutschland bei 9,3 % zu etwa 0,7 % 1965 (*Arbeitslosenquote der Bundesrepublik Deutschland in den Jahren 1950 bis 2023*)), noch dass die Rente – entgegen der Aussage von Arbeitsminister Norbert Blüm im Jahr 1986 – sicher sein wird.

Der Ursprung der Work-Life-Balance

Der Begriff Work-Life-Balance wurde in den 90er-Jahren geboren; das mit ihm gemeinte Phänomen allerdings viel früher. Der Soziologe Bernhard Badura, Emeritus der Fakultät für Gesundheitswissenschaften der Universität Bielefeld und einer der ersten Work-Life-Balance Forscher in Deutschland, nennt zwei entscheidende historische Einschnitte: Zum einen die industrielle Revolution – erstmals arbeiteten Menschen nicht an dem Ort, an dem sie lebten; erstmals zehrte die Arbeit so sehr aus, dass Arbeiter Zeit für Regeneration benötigten. Zum anderen die zunehmende Erwerbstätigkeit von Frauen – erstmals mussten auch die Männer zu Hause mit anpacken und konnten ihre Kraft nicht mehr einzig ihrer Arbeit widmen. Die häufig in Teilzeit beschäftigten Frauen waren gefordert, Arbeit, Haushalt, Familie, Regeneration und Freizeit unter einen Hut zu bringen (Reintjes, 2023).

Trotz dieser aufkommenden Unwägbarkeiten warfen die Generation X-ler bei der beruflichen Richtungswahl Fragen wie *Was macht mir Freude?* oder *Wofür möchte ich meine Lebenszeit investieren?* mit in die Waagschale. Während Gedanken dieser Art für ihre Eltern, wenn überhaupt, zweitrangig waren, achtete die *Generation Golf* sehr wohl darauf, ob das Aufgabengebiet, dem sie sich vermutlich ein Leben lang widmen würde, einigermaßen mit ihren inneren Motivatoren übereinstimmte. Bei vielen Eltern lösten solche Gedanken Kopfschütteln aus; nicht wenige X-ler wurden gezwungen, doch die Banklehre statt eines Kunstgeschichte-Studiums zu starten. Lieber auf Nummer Sicher gehen, statt ein *Orchideenfach* zu studieren, so die Devise der Eltern. Als Folge ergaben sich eine Menge kurviger Generation X-Karrieren; nur weil man sich in jungen Jahren dem elterlichen Willen gebeugt hatte, war das eine oder andere innere Feuer noch lange nicht erloschen und wurde Jahre später dann doch wieder entfacht.

Die Tatsache, dass die Angehörigen der Generation X zumeist eher strenge Eltern hatten, die wenig Bereitschaft zeigten, die von ihnen für richtig befundenen Werte sowie die von ihnen für erfolgsversprechend gehaltenen Lebenswege zu diskutieren, sorgte sicher dafür, dass sie ihre Kinder wesentlich liberaler erzogen. Während die X-ler-Eltern, die zu einem Großteil noch der Nachkriegsgeneration angehörten, eher Ansagen machten, rote Linien vorgaben, ihre Vorstellungen als die einzig vernünftigen proklamierten, schwang das Pendel, als die Generation X Eltern wurde, oft ins Gegenteil um. Man diskutierte und verhandelte, man entschied sich für eine lange Leine, wenn es denn überhaupt noch eine gab, man ließ zu und man ließ machen, man sonnte und sonnt sich darin, coole und liberale Eltern zu sein.

Die Generation X ist heute zwischen 45 und 59 Jahren alt und stellt damit einen guten Teil der Beschäftigten mit respektabler Berufserfahrung. Ihre jüngeren Vertreter*innen haben die entscheidenden Karriereweichen bereits gestellt und halten ggf. noch Ausschau nach der nächsten vielversprechenden Position, dem weiteren Gehaltssprung oder einer passenden Gelegenheit, nochmal das Unternehmen zu wechseln. Ihre älteren Vertreter*innen setzen sich möglicherweise bereits mit Vorruhestandsregelungen auseinander, prüfen, wie sie in den letzten Jahren ihrer Berufstätigkeit ein harmonisches Verhältnis zwischen Arbeit und Leben finden können oder eruieren, ob nochmal etwas ganz anderes, etwas lang Ersehntes und mehr Erfüllung Versprechendes möglich wäre. Ihre jüngeren Vertreter*innen sind vielleicht spät Eltern geworden und ihr Fokus liegt auf der Vereinbarkeit von Job und Familie. Ihre älteren und früh Eltern gewordenen Repräsentierenden suchen gar schon wieder Zeit für die Unterstützung der Familien ihrer Kinder und damit ihrer Enkelkinder und interessieren sich möglicherweise für eine Reduktion ihrer Arbeitszeit sowie von übermäßigem Druck und überbordender Verantwortung.

Für die Gen X ist es selbstverständlich, älteren Menschen mit Respekt zu begegnen und Lebensleistung zu honorieren. Und auch wenn sie selbst ihre Arbeit nicht über alles gestellt und ihrem Privatleben durchaus Raum gegeben haben, so nahm und nimmt das Thema Arbeit doch eine prominente Rolle in ihrem Leben ein. Auch sie haben ihre Karrieren mit Disziplin verfolgt, den einen oder anderen inneren Orientierungskampf zwischen Leidenschaft und Vernunft gefochten und sich von Werten wie Loyalität, Verlässlichkeit und Ehrlichkeit leiten lassen. Und auch wenn sie selbst durch ihre teilweise Laisser-faire-Haltung in Erziehungsfragen den einen oder anderen so manchem Stereotypen entsprechenden *Gen Z*-Repräsentierenden produziert haben, wundern sie sich über das gelegentliche scheinbar distanz- und respektlose sowie überbordend selbstbewusste Auftreten der *Zoomer*. Als Arbeitnehmer*innen mit Erfahrung besetzen sie häufig Führungspositionen und sind von daher auch mit der Einstellung, Ausbildung und Führung der Folgegenerationen betraut (Schnetzer, 2024b). Den X-lern sagt man nach, in Sachen Führung eher bestimmend als motivierend zu sein (Rupacher, 2021) – ein Umgang, dem *Zoomer* eher kopfschüttelnd begegnen. Die X-ler wiederum schütteln den Kopf, wenn es um die vermeintlich geringe Arbeitsmoral der jungen Kolleg*innen geht; dies sicher auch, da von deren Arbeitswillen die Zukunft der Wirtschaft und damit der Wohlstand des Landes abhängt (Schnetzer, 2024b).

Die X-ler verknüpfen als erste Generation „konventionelle Kommunikationsmittel mit digitaler Technologie" (Priebe, 2023). „Sie waren die Vorreiter bei der Einführung von Computern und dem Internet in ihren Alltag und in ihre berufliche Tätigkeit" (Schnetzer, 2024b). Folgerichtig agieren sie selbstverständlich und mit respektablem Anwendungsverständnis mit Smartphones und digitalen Tools, bei so manchem *Reel* mit atemberaubendem Bildwechsel wird ihnen allerdings schwindlig. Sie können souverän zusammenhängende Texte formulieren – im Notfall auch noch mit der Hand, lieber allerdings auf dem PC. Die X-ler beherrschen das althergebrachte Telefonieren ebenso wie den souveränen Umgang mit *Instant-Messenger*-Diensten (auch wenn sie sich durch das Einfügen einer Grußformel am Ende als ältere Nutzer zu erkennen geben). Sie beherrschen das analoge und digitale Arbeiten gleichermaßen, suchen aber durchaus den Rat jüngerer Menschen, wenn es zur Anwendung kniffliger Features kommt.

Als die Generation X sich Mitte ihrer Zwanziger in Richtung Arbeitsmarkt bewegte, war so manche Stelle Mangelware: Praktika waren rar gesät und schwer zu ergattern, Lehrer*innen waren viele Jahre auf der Suche nach einer Anstellung oder schulten irgendwann verzweifelt um; Bewerbungsphasen wurden nicht selten zu nervenzehrenden Angelegenheiten. Die *Gen X* hat sich aufgrund dieser Erfahrungen gegenüber einem vernünftigen Beschäftigungsverhältnis eine gewisse Achtung bewahrt; ihre Repräsentierenden sind gewillt, bestimmte Nachteile eines Jobs mit Langmut hinzunehmen und ziehen eine solide Stelle durchaus dem einen oder anderen Wechselabenteuer vor: „Geduld und Pragmatismus sind ihre Tugenden" (Borghardt, 2020). Sie gelten auf dem Arbeitsmarkt als „beste Arbeitskräfte" oder „Umsatzgaranten", als zielstrebig und ergebnisorientiert (Rupacher, 2021) sowie anpassungsfähig (Schnetzer, 2024b). Sie nehmen sich noch Zeit für Aufgaben; sie wissen, dass Konzentration eine Erfolgszutat ist; im Gegensatz zu den Boomern sagt man den Repräsentierenden der Generation X nach, eher individualistisch zu sein und weniger Bereitschaft zu zeigen, sich der Gemeinschaft unterzuordnen (Borghardt, 2020; Schnetzer, 2024b).

2.4.3 Die Generation Y – Auf der Suche nach Sinn

Die *Gen Y* ist in gewisser Weise das Bindeglied zwischen den Boomern und der Generation X auf der einen und der *Gen Z* auf der anderen Seite: Mit den beiden erstgenannten teilt sie die hohe Einsatz- und Leistungsbereitschaft, mit der letztgenannten das Hinterfragen des klassischen Konzepts von Arbeit sowie die Suche nach einer als sinnhaft empfundenen Tätigkeit. „Sie schätzen den Wert um ihre Freizeit, scheuen aber auch nicht vor zu viel Arbeit zurück" (Rupacher, 2021). Nahm die Idee der Work-Life-Balance bei der Generation X erste Konturen an, wurde und wird sie von der *Gen Y* zur Perfektion gebracht: Zeit für die Familie und Zeit für eigene Projekte nimmt denselben Stellenwert ein wie die Zeit, die man dem Arbeitgeber zur Verfügung stellt. Ein Sabbatical, eine Weltreise mit Kind und Kegel – keine Seltenheit bei der Generation Y/*Why*, der Generation, die der Selbstverständlichkeit, mit der Generationen vor ihr ihre Lebenszeit einem Unternehmen zur Verfügung stellten, erstmalig eine Absage erteilt. *Why?* – Warum ein Leben lang für die Profite anderer arbeiten? *Why?* – Warum die eigenen Bedürfnisse, Träume, Leidenschaften hintenanstellen, um nach Jahrzehnten des Arbeitslebens frustriert zurückzubleiben? *Why?* – Warum die Beziehung zu den Kindern für eine steile Karriere und für zugleich noch mehr Gehalt, noch mehr Verantwortung, noch mehr Druck, noch weniger Ausgeglichenheit – Balance – in Kauf nehmen? Die Generation Y stellt diese Fragen und sucht für sich einen Mittelweg, einen gangbaren Kompromiss zwischen beruflicher Erfüllung, einem vernünftigen finanziellen Auskommen und Zeit für das Leben, das in Teilen doch als Gegenstück zur Arbeit empfunden wird. Zeit ist für die *Gen Y* mit Abstand wichtiger als Geld oder gesellschaftliche Anerkennung: 78 % der Millennials halten die Work-Life-Balance für den wichtigsten Aspekt eines Arbeitsplatzes (Priebe, 2023).

Aus Work-Life-Balance wird *Work-Life-Blend*

Die Millennials schreiben die Idee der Work-Life-Balance fort und entwickeln den *Work-Life-Blend*: Arbeitsleben und Privates dürfen gerne verschmelzen und man genießt die Unabhängigkeit und Flexibilität, die hierdurch entsteht. „Der Job soll Freiraum für persönliche Angelegenheiten bieten, im Gegenzug arbeitet man auch in der Freizeit: im Büro, zu Hause oder im Café. Y-ler wollen zeitliche wie räumliche Flexibilität, Projektarbeit ist ihr Ding" (Borghardt, 2020). Hierzu passt die Erwartungshaltung, sich im und mit dem Job auch persönlich weiterentwickeln zu können: Der Arbeitgeber kann einen für weiterbildende Projekte freistellen oder am besten gleich selbst dafür Sorge tragen, dass Weiterbildungen und Workshops angeboten werden, die gerne auch nicht unmittelbar etwas mit dem eigenen Aufgabenbereich zu tun haben dürfen (Priebe, 2023).

Ebenso wichtig wie die Zeit für die eigenen Lebensprojekte ist der Wunsch nach einer beruflichen Tätigkeit, die sinnhaft erscheint. Traute die Generation X sich kaum, eine solche Frage laut zu stellen, spricht die Gen Y sie deutlich und explizit aus. Die. Y-ler möchten eine Aufgabe, die Freude bereitet, die Variation verspricht und einen ohne überbordende Verantwortung ruhig schlafen lässt. Abwechslungsreiche Fachlaufbahnen und Projektarbeiten, die Arbeit in einem sympathisch-kompetenten

Team, in dem jede und jeder unterschiedliche Erfahrungen, Kompetenzen, Perspektiven beisteuert, die Abwesenheit von Gleichmaß und Routine – das sind die Ziele der Generation Y. „Fachkarriere schlägt Führungsposition", so umschreibt Borghardt die Orientierung der Generation Y (Borghardt, 2020); Rupacher spricht von „Arbeitsplatzspezialisten" und „unabhängigen Arbeitern" (2021).

Das Infragestellen des klassischen Arbeits-Konzeptes – Nine-to-five plus eine überbordende Menge an Überstunden, maximal 30 Tage Urlaub pro Jahr – ist indessen nicht nur ein intrinsisch entstandener Impuls, sondern auch der Situation des Arbeitsmarktes in den 2000er-Jahren geschuldet: Atypische Beschäftigungsverhältnisse nahmen zu, befristete Verträge wurden alles andere als eine Ausnahme, Freiberufler*innen waren gefragt und hatten oft bessere Chancen als Menschen auf der Suche nach einem Sicherheit versprechenden Arbeitsverhältnis. Bevor die positive konjunkturelle Entwicklung der 2010er wieder Ruhe in den Arbeitsmarkt brachte, wurde die *Gen Y* häufig auch als „Generation Praktikum" betitelt (Klaffke, 2022, S. 23). Diese Bezeichnung hat allerdings auch damit zu tun, dass die Millennials nach ihrem Studium häufig noch freiwillig das eine oder andere Praktikum absolvierten; bevor sie sich für eine Festanstellung entschieden, wollten sie wissen, welche Tätigkeit Freude bereitete und welches Umfeld sich stimmig anfühlte (Borghardt, 2020). Dass die staatliche Rente zum satten Altwerden nicht reicht, gehört derweil zum Common Sense. Die Antwort der *Gen Y*, heute zwischen 30 und 44 Jahren alt, ist zwiegespalten: 38 % der Millennials haben bereits eine private Altersvorsorge (Grimm, 2021), die jüngeren und ungebundenen trösten sich möglicherweise damit, dass das Renteneintrittsalter noch in weiter Ferne liegt.

Bereits einige Jahre im Arbeitsleben stehend, haben die jüngeren Repräsentierenden der *Gen Y* inzwischen genügend relevante Erfahrung gesammelt, um nun die entscheidenden Weichen für ihren weiteren beruflichen Weg zu stellen. Die reiferen Vertreter*innen befinden sich bereits in der Rushhour des Lebens und üben sich im Spagat zwischen Job, Kindererziehung, Herzensprojekten. Gleichberechtigung ist für sie eine Selbstverständlichkeit und so teilt man sich die Koordination von Arbeit und Kindererziehung in der Partnerschaft (Schnetzer, 2024c). Eine der größten Herausforderungen ist dabei, in eine finanzielle Situation zu kommen, die es – in Zeiten explodierender Preise – ermöglicht, ein schönes Zuhause und einige Freizeitaktivitäten finanzieren sowie idealerweise ein bescheidenes Vermögen aufbauen zu können. Wohnraum ist in Ballungsgebieten rar und teuer; nicht selten muss das vollständige Nettogehalt eines Beziehungspartners für Miete und Nebenkosten ausgegeben werden. Im Fokus der Y-ler steht also die Frage: Wie kann es gelingen, Work-Life-Balance zu leben und zugleich genug zu verdienen, um der Familie einen vernünftigen Lebensstandard zu ermöglichen und Herzensprojekte zu finanzieren. Und: Eine „eigene Familie zu gründen zählt zu den Top-Lebenszielen" der Generation Y (Schnetzer, 2024c). Längst hat sich das Synonym *Schmerzensgeld* für ein hohes Gehalt etabliert. Während die Elterngeneration, die Boomer, stolz auf ihre monatliche Gehaltsabrechnung schauten und überlegten, wieviel davon ausgegeben, wieviel zurückzulegen und mit welcher Anstrengung der Betrag möglicherweise zu erhöhen sei, blicken die Y-ler auch mit Wehmut auf den Geldeingang auf ihrem Konto – schließlich ist er der regelmäßige Beweis dafür, dass das kostbarste Gut – die eigene Lebenszeit – erneut fremdinvestiert wurde.

Die Generation Y ist im Umgang mit digitalen Tools intuitiv versiert, auch wenn sie ungläubig dabei zuschaut, mit welcher Geschwindigkeit 14-Jährige Textnachrichten tippen und beim Erscheinen einer neuen Social-Media-Plattform eher Ermüdungserscheinungen zeigt als Begeisterungsrufe äußert. Auch hier ist die *Gen Y* Bindeglied zwischen ihren beiden Vorgänger-Generationen und der *Gen Z*: Sie weiß noch, wo Adresse und Postleitzahl auf einem Umschlag unterzubringen sind; sie kann noch ein freundlich-konstruktives Telefonat führen und sich nicht nur mit einem müden *Hallo* melden, wenn es klingelt; sie ist noch in der Lage, einem 45-minütigen Vortrag zu lauschen, ohne währenddessen 45-mal auf das Smartphone zu schauen; für sie sind Verabredungen verbindlich (Schnetzer, 2024c). Sie ist digital versiert, ist sich der Nebenwirkungen von zu viel Technologie allerdings sehr bewusst und zieht nicht selten das persönliche Gespräch dem Videocall, den Austausch unter vier Augen der Sprachnachricht, die Postkarte dem *Schau doch einfach in meine Story!* vor. Die Millennials sind Teamplayer und gehen selbstverständlich mit ihren Kolleg*innen noch etwas trinken oder zum Sport – auch diesbezüglich gilt der *Work-Life-Blend*: Was sich gut anfühlt, ist okay (Borghardt, 2020).

2.4.4 Die Generation Z – Es soll sich nicht wie Arbeit anfühlen

Die Generation Z, heute zwischen 15 und 30 Jahren alt, lädt zum Staunen ein, sie regt auf, sie überrascht, sie mahnt, sie hat den Ernst der Lage nicht verstanden, sie übertreibt, sie will nur Spaß haben, sie ist antriebsschwach und schwer zu motivieren, sie sucht Sicherheit, sie verfolgt ihre Werte mit Entschlossenheit, sie will nicht mehr viel arbeiten, sie ist top ausgebildet… Ja, was denn nun? Wenn man sich mit der *Gen Z* beschäftigt, liest man viel Gegensätzliches, zumindest Unvereinbares. Auch ein Blick in die Realität zeigt erwartungsgemäß kein einheitliches Bild. Es ist sicher immer so, dass die jüngste Generation am wenigsten klar kategorisiert und am schwierigsten eindeutig zu beschreiben ist. Das Naheliegende ist oft nicht gut zu erfassen, und man ahnt, dass auch die vorherigen Generationen nicht eindimensional zu charakterisieren waren. Eine Deutung, der Versuch einer Kategorisierung, fällt mit Abstand dennoch sicher leichter. Die Aktualität indessen zeigt so viele verschiedene Facetten, dass es nahezu unzulässig erscheint, Etiketten zu vergeben. Hinzu kommt, dass die Schnelllebigkeit der heutigen Zeit die Forderung nach einer Verkürzung des Generationenzyklus zumindest in Betracht ziehen lässt. Man möchte vermuten, dass ein 15- und ein 30-Jähriger vor z. B. 40 Jahren mehr Gemeinsamkeiten hatten, als dies heute der Fall ist. Dem entgegen steht freilich die Tatsache, dass junge Menschen sich immer später entscheiden, Kinder zu bekommen und die eine Generation umfassende Zeitspanne eher vergrößert werden müsste …

Wie auch immer, wie kann nun diese Generation Z, die *Zoomer*, die *Digital Natives*, die *Post-Millennials*, die *Generation Greta* oder *Snowflake* – wie auch immer sie genannt wird – trotz geringer zeitlicher Distanz charakterisiert werden? Ist so etwas wie ein gemeinsamer Nenner auszumachen? Können Daseins- und Einstellungsspektren umrissen werden? Und vor allem im Hinblick auf den Fokus dieses Buchs: Wie und wo möchte die *Gen Z* arbeiten? Was ist sie bereit zu geben? Wie kann sie motiviert werden? Was kann sie beisteuern? Inwiefern stellt sie unsere bisherige Idee des Konzepts Arbeit auf den Kopf? Da das Augenmerk hier auf die *Gen Z* und den Arbeitsmarkt gelegt wird, steht die Altersspanne 18 bis Mitte/Ende 20 im Fokus der folgenden Überlegungen. Verschaffen wir uns also ein konkreteres Bild der *Gen Z* – und da genau sie im Mittelpunkt dieses Buches steht, widmen wir ihr ein eigenes Kapitel.

Literatur

20,9 Millionen Menschen in Deutschland und 2,1 Millionen in Österreich nutzen TikTok jeden Monat. (2023, Oktober 24). Tiktok. https://newsroom.tiktok.com/de-de/mau-announcement. Zugegriffen am 19.01.2025.

2010 bis 2019 – Das Jahrzehnt der Flucht. (2019, Dezember 31). Entwicklungspolitik Online. https://www.epo.de/index.php?option=com_content&view=article&id=15674:2010-bis-2019-das-jahrzehnt-der-flucht&catid=50&Itemid=84. Zugegriffen am 19.01.2025.

50 Jahre Internet: Von 4 auf 4 Milliarden Nutzer. (2019, August 15). bitkom. https://www.bitkom.org/Presse/Presseinformation/50-Jahre-Internet-Von-4-auf-4-Milliarden-Nutzer#item-12304%2D%2D2. Zugegriffen am 19.01.2025.

Albert, M., Hurrelmann, K., & Quenzel, G. (2015). Jugend 2015 – Eine neue Generationsgestalt? In Shell Deutschland (Hrsg.), *Jugend 2015 – 17. Shell Jugendstudie* (S. 33–46). Fischer.

Altersstruktur der Wahlberechtigten bei den Bundestagswahlen 2013, 2017 und 2021. (2022, Januar 26). Statista. https://de.statista.com/statistik/daten/studie/1498/umfrage/altersstruktur-der-wahlberechtigten-bundestagswahl/. Zugegriffen am 19.01.2025.

Arbeitslosenquote der Bundesrepublik Deutschland in den Jahren 1950 bis 2023. (2024, Januar 04). Statista. https://de.statista.com/statistik/daten/studie/1127090/umfrage/arbeitslosenquote-der-bundesrepublik-deutschland/. Zugegriffen am 19.01.2025.

Bakkenbühl, A.-B., & Edelhoff, J. (2023, Juni 22). *Studie: „Babyboomer" wollen immer früher in Rente*. Panorama – Das Erste/Norddeutscher Rundfunk – Sendungsarchiv. https://daserste.ndr.de/panorama/archiv/2023/Studie-Babyboomer-wollen-immer-frueher-in-Rente-,fruehrente104.html. Zugegriffen am 19.01.2025.

Bedroht der Klimawandel die menschliche Existenz? (2022, August 01). Forschung und Lehre. https://www.forschung-und-lehre.de/forschung/bedroht-der-klimawandel-die-menschliche-existenz-4904. Zugegriffen am 19.01.2025.

Bevölkerung – Geburten. (2024). Statistisches Bundesamt. https://www.destatis.de/DE/Themen/Gesellschaft-Umwelt/Bevoelkerung/Geburten/_inhalt.html. Zugegriffen am 19.01.2025.

Bevölkerung – Zahl der Einwohner in Deutschland nach relevanten Altersgruppen am 31. Dezember 2022 (in Millionen). (2023, Juni 20). Statista. https://de.statista.com/statistik/daten/studie/1365/umfrage/bevoelkerung-deutschlands-nach-altersgruppen/. Zugegriffen am 19.01.2025.

Borghardt, L. (2020, April 28). *Babyboomer bis Gen-Z – vier Generationen unter einen Hut bringen.* Haufe.de. https://www.haufe.de/immobilien/wirtschaft-politik/personalstratetgie-vier-generationen-in-einem-unternehmen_84342_515054.html. Zugegriffen am 19.01.2025.

Bosse, U. (2022, Dezember 21). *Ölkrisen und Strukturwandel – Die Wirtschaft der 70er im Westen.* NDR. https://www.ndr.de/geschichte/chronologie/Oelkrisen-und-Strukturwandel-Die-Wirtschaft-der-70er-im-Westen,oelkrise102.html. Zugegriffen am 19.01.2025.

Brosig, G. (2022, Dezember 15). *TikTok 2022: Kennzahlen und Statistiken aus Deutschland und der ganzen Welt.* digimind. https://blog.digimind.com/de/tiktok-2022-kennzahlen-und-statistiken-aus-deutschland-und-der-welt. Zugegriffen am 19.01.2025.

Chomsky, M. J. (Regisseur). (1978). *Holocaust* [Film/Serie]. NBC.

Deggerich, M., & Diehl, J. (2021, Dezember 19). *Auf einmal war ein Weihnachtsmonster da.* DER SPIEGEL. https://www.spiegel.de/panorama/justiz/breitscheidplatz-berlin-augenzeugenberichte-zum-jahrestag-des-anschlags-auf-dem-weihachtsmarkt-a-03bd8e9c-87f6-4306-9b4f-49f2a6e60f35. Zugegriffen am 19.01.2025.

Der Islamische Staat (IS). (o.J.). Landeszentrale für politische Bildung Baden Württemberg. https://www.lpb-bw.de/islamischer-staat#:~:text=Der%20Islamische%20Staat%20hat%20seine,den%20neuen%20irakischen%20Staat%20richteten. Zugegriffen am 19.01.2025.

Die 80er Jahre. (2019, Juni 01). ZDF. https://www.zdf.de/dokumentation/momente-der-geschichte/die-80er-jahre-100.html. Zugegriffen am 19.01.2025.

Die Flugzeugentführungen. (o.J.). https://usa.usembassy.de/gemeinsam/hijackings.htm. Zugegriffen am 19.01.2025.

Die Geschichte der EU von 1945 bis 1959. (o.J.). Europäische Union. https://european-union.europa.eu/principles-countries-history/history-eu/1945-59_de. Zugegriffen am 19.01.2025.

Die Geschichte der EU von 1960 bis1969. (o.J.). Europäische Union. https://european-union.europa.eu/principles-countries-history/history-eu/1960-69_de. Zugegriffen am 19.01.2025.

Die Geschichte der EU von 1990 bis 1999 (o.J.). Europäische Union. https://european-union.europa.eu/principles-countries-history/history-eu/1990-99_de. Zugegriffen am 19.01.2025.

Diese Rechte haben Frauen in den letzten 100 Jahren errungen. (2019, März 05). Human Resources Manager. https://www.humanresourcesmanager.de/arbeitsrecht/diese-rechte-haben-frauen-in-den-letzten-100-jahren-errungen/. Zugegriffen am 19.01.2025.

Erster autofreier Sonntag. (1973, November 25). Südwestrundfunk Kultur | SWR2 Archivradio. https://www.swr.de/swr2/wissen/archivradio/erster-autofreier-sonntag-sondersendung-102.html. Zugegriffen am 19.01.2025.

Erwerbstätige nach Wirtschaftssektoren. (2020, November 28). Bundeszentrale für politische Bildung. https://www.bpb.de/kurz-knapp/zahlen-und-fakten/soziale-situation-in-deutschland/61698/erwerbstaetige-nach-wirtschaftssektoren/. Zugegriffen am 19.01.2025.

Erwerbstätigkeit älterer Menschen. (2024). Statistisches Bundesamt. https://www.destatis.de/DE/Themen/Querschnitt/Demografischer-Wandel/Aeltere-Menschen/erwerbstaetigkeit.html. Zugegriffen am 19.01.2025.

Friedensnobelpreis für Barack Obama. (2009, Oktober 09). DER SPIEGEL, Germany. https://www.spiegel.de/politik/ausland/auszeichnung-friedensnobelpreis-fuer-barack-obama-a-654115.html. Zugegriffen am 19.01.2025.

Gastarbeiter. (2021, Juni 23). Bundeszentrale für politische Bildung. https://www.bpb.de/kurz-knapp/lexika/glossar-migration-integration/270369/gastarbeiter/. Zugegriffen am 19.01.2025.

Goege, H. (2018, Januar 19). *Als der VW Käfer in die Krise kam*. Deutschlandfunk Kultur.de. https://www.deutschlandfunkkultur.de/volkswagen-als-der-vw-kaefer-in-die-krise-kam-100.html. Zugegriffen am 19.01.2025.

Grimm, K. (2021, März 16). *Die Millennials werden zur Generation Altersarmut*. Stern. https://www.stern.de/wirtschaft/geld/altersarmut%2D%2Dwie-die-millennials-fuer-zwei-generationen-sorgen-muss-7436110.html. Zugegriffen am 19.01.2025.

Halbig, M. (2022, April 24). *Nie mehr Krieg? Der unbeirrte Glaube an den Sieg der liberalen Demokratie*. Redaktionsnetzwerk Deutschland. https://www.rnd.de/politik/francis-fukuyama-nie-mehr-krieg-philosoph-haelt-am-ende-der-geschichte-fest-KEDUUK3L4ZBI7LCR26IRGN3HIM.html. Zugegriffen am 19.01.2025.

Häufige Fragen zum Klimawandel. (2021, März 15). Umweltbundesamt. https://www.umweltbundesamt.de/themen/klima-energie/klimawandel/haeufige-fragen-klimawandel#extremwetter. Zugegriffen am 19.01.2025.

Islamistische Terroranschläge in Frankreich. (2020, November 11). Bundeszentrale für politische Bildung. https://www.bpb.de/kurz-knapp/hintergrund-aktuell/318689/islamistische-terroranschlaege-in-frankreich/. Zugegriffen am 19.01.2025.

Klaffke, M. (2022). Hintergrund und Konzepte. In M. Klaffke (Hrsg.), *Generationen-Management – Konzepte, Instrumente, Good-Practice-Ansätze* (3. Aufl., S. 3–45). Springer.

Langfristige Wirtschaftsentwicklung in Deutschland. (2024). Statistisches Bundesamt. https://www.destatis.de/DE/Themen/Wirtschaft/Volkswirtschaftliche-Gesamtrechnungen-Inlandsprodukt/BIP-Langfristig.html. Zugegriffen am 19.01.2025.

Lanz, M. (Moderator). (2023, Dezember 21). *Markus Lanz* [Fernsehsendung]. Heidemanns, M. (Produzent). ZDF.

Leyhausen, F., & Klute, A., (2023, April 04). *So gewinnen Sie Un-Ruheständler*. Haufe. https://www.haufe.de/personal/hr-management/babyboomer-arbeiten-trotz-rente/rentner-als-arbeitnehmer-zurueckgewinnen_80_591552.html. Zugegriffen am 19.01.2025.

Lörchner, J. (2017, Oktober 16). Die Todesnacht von Stammheim. *DER SPIEGEL*. https://www.spiegel.de/geschichte/raf-haeftlinge-in-jva-stuttgart-die-todesnacht-in-stammheim-a-1172566.html. Zugegriffen am 19.01.2025.

Mannheim, K. (1928). Das Problem der Generationen. *Kölner Wirtschaftshefte für Soziologie, 7*, 157–185 und 309–330.

May, L. (2024, September 02). AfD gewinnt junge Wähler im Osten. *Frankfurter Rundschau*. https://www.fr.de/politik/landtagswahlen-sachsen-thueringen-afd-gewinnt-junge-waehler-osten-36-prozent-93275221.html. Zugegriffen am 19.01.2025.

Mental Imbalance Youth: Die verletzte Gen Z. (2021, Dezember 08). Zukunftsinstitut. https://www.zukunftsinstitut.de/zukunftsthemen/generation-z-mental-imbalance-youth. Zugegriffen am 19.01.2025.

Mentzel, G. (1979). Über die Arbeitssucht. *Zeitschrift für psychosomatische Medizin und Psychoanalyse, 25*, 115–127.

Oates, W. E. (1971). *Confessions of a workaholic: The facts about work addiction*. Abingdon Press.

Obama verspricht islamischer Welt neue Ära. (2009, Juni 04). *DER SPIEGEL*. https://www.spiegel.de/politik/ausland/grundsatzrede-in-kairo-obama-verspricht-islamischer-welt-neue-aera-a-628498.html. Zugegriffen am 19.01.2025.

Osloer Abkommen als Meilensteine im Nahost-Friedensprozess. (2020, September 23). Bundeszentrale für politische Bildung bpb.de. https://www.bpb.de/kurz-knapp/hintergrund-aktuell/275803/osloer-abkommen-als-meilensteine-im-nahost-friedensprozess/. Zugegriffen am 19.01.2025.

Osman, M. (2023, Juli 27). *Verrückte und interessante Facebook Statistiken und Fakten (2024)*. Kinsta®. https://kinsta.com/de/blog/facebook-statistiken/. Zugegriffen am 19.01.2025.

Patalong, F. (2007, August 16). Die Welt dreht am Rad. *DER SPIEGEL*. https://www.spiegel.de/geschichte/erfindung-des-ipod-a-946672.html. Zugegriffen am 19.01.2025.

Pauschalierungen sind manchmal nötig. (o.J.) Institut für Generationenforschung. https://www.generation-thinking.de/die-generationenforschung. Zugegriffen am 19.01.2025.

Petersen, W. (Regisseur). (1985). *Das Boot* [Film/Serie]. Euro Video Medien GmbH.

Pfeifer, D. (2017, September 19). Wie das Smartphone die Welt verändert hat. *Süddeutsche Zeitung*. https://www.sueddeutsche.de/digital/kulturgeschichte-die-welt-in-der-hand-1.3668504. Zugegriffen am 19.01.2025.

Priebe, F. (2023, Oktober 03). *Von Babyboomer bis Generation X, Y, Z: Welche Generation bin ich?* Sage Advice Deutschland. https://www.sage.com/de-de/blog/generationen-auf-dem-arbeitsmarkt-so-ticken-ihre-mitarbeiter/. Zugegriffen am 19.01.2025.

Reintjes, D. (2023, September 26). Bismarck hat sich für Work-Life-Balance nicht interessiert. *WirtschaftsWoche*. https://www.wiwo.de/erfolg/management/vereinbarkeit-von-familie-und-beruf-bismarck-hat-sich-fuer-work-life-balance-nicht-interessiert/28577804.html. Zugegriffen am 19.01.2025.

Rosiny, S., & Richter, T. (2016, Dezember 12). Der Arabische Frühling und seine Folgen. *Bundeszentrale für politische Bildung*. https://www.bpb.de/shop/zeitschriften/izpb/naher-osten-331/238933/der-arabische-fruehling-und-seine-folgen/. Zugegriffen am 19.01.2025.

Rupacher, A. (2021, Juni 02). *X, Y, Z: Diese Generationen bestimmen den Arbeitsmarkt*. eRecruiter. https://www.erecruiter.net/b/diese-generationen-bestimmen-den-arbeitsmarkt. Zugegriffen am 19.01.2025.

Schäuble, J. (2021, Januar 06). Eine Chronologie des Tages: Wütende Trump-Anhänger dringen ins Herz der US-Demokratie vor. *Tagesspiegel*. https://www.tagesspiegel.de/politik/wutende-trump-anhanger-dringen-ins-herz-der-us-demokratie-vor-5387173.html. Zugegriffen am 19.01.2025.

Schirmer, S. (2017, Juni 04). IS reklamiert Anschlag in London für sich, Ermittlungen gehen weiter. *DER SPIEGEL*. https://www.spiegel.de/panorama/london-tote-und-verletzte-nach-anschlaegen-auf-der-london-bridge-und-in-borough-market-a-00000000-0003-0001-0000-000001408205. Zugegriffen am 19.01.2025.

Schnetzer, S. (2024a). *Generation Babyboomer*. https://simon-schnetzer.com/generation-babyboomer/. Zugegriffen am 19.01.2025.

Schnetzer, S. (2024b). *Generation X*. https://simon-schnetzer.com/generation-x/. Zugegriffen am 19.01.2025.

Schnetzer, S. (2024c). *Generation Y*. https://simon-schnetzer.com/generation-y/. Zugegriffen am 19.01.2025.

Schou, A.-L., Geusen, J., & Tack, A. (2024, Juni 05). Haben Politiker auf TikTok eine Chance gegen die Dominanz der AfD? *DER SPIEGEL*. https://www.spiegel.de/netzwelt/apps/reclaimtiktok-haben-politiker-auf-tiktok-eine-chance-gegen-die-dominanz-der-afd-a-bbf65f8b-3269-4da9-9196-d413fe99256f. Zugegriffen am 19.01.2025.

Schwarzer, M. (2022, September 11). *„Only Time": Wie ein Enya-Song zur weltweiten Trauerhymne wurde*. Redaktionsnetzwerk Deutschland. https://www.rnd.de/kultur/only-time-wie-ein-enya-song-zur-weltweiten-trauerhymne-wurde-DF7WAISYR5B3XODVN5BQJE3WTE.html. Zugegriffen am 19.01.2025.

Seidler, C. (2009, Dezember 01). Wie das Wetter zum Klima wurde. *DER SPIEGEL*. https://www.spiegel.de/wissenschaft/natur/bilanz-der-2000er-jahre-wie-das-wetter-zum-klima-wurde-a-664055.html. Zugegriffen am 19.01.2025.

Smartphones überholen Standard-Handys. (2014, Februar 14). Statista. https://de.statista.com/infografik/1901/weltweiter-absatz-von-m. Zugegriffen am 19.01.2025.

Stöcker, C. (2022, Januar 30). Die Generation Schneeflocke ist nicht verweichlicht – sondern einfach schlauer. *DER SPIEGEL*. https://www.spiegel.de/wissenschaft/mensch/jugend-von-heute-debatte-die-generation-schneeflocke-ist-nicht-verweichlicht-sondern-einfach-schlauer-kolumne-a-df52de97-9357-4436-9bbd-8408fbb6a640. Zugegriffen am 19.01.2025.

Trost, G., & Linde, M. (2020, Mai 18). *Gastarbeiter*. planet Wissen. https://www.planet-wissen.de/geschichte/deutsche_geschichte/geschichte_der_gastarbeiter/index.html. Zugegriffen am 19.01.2025.

Vapaux, V. (2021). *Generation Z – Zwischen Selbstverwirklichung, Insta-Einsamkeit und der Hoffnung auf eine bessere Welt*. Gräfe und Unzer.

Viele Tote bei Selbstmordanschlag auf Pop-Konzert. (2017, Mai 23). Deutsche Welle. https://www.dw.com/de/selbstmordanschlagt%C3%B6tet-viele-besucher-von-ariana-grande-konzert-in-manchester/a-38945667. Zugegriffen am 19.01.2025.

Vor 30 Jahren: Referendum zur Abschaffung der Apartheid. (2022, März 15). Bundeszentrale für politische Bildung bpb.de. https://www.bpb.de/kurz-knapp/hintergrund-aktuell/506188/vor-30-jahren-referendum-zur-abschaffung-der-apartheid/. Zugegriffen am 19.01.2025.

Web 2.0. (o.J.). Bundeszentrale für politische Bildung bpb.de. https://www.bpb.de/themen/medien-journalismus/medienpolitik/500735/web-2-0/#:~:text=Web%202.0%20ist%20an%20die,autorisierten%20Bearbeitern%20gef%C3%BCllt%20und%20gestaltet. Zugegriffen am 19.01.2025.

Wer ist die Generation Z? Einordnung und Merkmale der Gen Z. (o.J.). Institut für Generationenforschung. https://www.generation-thinking.de/. Zugegriffen am 19.01.2025.

Wilke, J. (2004, 1. März). *Die Fernsehserie „Holocaust" als Medienereignis.* Zeitgeschichte | online. https://zeitgeschichte-online.de/themen/die-fernsehserie-holocaust-als-medienereignis. Zugegriffen am 19.01.2025.

Windmann, A. (2024, 8. Juni). *„Wir verlernen, uns auf eine Sache zu konzentrieren".* DER SPIEGEL. https://www.spiegel.de/wissenschaft/tiktok-und-die-entwicklung-von-jugendlichen-was-eltern-wissen-sollten-a-c35147f1-3722-4131-b222-4504d6f59d13. Zugegriffen am 19.01.2025.

Zahl der Flüchtlinge. (2024). *Mediendienst Integration.* https://mediendienst-integration.de/migration/flucht-asyl/zahl-der-fluechtlinge.html. Zugegriffen am 19.01.2025.

Zehn Männer werden wegen Anschlägen in Brüssel angeklagt. (2021, 5. Januar). DER SPIEGEL. https://www.spiegel.de/ausland/anschlaege-in-bruessel-2016-zehn-maenner-werden-angeklagt-a-d3202f23-5e89-4352-81f3-1b3dde9693c1. Zugegriffen am 19.01.2025.

Zusammengefasste Geburtenziffer. (o.J.) Bundesinstitut für Bevölkerungsforschung. https://www.demografie-portal.de/DE/Fakten/zusammengefasste-geburtenziffer.html. Zugegriffen am 19.01.2025.

3
Die Gen Z – eine Annäherung

3.1 Grundlegendes

Wer ist nun diese *Gen Z*? Mit welchen Eckpfeilern lässt sie sich charakterisieren? Auf diese Fragen möchte ich in diesem Kapitel versuchen, eine Antwort zu finden – wohl wissend, dass das Ganze der Versuch einer Annäherung bleibt. Die Themenkomplexe Bildung, Erziehung, Finanzen, Digitalität, soziale Medien spielen ebenso eine Rolle wie der vermeintliche *Gen Z*-Wertekanon.

3.1.1 Die Gen Z ist eine kleine Generation mit guter Verhandlungsbasis

Zunächst einmal ist zu konstatieren, dass die *Gen Z* rein mengenmäßig eine kleine Generation ist: „Sie sind deutlich weniger als ihre Elterngeneration, die Angehörigen der Generation X, nämlich 4,6 Mio. weniger. Sie ist die kleinste Alterskohorte nach dem Zweiten Weltkrieg" (*Wer ist die Generation Z? Einordnung und Merkmale der Gen Z*, o.J.). Das anstehende Arbeitsmarkt-Ausscheiden der mengenmäßig jemals größten Generation, der Babyboomer, hat zwei Effekte: Zum einen wird die *Gen Z* schon 2030 „gemeinsam mit den Millennials der Generation Y den Großteil aller Arbeitnehmer*innen" bilden" (*Wie tickt eigentlich die TikTok-Generation?*, o. J.). Zum anderen werden Arbeitnehmer*innen in Summe ein sehr knappes Gut: Bis in die zweite Hälfte der 2030er-Jahre hinein werden Millionen von Menschen in Rente gehen und ein bedeutend geringerer Teil nachkommen.

Der Ökonom Ulf Rinne etwa spricht von 13 Mio. Menschen, die bis 2038 das Rentenalter erreichen, während im selben Zeitraum „selbst im Idealfall nur knapp 9 Mio. junge Menschen in den Arbeitsmarkt" (Rinne bei Löwisch, 2023b) eintreten. Der Arbeitgeberverband BDA rechnet bereits 2030 mit einer Lücke von 5 Mio. (Gringmuth-Dallmer & Schneider, 2022). Der Soziologe Stefan Schulz sieht im Jahr 2035 eine Lücke von 7 Mio. arbeitenden Menschen – laut seinen Untersuchungen gehen bis dahin rund 18 Mio. Babyboomer in Rente, während im selben Zeitraum nur 11 Mio. volljährig werden. (Stefan Schulz bei *Lanz*, 21.12.2023, 3:50 min. ff.) Welchen Zeitraum auch immer man genau betrachtet und welche Zahlen man als Basis der Berechnungen nimmt – das Ergebnis bleibt dasselbe: Deutschland fehlen Millionen von Arbeitskräften.

Der Generation Z verschafft dies eine ausgesprochen gute Verhandlungsbasis. „3500 Menschen werden täglich 65 und 1800 werden 18", so Rüdiger Maas. Dies führe in manchen Branchen gar zu einem Verhältnis von 3:1 und dann könne der/die junge Arbeitnehmer*in sich den Arbeitsplatz aussuchen. Und wer aussuchen könne, dessen Ansprüche stiegen eben (Abb. 3.1) (Maas bei Moreno, 2024, 2:18 ff.).

3.1.2 Ist die Gen Z gut situiert?

Die Generation Z wird oft als eine „gut situierte" Generation beschrieben, „eine Erbengeneration, die während der Ausbildung häufig eine größere Unterstützung von Eltern und Großeltern" erhält als frühere Generationen. Diese selbstverständliche finanzielle und auch seelisch-moralische Unterstützung stärke das Selbstbewusstsein der jungen Leute, so Rinne (Rinne bei Löwisch, 2023b). Auch der Generationenforscher Maas konstatiert ein im Vergleich relativ hohes aktuelles Wohlstandsniveau vie-

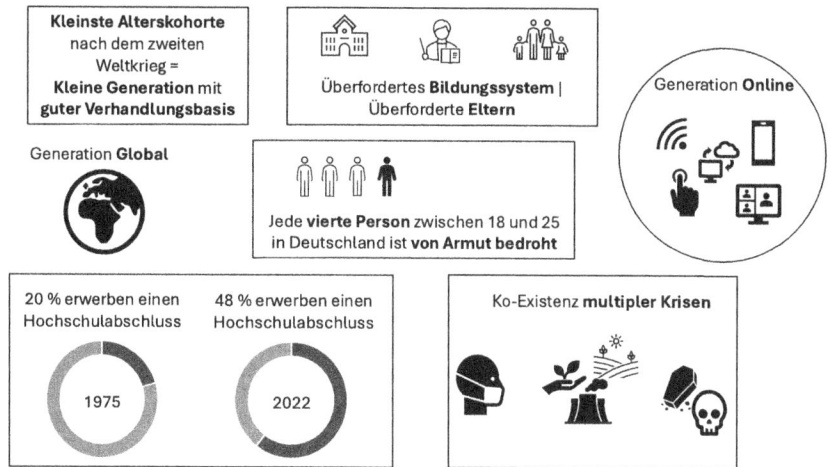

Abb. 3.1 Fakten rund um die *Gen Z*

ler junger Menschen und führt als Untermauerung etwa eine Handy-Flächendeckung von 99,7 % auf, wobei ein Smartphone eben gut und gerne schon einmal 1000 € koste (Maas bei Moreno, 2024, 11:40 ff.).

Deutschland ist die drittgrößte Volkswirtschaft der Welt, und auch wenn es wirtschaftlich mit einem prognostizierten Mini-Wachstum von 0,2 % in 2024 gerade alles andere als rosig aussieht, verwundert es nicht, dass es eine beträchtliche Menge von Familien, Menschen, Unternehmern im Land gibt, die wohlhabend sind – was auch immer unter diesem Begriff zu verstehen ist. Anders als früher ist aus meiner Sicht zweierlei – und so lassen sich die Beobachtungen von Rinne, Maas und vielen weiteren erklären: Zum einen instrumentalisieren nicht wenige wohlhabende Eltern ihre Kinder als verlängerten Angeber-Arm und lassen sie in unglaublich teuren Autos herumfahren, Kleidungsstücke der Luxusgüterklasse tragen oder stets das neuste technische Equipment zur Schau stellen. Zum anderen arbeiten viele, die zu Hause weniger Puffer und finanziellen Rückenwind erhalten, mit sehr hartem Einsatz, um zumindest in Teilen mithalten zu können. Allein die optische Messlatte kostet einen Haufen Geld: Fingernägel, Wimpern, Extensions, Tattoos, Fitnessstudio … (um einmal unwissenschaftlich in die Stereotypenkiste zu greifen). Je mehr man in die Vergnügungsoptionen der Metropolen abtaucht, umso mehr Anlass gibt es, sich zu wundern: 20-Jährige, die in Nachtclubs Tische mit einem Mindestumsatz von 500 € besetzen; End-Zwanziger, die in Edelrestaurants, ohne mit der Wimper zu zucken, Chateaubriand und den teuersten Rotwein bestellen, 19-Jährige, die mit 1500 € teuren Handtaschen aus Luxuskarossen steigen … Und auch wenn Beobachtungen dieser Art alles andere als anekdotische Evidenz sind, so sind sie eben doch nur pervertierte Auswüchse des einen Ende des Spektrums.

Auf dem anderen steht die erschreckende Tatsache, dass aktuell in Deutschland – zur Erinnerung: der drittgrößten Volkswirtschaft der Welt – ein Fünftel der Kinder von Armut bedroht ist; unter den 18–25-Jährigen ist es gar jeder vierte (Stöcker, 2022). 2022 galten in Summe knapp 2,2 Mio. Kinder und Jugendliche als armutsgefährdet. „Das entspricht einer Armutsgefährdungsquote von 14,8 %" (Pressemitteilung Nr. N045, 2023). Deren Problem, so Stöcker, bestehe eher nicht darin, dass ihre Eltern ihnen „dauernd das neue i-Pad" schenkten, weil die nun mal „mithalten" wollten (Stöcker, 2022).

In einer Sozialerhebung des deutschen Studierendenwerks konstatierte man im Jahr 2021 eine den Studierenden im Schnitt monatlich zur Verfügung stehende Summe von 1036 € (*Lebenshaltungskosten*, 2021). „Rund ein Drittel aller Studierenden sind demnach von Armut betroffen. Sie haben weniger als 60 % des mittleren Einkommens in Deutschland zur Verfügung, also weniger als 1148 € monatlich" (Götzke & Knüppel, 2022). Lediglich 11 % der Studierenden nimmt aktuell die staatliche Unterstützung in Anspruch (*Studienfinanzierung*, 2022), nur gut ein Sechstel finanziert sich in Summe über BAföG, KfW-Kredite oder Stipendien. Neun von zehn Studierenden werden von ihren Eltern unterstützt, mehr als zwei Drittel arbeiten neben dem Studium (*Staatliche Studienförderung*, 2023). Für 40 % aller Studierenden käme das BAföG überhaupt nicht in Frage, so Götzke & Knüppel, weil es viele Restriktionen gäbe und das BAföG über Jahrzehnte nicht an die Lebenswirklichkeit angepasst wurde – es ende etwa mit der Regelstudienzeit und ein Studienfachwechsel sei nicht möglich (Götzke & Knüppel, 2022).

Nach diesem kurzen Exkurs steht fest: Die Anzahl der *Gen Z*-ler, die jährlich ein Smartphone für 1000 € anschaffen und im Tesla Model S zur

Uni fahren, dürfte statistisch gering sein. Ob man ihren Zustand als *gut situiert* beschreiben möge – das steht auf einem ganz anderen Papier. Wie weltweit, so geht die Schere zwischen Arm und Reich eben auch in Deutschland zunehmend auseinander – der zwischen 2020 und 2021 konstatierte Vermögenszuwachs in Deutschland floss zu 81 % an das reichste Prozent der Bevölkerung, während die übrigen 99 % lediglich zu 19 % von dem Wachstum profitierten (*Oxfam-Bericht*, 2023). Dass die Chance auf Bildung bei uns nach wie vor zu einem Großteil vom Bildungsgrad der Eltern und ihren finanziellen Möglichkeiten abhängt, ist ein Trauerspiel. Und dass es sehr viele *Gen Z*-ler gibt, die im Vorstellungsgespräch nicht nach Workation oder Home-Office fragen, sondern einfach nur auf einen solide bezahlten Job hoffen, dürfte sich an dieser Stelle auch geklärt haben.

3.1.3 Ist die Gen Z top ausgebildet?

Ebenso häufig wie der *Gen Z* ein verhältnismäßig hohes Wohlstandsniveau und ein damit einhergehendes Anspruchsdenken unterstellt wird (zweifelsohne ist beides vorhanden, doch wie wir gesehen haben, eben nur ein Teil der Wirklichkeit), wird sie häufig als eine top ausgebildete Generation bezeichnet. Esmailzadeh et. al. etwa nennen sie die „am besten ausgebildete und weiblichste Generation" (2022, S. 17), wobei mit Letzterem vermutlich gemeint ist, dass junge Frauen Diskurse mitprägen, in Studium und Job als besonders ambitioniert hervorstechen und überhaupt keinen Grund sehen, sich hintenanzustellen bzw. selbstverständlich da stehen, wo sie stehen. Die These der gut ausgebildeten Generation wird bestätigt von der Tatsache, dass der prozentuale Anteil von (Fach-) Abiturient*innen eines Jahrgangs in den letzten Jahrzehnten extrem zugenommen hat (was sich damit freilich auch auf das Bildungsniveau der Generation X und Y auswirkte): Waren es 1975 noch 20,4 % und 1990 schon 31,4 % der Schüler*innen eines Jahrgangs, die die Schule mit der Hochschulreife abschlossen, betrug der Anteil in 2022 48,4 % (den Peak bildete das Jahr 2012 mit insgesamt 53,5 % (Fach-)Abiturient*innen). Seit 2013 hält sich der Anteil der Schülerinnen und Schüler, die die Schule mit der Allgemeinen Hochschulreife abschließen, konstant bei ungefähr 40 % (*Anteil der Studienberechtigten*, 2024). Als Konsequenz zu dem Mehr an Hochschulreife ergibt sich selbstredend ein Mehr an Studierenden: 2021 gab es in Deutschland weit mehr als doppelt so viele Studierende (2,9 Mio.) wie Auszubildende (1,3 Mio.) – auf zehn Studierende kamen 4,3 Auszubildende. Zum Vergleich: Im Jahr 1950 kamen (im früheren Bundesgebiet) auf 10 Studierende 75,5 Auszubildende (Pressemitteilung Nr. N036, 2023). Waren im Wintersemester 1980 ca. 1 Mio. Studierende an deutschen Hochschulen immatrikuliert, tummelten sich 1990 (im wiedervereinigten Deutschland) bereits gut 1,7 Mio. in deutschen Hörsälen. Bis 2010 stieg die Zahl auf 2,2 Mio. und 2021 strebten bereits 2,9 Mio. Studierende einem akademischen Abschluss entgegen (Pressemitteilung Nr. 503, 2022).

Wie ist dies zu erklären? Sind deutsche Schülerinnen und Schüler mit den Jahren ambitionierter und vor allem schlauer geworden? Zu einem Teil ist das Streben nach höheren Bildungsabschlüssen auf den Trend-Dreiklang „Akademisierung, Individualisierung und Privatisierung" zurückzuführen (Pressemitteilung Nr. N036, 2023), welcher bezeichnend für ein Land mit steigendem Wohlstand und wachsendem Lebensstandard ist. Grundsätzlich ist Bildung die beste Investition in die eigene Zukunft und eine gut ausgebildete Bevölkerung Garant für ein starkes Bruttosozialprodukt und wirtschaftliches Wachstum. Da die gesellschaftliche Entwicklung in Deutschland sich durch einen stetig wachsenden Bedarf an akademisch qualifizierten Fachkräften auszeichnet, scheint alles zu stimmen (Heublein et al., 2022, S. 1). Doch sammelt der aufmerksame Beobachter, der im Umgang mit Schulabsolvent*innen Versierte nicht wenige Erfahrungen, die ihn in seinem Verdacht bestärken, ein Abitur erfülle nicht mehr flächendeckend, was es verspricht. Gute Allgemeinbildung, fehlerfreies Schreiben, Beherrschen von alltagstauglicher Mathematik, Fremdsprachen, Digitalkompetenz – nicht selten wird man überrascht, wie wenig ein Abiturient/eine Abiturientin (und bei Weitem nicht nur die mit weniger guten Noten) in dieser Hinsicht zu bieten haben kann. Selbstverständlich gibt es auch die andere Seite – die top Ausgebildeten, die all dies beherrschen und noch viel mehr. Die Realität ist eben auch hier facettenreich.

Und dennoch: Auch das Gebot der Objektivität kann den Eindruck einer gewissen Bildungsinflation nicht mehr zudecken. Viele, die auf jahrelangen Umwegen ein mittelmäßiges bis schlechtes Abitur schaffen, wären vermutlich mit der Entscheidung, einen mittleren Schulabschluss anzustreben, die glücklicheren und selbstbewussteren jungen Menschen geworden. (Ein Studium oder eine Weiterbildung zum/r Meister*in kann ja später getrost angeschlossen werden). Viele, die sich im Bachelor-Studium versuchen, hätten vielleicht mit einer Ausbildung bessere Entwicklungsmöglichkeiten. Und wem tut es schon gut, permanent am Limit oder überfordert zu sein und zu spüren, dass man die Erwartungen und Standards einfach nicht erfüllen kann? Wenn die Gesellschaft von einem Bildungssystem fordert, aus jeder und jedem eine/n Akademiker*in zu machen, erwirkt es zugleich ein Senken der Standards. Dies jedenfalls, wenn das Bildungssystem nicht zeitgleich einer fundamentalen Reform unterzogen wird, welche echte Chancengleichheit ermöglicht und nicht darauf baut, dass die am besten zurechtkommen, denen zu Hause am meisten geholfen wird. Auf Morenos Frage, ob die Noten immer besser würden („Werden die Kinder immer klüger oder werden die Noten großzügiger vergeben?") konstatiert Maas, dass es heute tatsächlich zehnmal häufiger den Abiturschnitt von 1,0 gäbe als vor zehn Jahren und fügt hinzu „Wenn alle Kinder insgesamt klüger werden, dann muss das Niveau in der Schule angepasst werden, und zwar nach oben hin. […] Es dürften sich deswegen nicht die Noten ändern" (Maas bei Moreno, 2024, 41:18 ff.).

Immer mehr (Fach-)Abiturient*innen, immer mehr Studierende, immer bessere Noten – so sieht die eine Seite des Spektrums aus. Auf der anderen Seite trübt die Tatsache, dass jedes Jahr ca. 50.000 Schülerinnen und Schüler, das sind etwas mehr als 6 %, die Schule ohne Abschluss verlassen, den Eindruck der „top ausgebildeten Generation" deutlich ein. Seit 2011 habe sich dieser Prozentsatz nicht verändert, so die Ergebnisse einer Bertelsmann-Studie (Gillmann, 2023). Interessant ist die Beobachtung, dass 60 % der Abgänger*innen ohne Abschluss männlich sind; leider nicht überraschend die Tatsache, dass unter Schülerinnen und Schülern mit Migrationshintergrund die Quote bei über 13 % liegt (Gillmann, 2023). Nicht zu vernachlässigen ist abschließend der Fakt, dass immerhin ca. 28 % der Bachelor- und 21 % der Master-Studierenden ihr Studium abbrechen (Heublein et al., 2022, S. 5 u. 9). Schließlich haben wir es mit der Akademisierung in unserem Land so weit getrieben, dass

2023 230.000 Auszubildenden-Stellen nicht besetzt werden konnten (Mersch, 2023) und z. B. für Aufträge offene Handwerker zu einer seltenen Spezies geworden sind.

3.1.4 Was Schule zurzeit nicht hinbekommt

Einer der stärksten Impulse, die mich zum Schreiben dieses Buches gebracht haben, entstammt der Beobachtung, dass zwischen *den* jungen Menschen und den Vorstellungen *der* Unternehmen, die auf der Suche nach eben jenen sind, ein zum Teil riesengroßer Graben klafft. Beide scheinen von der Lebenswirklichkeit der jeweils anderen – in verschiedensten Schattierungen – wenig bis absolut gar keine Vorstellung zu haben. Nicht wenige Firmen verwechseln (Fach-)Abiturient*innen mit *Young Professionals* mit abgeschlossenem Studium und mehrjähriger Berufserfahrung. Nicht wenige junge Menschen glauben fest daran, dass die Suche nach einer Perspektive sich mit ihrem Fassen eines Plans und mit ihrer inneren Klärung erledigt habe. Nach dem Motto „Ich weiß jetzt, was ich will!" sind sie der tiefen Überzeugung, die Welt stünde ihnen jetzt ebenso offen wie die Türen zahlreicher Firmen – schließlich herrsche doch Fachkräftemangel! Dass ein Arbeitsverhältnis (auch bereits als Auszubildende/r und/oder dual Studierender) mit Pflichten, Grenzen, einem Compliance-kompatiblen Verhalten und einer klaren Erwartungshaltung seitens der Unternehmen in Bezug auf einen Beitrag zum ökonomischen Erfolg einhergeht, ist für viele eine echte Überraschung. „Was läuft hier eigentlich schief?", fragte ich mich in den vergangenen Jahren zunehmend, wohl wissend, dass es sehr viele jungen Menschen und Firmen gibt, die sich jenseits des hier Beschriebenen bewegen und von daher keine Gräben zu überwinden haben.

Auf der einen Seite versäumen *die* Schulen (sorry, jede Verallgemeinerung tut weh) in großem Stil, die jungen Menschen auf das echte Leben vorzubereiten. Bildungspolitik in Deutschland ist ein in die Jahre gekommener Riesen-Tanker, der von mindestens 16 (föderalen) Hafenpunkten aus koordiniert wird und sich von daher langsam eher im Kreis oder in Zickzack-Linien bewegt, anstatt zügig auf ein klar definiertes Ziel zuzusteuern. Als Außenstehender ist man schon von dem bloßen Versuch, die Thematik zu analysieren, erschöpft: Man hört von einem eklatanten Mangel an Lehrer*innen und wenig Aussicht auf eine grundlegende Behebung dieses Problems. Man liest von Massen an völlig überforderten Lehrer*innen, von heruntergekommenen Schulgebäuden inklusive unzumutbarer Schultoiletten und einer digitalen Ausstattung, die mit den Anforderungen des Jahres 2025 wenig bis nichts zu tun hat. Man hört Klagen über viel zu große Klassen, unterschiedlichste Bildungsniveaus in einem Raum, von vielen Schüler*innen, die nicht genügend Deutsch sprechen, um dem Unterricht folgen zu können, von überhaupt einem immer weiter nachlassenden Sprachniveau (auch unter deutschen Muttersprachlern), von gewaltbereiten Schüler*innen, Polizeieinsätzen an Schulen. Man liest und hört von Lehrplänen, die zwar – wenn denn alles rund liefe – eine vernünftige Allgemeinbildung produzieren könnten, aber eben viel zu wenig Know-How und Skills vermitteln, die junge Menschen im heutigen Leben brauchen, um irgendwie klarzukommen oder – verträumt ausgedrückt – um ein Land, eine Volkswirtschaft als mündige, versierte, up-to-date Bürger*innen voranzubringen. Ich erspare mir an dieser Stelle, das Thema mit Beispielen aus Literatur und Presse zu untermauern – es ist so omnipräsent und viel besprochen, dass es keiner Belege mehr bedarf, um der Sache Glauben zu schenken. Beispielhaft soll lediglich auf die Ergebnisse der PISA-Studie 2022 verwiesen werden, laut der deutsche Schüler*innen im internationalen Vergleich ihr bisher schlechtestes Ergebnis erzielt haben:

> „Knapp ein Drittel der 15-Jährigen hat in mindestens einem der drei getesteten Felder (Mathematik, Lesen, Naturwissenschaften (Ergänzung der Autorin)) nur sehr geringe Kompetenzen. Jeder sechste Jugendliche hat in allen drei Bereichen deutliche Defizite. Die Anteile dieser besonders leistungsschwachen Jugendlichen sind seit 2018 größer geworden […]. Der Anteil der besonders leistungsstarken Schülerinnen und Schüler ist wiederum gesunken […]." (*Deutsche Schüler schneiden so schlecht ab wie nie*, 2023)

In Anbetracht einer so geringen Bildungskompetenz und einer so bescheidenen Leistungsfähigkeit von Schulen in der drittgrößten Volkswirtschaft und einem der reichsten Länder der Welt vermag man nur noch verzweifelt-erschöpft den Kopf in die Hände zu stützen. Und so kommt es eben, dass junge Menschen in Scharen deutsche Schulen mit dem höchstmöglichen Bildungsabschluss, der Allgemeinen Hochschulreife, verlassen und weder über die angestrebte Allgemeinbildung verfügen noch Lesen, Schreiben, Rechnen in all seinen Komplexitätsfacetten zufriedenstellend beherrschen – und – wenig bis keine Kenntnis von Vielem haben, was essenziell ist, um den Schritt in das Leben eines/r mündigen Bürgers/in hinzubekommen: Wie sieht eine professionelle Bewerbung aus? Wie verhalte ich mich vor, im und nach einem Job-Interview? Wie tickt die Arbeitswelt? Welche Anforderungen haben Unternehmen? Wie setze ich etwas inzwischen so Profanes wie die Google-Suche auch für professionelle Themen ein? Wann lohnt es sich, ChatGPT um Rat zu fragen? Wie scannt man Dokumente sauber? Wie fasst man viele Dateien zu einer zusammen? Welches Medium macht für welche Art der Kommunikation Sinn? Wie geht eine Steuererklärung? Welche Versicherungen brauche ich? Ab welchem Einkommen zahle ich erhöhte Abgaben? Worauf muss ich bei der Wahl einer Krankenkasse achten? Wie kann ich systematisch Vermögen aufbauen? Und und und … Der Katalog könnte endlos weitergeführt werden.

Erziehung, Bildung und Vorbereitung auf das Leben sind jedoch nur zu einem Teil Aufgabe der Bildungseinrichtungen und liegt ebenso sehr in der Verantwortung der Eltern und Familien. Krippe, Kita, Schule muss sicher da einen prozentual höheren Beitrag leisten, wo Eltern aufgrund ihrer Umstände nur begrenzte Möglichkeiten haben: Wenn Trennung, Krankheit, finanzielle Sorgen, psychische Überforderung um sich greifen oder sich sprachliche und kulturelle Barrieren auftun, muss ein Bildungssystem eines hoch entwickelten Landes die Räume füllen, die Eltern und Familien unbestückt lassen. (Man widerstehe an dieser Stelle der Versuchung, in die Stereotypie-Falle zu tappen und sich bei dem hier Beschriebenen Brennpunktfamilien in heruntergekommenen Hochhaussiedlungen vorzustellen. Drogenmissbrauch, häusliche Gewalt, psychische Überforderung, ebenso wie Krankheit und Trennung sind Schichten-übergreifende Phänomene und allein eine gute finanzielle Ausstattung hat noch niemanden vor dem Absturz bewahrt …).

3.1.5 Wo Eltern Erziehung missinterpretieren

Und was ist eigentlich los mit den vielen Eltern, auf die die oben genannten beeinträchtigenden Kriterien nicht zutreffen und denen es irgendwie trotz vermeintlich vernünftiger Voraussetzungen nicht recht gelingen will, ihre Kinder zu mündigen Bürger*innen zu erziehen? (Die Tatsache, dass hier von *vielen* die Rede ist, impliziert die Existenz von *vielen*, die vollständig anders handeln. Und dennoch: Bei den im Folgenden aufgeführten Beobachtungen handelt es sich nicht um zufällig gemachte Beobachtungen. Ich bin sicher: Vielen Leserinnen und Lesern werden die beschriebenen Dinge bekannt vorkommen).

Erstens: In sehr vielen Familien beobachte ich mehr Nebeneinander als Miteinander. Es wird viel zu wenig gesprochen, es werden viel zu wenig Gedanken geteilt. Hier und da unternimmt man Aufwändiges, besucht vielleicht renommierte Restaurants, bucht gemeinsame Events. Wahre *Quality Time* aber zeichnet sich nicht dadurch aus, Instagram-würdige, öffentlichkeitswirksame Momente zu produzieren, sondern mittels authentischen Interesses, mittels Kommunikation, mittels liebevoller Unvoreingenommenheit Nähe und Vertrauen herzustellen und Informationen zu teilen. Als Konsequenz dieses mangelnden Austauschs, jedenfalls des Austauschs mit mangelnder Tiefe, ergibt sich, dass viele Eltern wenig von dem wissen, was ihre Kinder umtreibt und mit was sie sich eigentlich beschäftigen. Ebenso umgekehrt: Viele junge Menschen wissen wenig von den Gedanken ihrer Eltern – jenseits von To-do-Listen und Alltags-Organisations-Abstimmungen. Ich bin einigen Anfang 20-Jährigen begegnet, die nicht die geringste Vorstellung davon hatten, was ihre Eltern beruflich machten. „Mama arbeitet in einem Büro", war die konkreteste Info, die ich herauskitzeln konnte. Immer wieder versicherten mir Eltern voller Überzeugung, ihre Kinder wüssten nichts davon, dass ihre Ehe schlecht sei („Wir streiten uns ja nicht vor den Kindern.") oder dass ein Elternteil mit einer Krankheit zu kämpfen habe („Sie glauben, dass er von seinen Geschäftsreisen erschöpft ist."). Ich werde nie einen denkwürdigen Elternabend vergessen, bei dem mir irgendwann der Kragen platzte und ich mir wünschte, anstatt über das schlechte Niveau unserer pubertierenden Kinder in Mathe, Deutsch,

Englisch über die Kommunikationskultur im Klassen-Chat und die wirklich schlimmsten Dinge, die dort geschrieben wurden, zu sprechen. (Niemand außer mir hatte scheinbar die leiseste Ahnung davon, was dort los war). Wer seine Kinder ins Leben begleiten will, sollte sich – auch – für ihr Innenleben interessieren. Wer seine Kinder zu mündigen Bürger*innen erziehen will, sollte sie an eigenen Überlegungen teilhaben lassen. Schließlich: Wer glaubt, Menschen wüssten nur Dinge, über die explizit gesprochen wird, der irrt gewaltig. Eine konstruktive Kommunikationskultur ist aus meiner Sicht das Beste, was einer Familie passieren kann.

Zweitens: Wer kam eigentlich auf die Idee, Kinderhotels ins Leben zu rufen? (Für die Uneingeweihten: Es handelt sich um Hotels, in denen alles auf Kinder abgestimmt ist – das Essen, die Größe der Möbel, das Freizeitprogramm; Eltern tauchen mit ab in die Welt der Kinder und werden zu Schneewittchen in der Welt der sieben Zwerge.) In meiner Erinnerung haben wir Kinder ununterbrochen gespielt, erwachsen zu sein. Das könnte eine genetisch bedingte Veranlagung sein, nach dem Motto: „Ich übe schonmal, was ich später können muss." Heute geht das Ganze eher andersherum und die Dinge sind – im wahrsten Sinne des Wortes – ver-rückt: Eltern begeben sich in die Welt der Kinder oder Kinder werden in einer für sie passend gemachten Welt untergebracht. Ich erinnere mich an Familien, die nach dem Essen im Hotel (nur um Missverständnissen vorzubeugen: kein (!) Kinderhotel) geschlossen ins Spielzimmer gingen; die Kinder waren scheinbar nicht in der Lage, dies allein zu tun oder – wahrscheinlicher – ihre Eltern trauten ihnen nicht zu, dort ohne sie klarzukommen und den Weg zurück zu ihnen zu finden. Ich erinnere mich an eine Familie, bei denen der Fernseher von einem Laufstall eingezäunt war. Von Laufställen (gibt es so etwas eigentlich noch und wenn ja, wie heißt das heute?) mag man ja halten, was man will. Aber solange er dafür genutzt wird, dass man ein Kind für kurze Zeit unbeaufsichtigt und zugleich sicher in einem Raum lassen kann, kann dagegen – selbst mit viel Fantasie – erziehungstechnisch nichts einzuwenden sein. Ich erinnere mich an Besuche von Familien mit kleinen Kindern, bei denen die Mutter zunächst unser komplettes Grundstück auf Fluchtmöglichkeiten abcheckte und die Gastgeberin (ich) gebeten wurde, die Haustür abzuschließen. (Wieso meint man, die eigenen Kinder hätten nichts Dringlicheres im Kopf, als davon zu laufen? Wieso traut man ihnen nicht zu, den Garten eines mittelgroßen Einfamilienhauses allein zu erkunden?). Kurzum: Ja, spielt mit Euren Kindern. Ja, rutscht im Urlaub gemeinsam auf Riesenrutschen und ja, kauft mit Leidenschaft im Kaufladen eurer Kinder ein. Aber nehmt sie zugleich mit in Eure Welt – und dieser Part muss der weit dominantere sein. Lasst Eure Kinder teilhaben an Euren Gedanken. Erklärt ihnen, wie und warum ihr Entscheidungen trefft. Lasst sie Einblicke in Eure Leben als mündige Erwachsene halten, die – wie jeder Mensch – Probleme haben, Herausforderungen meistern, mit Dingen zu kämpfen haben und irgendwie immer auf der Suche bleiben nach Gelingen, Erfolg und Glücklichsein. „Wir müssten als Eltern die stärksten Vorbilder sein", so Andreas Dahmen, „sind es aber nicht mehr. Viele Eltern machen heute, was sie schon immer machen wollten, aber früher nicht konnten. Viele erliegen dem Jugendwahn und verpassen über ihren eigenen Aktivitäten, ihren Kindern handfeste Orientierung zu geben" (Dahmen, Gründer und Vorstand der *GHK Management Consulting*, 2023).

Drittens: Mutet Euren Kindern etwas zu, gebt ihnen Aufgaben, übertragt ihnen Verantwortung. Sie sind nicht aus Zucker und die Welt, in der sie klarkommen müssen, ist alles andere als aus Zucker. Macht sie bereit für dieses Leben. Stattet sie mit Kompetenzen aus, die sie brauchen werden. Fördert und fordert sie. „Man macht es den Kindern viel zu leicht, wenn man ihnen alles hinterherträgt", findet Andreas Dahmen. „Es wird viel diskutiert und dann doch nachgegeben. Damit ist doch niemandem geholfen" (Dahmen, Gründer und Vorstand der *GHK Management Consulting*, 2023). In diesem Zusammenhang fallen mir Familien ein, die ihre Kinder überall hinfahren (präferiert mit einem überdimensionierten SUV) und sie unmittelbar vor den Eingangstoren von Schulen, Sportzentren, Schwimmhallen aussetzen. Dagegen wäre nicht einmal etwas einzuwenden, wenn diese Eltern darüber nicht versäumen würden, ihren Kindern eine geografische Vorstellung davon zu übermitteln, wo sie eigentlich wohnen, wie sie mit öffentlichen Verkehrsmitteln rein theoretisch von A nach B kämen oder wie sie die Strecke unter Umständen gar mit einem Fahrrad zurücklegen könnten. Ich habe viele junge Menschen erlebt, die absolut gar nichts kochen konnten, irgendwie auch kaum etwas aßen und stattdessen hauptsächlich mit Aussortieren von Dingen beschäftigt waren, die sie nicht kannten und von denen sie sicher waren, obwohl noch nie probiert, dass sie ihnen nicht schmecken würden. Ich habe von Abiturient*innen gehört, die so gut wie noch nie mit im Supermarkt waren. „Kann ich mir so ein Knäckebrot noch leisten, wenn ich dann im Studentenwohnheim wohne?", soll die Tochter einer befreundeten Familie kürzlich gefragt haben. Normalerweise wird ihr das Essen wohl gereicht, während sie eine Serie schaut oder Hausaufgaben macht (Die Eltern essen später und lauter Dinge, die die Tochter nicht mag …). Ich kenne eine Menge Familien, die in Saus und Braus leben, ihren Kindern dann aber eine sehr geringe monatlich Apanage zahlen, wenn diese zum Studium ausziehen. Ziel sei es, so die plötzlich ausgabesensiblen Eltern, dass ihre Kinder den Wert der Dinge erkennen und lernen, mit Geld umzugehen. Ich habe mich schon immer gefragt, warum dieser Bildungsauftrag erst mit Anfang Zwanzig in Angriff genommen wird. Aus meiner Sicht ist es dann viel zu spät. Einer meiner Söhne kommentierte kürzlich sehr treffend: „Wie soll er lernen, mit Geld umzugehen, wenn er keines hat?"

Liebe Eltern, mutet euren Kindern etwas zu. Ich verspreche Euch: Sie werden Spaß daran haben, Aufgaben zu meistern und einen Teil zum Familiengeschehen beizutragen. Lasst sie den Rasen mähen, den Grill anschmeißen, beim Renovieren helfen, tanken, nehmt sie mit zum Einkaufen, entrümpelt Keller oder Dachboden, kocht gemeinsam, diskutiert mit ihnen und Vieles mehr. Kurzum: Gebt ihnen die Chance, mündige und selbstständige Bürger*innen mit einem breiten Kompetenzen-Set zu werden.

3.1.6 Die Gen Z blickt in eine ungewisse Zukunft

Die rasche Abfolge schwerer Krisen – Corona-Pandemie, Ukraine-Krieg, Klimakrise – sowie die allgemein gedämpfte Stimmung im Land durch Inflation, Energiekrise, wirtschaftliche Schwierigkeiten und politischen Dauerstreit belasten die *Gen Z*. Hoffnung auf Aufmunterung oder seelisch-moralische Unterstützung durch Ältere und Erfahrene bleibt oft unerfüllt, denn auch viele von ihnen wirken überfordert und den aktuellen Herausforderungen nicht mehr wirklich gewachsen. Hass im Netz, Morddrohungen gegen Politiker, Konflikte auf Supermarktparkplätzen (der Wutbürger lässt grüßen), Depressionen, Burn-out und Überlastung – Resilienz, Zuversicht und Kooperationsbereitschaft scheinen vielerorts zu fehlen.

Doch welche sind nun die Sorgen, die die *Gen Z* am meisten umtreibt? Im Oktober 2022 findet die Trendstudie *Jugend in Deutschland* heraus, dass sich 71 % wegen der Inflation und der steigenden Preise Sorgen machen; 64 % beunruhige der Krieg in Europa, wobei sich 38 % sehr große Sorgen machten, dass dieser sich weiter ausbreiten könne; 55 % beschäftige der Klimawandel, gefolgt von 54 %, die sich wegen der Wirtschaftskrise Gedanken machten und 49 %, die die zunehmende Energieknappheit fürchteten (*Was bereitet der Jugend in Deutschland die größten Sorgen?*, 2024; *Sorgen der Jugend*, 2022). Und auch wenn die eigene Lage, etwa Berufschancen oder die soziale Anerkennung, von den jungen Menschen grundlegend positiv eingeschätzt würde, hätten sich bei einer „‚erschreckend großen Minderheit' psychische Sorgen verfestigt und verdichtet. […] 16 % berichteten von Hilflosigkeit und zehn Prozent von Suizidgedanken" (*Sorgen der Jugend*, 2022).

In Bezug auf ihr bevorstehendes oder beginnendes Berufsleben hat die *Gen Z* „ein starkes Bewusstsein dafür, dass das traditionelle Versprechen eines automatischen Wohlstands und einer langfristigen Arbeitsplatzsicherheit nicht mehr uneingeschränkt gilt" (*Wie tickt eigentlich die TikTok-Generation?*, o. J.). Die jüngere Generation wisse zudem, so der Generationenforscher Maas, dass sie theoretisch heute viel mehr arbeiten müsse als ihre Eltern, um in der Zukunft den gleichen Wohlstand zu ernten wie diese (Maas bei Moreno, 2024, 11:19 ff.). Zugleich sei ihnen klar – sofern für sie überhaupt noch erstrebenswert –, dass ein frei stehendes Einfamilienhaus in einer Metropolregion kaum noch finanzierbar sein wird (Maas bei Moreno, 2024, 11:40 ff.). Die *Gen Z* habe sich zudem damit abgefunden, so Stoffers, „dass die Rente für ihre Jahrgänge auf wackligen Beinen stehen könnte." Sie zeige sich entsprechend offen dafür, privat Geld zurück- und anzulegen, um ihre betriebliche Altersvorsorge aufzustocken (Stoffers, 2023). In einer vom Versicherungskonzern *Generali* in Auftrag gegebenen Studie kam man zu folgenden Ergebnissen: 79 % der 18- bis 32-Jährigen ist das Thema Altersvorsorge wichtig, wobei sich 65 % Sorgen machen, als Rentner selbst arm zu sein (68 % der Sorgen speisen sich aus der Vermutung, die gesetzliche Rente werde nicht ausreichen). 56 % der jungen Menschen fühlen sich schlecht informiert, 65 % werden ihre Wahlentscheidung von der Rentenpolitik der Parteien abhängig machen (*Studie: Die gefährdete Generation*, 2021). Auch wenn noch in weiter Ferne, beunruhigt das Thema Rente und finanzielles Auskommen im Alter die *Gen Z* (wie die Millennials) also bereits in beträchtlichem Maße.

Die aufgeführten Sorgen in Kombination mit dem Wissen darum, dass zukünftiger Wohlstand immer auch von globalen Krisen und Entwicklungen abhängen wird, führt die *Gen Z* zu einer pragmatischen Einstellung zur Arbeit: Man stellt die persönliche Entwicklung und das Erschaffen eigener Chancen in den Mittelpunkt (*Wie tickt eigentlich die TikTok-Generation?*, o. J.) und findet den Gedanken befremdlich, sich für einen Konzern oder ein Unternehmen anderer Art krummzulegen. Wer weiß, ob es dieses Unternehmen in zehn Jahren noch geben wird? Wer weiß, ob an anderer Stelle viel bessere Chancen warten. Warum Loyalität zu einem Unternehmen ganz oben auf die Werteskala stellen in einer Welt, in der man heute nicht weiß, ob morgen schon alles ganz anders sein wird?

3.1.7 Für die Gen Z ist das Internet ihr natürliches Habitat

Wer die *Gen Z* auch nur annähernd verstehen will, muss eines auf jeden Fall begreifen: *Zoomer* leben in zwei Welten zugleich – sie sind online wie offline zu Hause, sie huschen zwischen beiden Welten versiert hin und her und erleben im Netz – wie im echten Leben – dessen Sonnen- und Schattenseiten. „Wissen und Gefühl, Nähe und Distanz, etwas zum Aufputschen und zum Runterkommen, all das finden sie […] an ihrem Zweitwohnsitz im Internet, vom Sofa aus nur einen Tastenklick entfernt" (Esmailzadeh et al., 2022, S. 14).

Die *Gen Z* hat eine Welt ohne Smartphones nie kennengelernt; „[…] internetfähige Mobiltelefone mit Apps und Wischtechnik […] waren natürlicher Bestandteil ihres Aufwachsens." Im Jahr 2023 waren Jugendliche zwischen 12 und 19 Jahren im Schnitt knapp 4 h pro Tag online; zum Vergleich: 2013 waren es noch drei, 2007 zwei Stunden (*Welche die-*

ser Geräte und Medien nutzt Du täglich oder mehrmals pro Woche?, 2024). Angeblich berühren manche junge Leute bis zu 5000-mal am Tag ihr Smartphone. (Maas bei Moreno, 2024, 33:33 min. ff.). Das Internet ist ihr natürliches Habitat, in dem freilich nicht alle gut zurechtkommen.

Nicht *Gen Z*-ler schütteln häufig den Kopf über die Smartphone-Fokussierung der *Zoomer* und übersehen dabei, dass die jungen Menschen Geräte und Möglichkeiten nutzen, die Angehörige ihrer Vorgänger-Generation(en) erfunden und auf den Markt gebracht haben. Zugleich haben die *Erfinder* sowie Eltern und Bildungsinstitutionen in großem Stil versäumt, Kindern und Jugendlichen mit dem Kauf eines Tablets oder Smartphones eine Gebrauchsanleitung mitzuliefern und Nutzungs-*Guidance* zu geben. Auch wurden keine Gesetze erlassen, die die zum Großteil Minderjährigen vor dem Konsum bestimmter Inhalte schützen. Smartphones und Tablets bringen zudem den unschlagbaren Vorteil für Eltern, dass Kinder für Stunden mucksmäuschenstill sind und nicht *stören*; jedes Elternteil wird sich an eine Situation erinnern, in der er oder sie froh war, dass die Kinder Ablenkung hatten. Ab und an ist das sicher okay. Aber jede und jeder wird sich auch an Situationen erinnern, in denen man spürte, dass etwas grundlegend schiefläuft. Ich erinnere mich etwa an eine Familie in einem Hotel, deren drei Kinder jeden Abend beim Essen in ihr eigenes Tablet starrten, um einen altersgerechten Film zu schauen, während die Eltern entspannt am Kopfende saßen und sich unterhielten.

Wer würde sein acht-, zehn-, vierzehnjähriges Kind allein durch eine Metropole laufen lassen und mutterseelenallein allen Eindrücken ausliefern? Wunderschöne Models, die über einen Laufsteg stolzieren, Teenager, die Drogen konsumieren, Prostituierte, die Sex auf der Straße anbieten, Dealer, die einen Konkurrenten umbringen, Terroristen, die sich für einen Bombenanschlag vorbereiten, Influencer, die mit Schmink-Tutorials reich geworden sind und den Glauben vermitteln, der Weg dorthin wäre ganz einfach … Niemand würde dies tun. Im Internet aber dürfen sich Kinder und Jugendliche frei bewegen und können – theoretisch – all das Beschriebene und noch viel mehr virtuell erleben. Doch was, so fragt Simon Schnetzer, „wenn das echte Leben mit dem digitalen verschmilzt? Wo ist dann der Unterschied?" (Schnetzer, 2024/4) Valentina Vapaux, Journalistin, Podcasterin, *Content Creatorin* und eine der renommiertesten Stimmen der Generation Z, fängt die Stimmung vieler in ihrem gleichnamigen Buch sehr berührend ein:

„Die endlosen Möglichkeiten in jedem Lebensbereich überfordern uns, wir sind orientierungslos, einsam und vergleichen uns mit unrealistischen, unerreichbaren Idealen. Psychische Krankheiten, vor allem Angststörungen und Depressionen […] sind die Krankheiten unserer Generation. Es ist, als würden wir unter einer Wolke schweben, die durchzogen ist von der Hoffnung auf eine bessere Welt, auf ein besseres Ich. Sie ist voller Versprechen, Möglichkeiten und Wege, doch sie führt uns auch zu unseren größten Ängsten und in eine tiefe Einsamkeit. Die Wolke, die die Lebenszeit unserer gesamten Generation lückenlos einschließt, ist Verheißung und Verdammnis zugleich: das Internet." (Vapaux, 2021, S. 14/15)

Die Gen Z hat jederzeit die Möglichkeit, sich in Parallelwelten zu begeben: Sie kann diese für sich als friedlichen, aber auch eskapistischen Rückzugsort nutzen; für manche wird die virtuelle Welt zum Verhängnis. Das Perfide daran: Niemand, aber auch niemand bekommt etwas davon mit, solange nicht über die Aktivitäten oder das Erlebte gesprochen wird. Um mit den unendlichen Möglichkeiten, aber auch Schattenseiten des Internets souverän zurechtzukommen, braucht man entweder eine vertrauensvolle Begleitung oder sehr viel persönliche Reife. Das Paradoxe an der Angelegenheit: Die, die Schutz und *Guidance* bräuchten, sind meist viel versierter im Umgang mit dem Netz und den technischen Geräten als die, die ihnen genau dies bieten könnten. Im September 2024 konstatiert die WHO: „Mehr als jeder zehnte Jugendliche in Europa hat ein problematisches Verhältnis zum Smartphone" (*Immer mehr Jugendliche abhängig vom Handy,* 2024).

3.1.8 Die Gen Z befindet sich im Kreuzfeuer der sozialen Medien

Eine besondere Rolle spielen in diesem Kontext die sozialen Medien – Facebook (von der *Gen Z* kaum genutzt – die jungen Leute verzogen sich hier, als ihre Eltern die Plattform zu nutzen begannen), Instagram, Snapchat, Youtube, TikTok – *you name it*. Was als nützliche und unkomplizierte Vernetzungs-Option begann, entwickelte sich in atemberaubender Geschwindigkeit zu einem ganz eigenen Universum. Jede und jeder kann Content veröffentlichen, jede und jeder kann liken, teilen, kommentieren, jede und jeder kann dabei sein, beobachten, mitmachen, sich verführen, verwirren, begeistern, beeinflussen lassen. Social Media bietet – wie das echte Leben – alles: Wertvolles, Brauchbares, Sinnvolles, Destruktives, Krankmachendes, jede Menge Bullshit. Lern-Videos, Schmink-Tutorials, Yoga-Kurse – Bauanleitung für Bomben, zerstörerische Shitstorms, Tsunamis von Hatespeech, die Option, sich in seiner *Bubble* einzuigeln und sich somit von der Fähigkeit zu entkoppeln, seinen Weg in der Vielfalt zu finden … („Folgen wir Menschen, die uns wirklich weiterbringen oder glücklich machen, oder nur denen, die wir zwar bewundern, die uns aber unsere eigenen Unsicherheiten und Unterlegenheitsgefühle überproportional vor Augen halten?" (Vapaux, 2021, S. 29)).

Am Ende ist das Ganze einfach nur ein großes Business, in dessen Fahrwasser viele junge Menschen unter die Räder kommen oder zumindest starken Beeinträchtigungen ausgesetzt sind: „[…] so sind wir doch vor allem eins: fucking Social-Media-süchtig" (Vapaux, 2021, S. 19). Social-Media-Plattformen leben davon, dass Menschen lange auf ihnen verharren und über ihr digitales Verhalten (klicken, liken, posten) ihre Prioritäten preisgeben. Algorithmen treffen zuverlässigere Aussagen, je mehr Daten sie erhalten. Je mehr Zeit man also im Netz verbringt, umso besser, da man umso zielgerichteter mit Werbung oder Content versorgt werden kann. Und so treffen gleich mehrere Sehnsüchte aufeinander, die einen toxischen Suchtcocktail entstehen lassen: Die der jungen Menschen, die der unerträglichen Leichtigkeit des sich im Netz Bewegens erliegen („Scrollen ist so einfach, leben viel zu schwer." (Vapaux, 2021, S. 17)) und der kurzfristigen Versorgung durch das Glückshormon Dopamin entgegenfiebern („Wir wollen sofortige Belohnung. Bei jedem Like setzt unser Gehirn Dopamin frei und wird somit langfristig auf schnelle, kurzlebige Dopamin-Highs programmiert." (Vapaux, 2021, S. 20/21)) sowie die Sucht der Konzerne nach Big Data, dem „Gold des digitalen Zeitalters" (Wiegand, 2024).

3.1.9 Die Digitalkompetenz der Gen Z ist ungleich verteilt

Die in einer digitalen und global vernetzten Welt aufgewachsene *Gen Z* gilt als „erste Generation, die gegenüber ihren Eltern einen Wissensvorsprung hat" (s. Abschn. 2.1). Ich selbst erinnere mich an schöne Nachmittage, an denen mein gut 70-jähriger Vater, ausgestattet mit Smartphone, Brille und Fragenkatalog, zu uns kam, um meine Teenager-Söhne zur Nutzung bestimmter Handy-Features zu befragen. Auch ich bin dankbar, in meinem Team junge Kolleginnen zu haben, denen ich Fragen zu bestimmten Tools stellen kann und so schnell Antworten bekomme. Und dennoch erlebe ich in meinem beruflichen Alltag, dass digitale Kompetenz bei der *Gen Z* extrem ungleich verteilt und alles andere als selbstverständlich ist.

Im Internet zu surfen, Sprachnachrichten zu verschicken, ein TikTok hochzuladen – das ist die Basisstufe und die beherrschen sicher alle jungen Menschen landauf, landab. Dokumente ordentlich zu scannen, Dateien zu komprimieren, zu wissen, für welche Kommunikation welches Medium das passende ist – auf dieser Stufe ist das Wissen schon deutlich dünner gesät. Kollaboration in der Cloud, der achtsame Umgang mit Daten, der ergebnisorientierte Einsatz von Tools wie Google-Suche (ja, im Ernst) oder ChatGPT – hier muss man die Expert*innen schon suchen. Die Kompetenzpyramide könnte unendlich ergänzt werden …

Offensichtlich deckt unser Schulsystem die Vermittlung von digitalem Know-How weder umfänglich noch flächendeckend ab (wen wundert es – in der Schule meines jüngeren Sohnes, der 2020 Abitur machte, gab es bis zu diesem Zeitpunkt nicht einmal W-Lan und die für viel Geld angeschafften digitalen Whiteboards zierten ungenutzt die Wände des heruntergekommenen Schulgebäudes). Es scheint von einigen Faktoren abzuhängen, ob junge Menschen mit Anfang Zwanzig über eine *der* Schlüsselkompetenzen unserer Zeit verfügen oder nicht: Von der Ausrichtung und dem Zustand der Schule, von den Lehrmethoden und Schwerpunkten der Lehrer*innen, von der Haltung des Elternhauses zur Nutzung digitaler Endgeräte (nicht wenige halten digitale Abstinenz für das Gebot der Stunde, andere lassen dem Ganzen unkontrollierten freien Lauf) sowie von der jeweiligen Peer-Group. Unser Bildungssystem ist hier kein verlässlicher Partner: „Danke für nichts, honestly" (Vapaux, 2021, S. 31). Entsprechend differenziert muss die Idee des Wissensvorsprungs eingeordnet werden.

3.1.10 Die Gen Z ist mental herausgefordert

Der Aussage, es habe noch nie zuvor so viele Kinder und Jugendliche gegeben, die in Bezug auf ihre mentale Gesundheit herausgefordert seien (*Mental Imbalance Youth: Die verletzte Gen Z*, 2021), möchte man im Gedenken an junge Generationen, die beispielsweise den ersten und zweiten Weltkrieg miterleben mussten, nicht uneingeschränkt zustimmen. Dennoch ist die Vermutung, dass die *Gen Z* (im Vergleich zu den weiteren drei in diesem Buch näher behandelten Altersgruppen) „stärker als jede andere Jugendgenerationen vor ihr unter Schlafstörungen, Kopfschmerzen, depressiven Symptomen und Depressionen" (*Mental Imbalance Youth: Die verletzte Gen Z*, 2021) leide, nicht vom Tisch zu wischen: In Deutschland ist Suizid die zweithäufigste Todesursache bei den unter 25-Jährigen; in den USA ist die Selbstmordrate der 10- bis 24-Jährigen zwischen 2007 und 2017 gar um 56 % angestiegen. Zudem waren oder sind 37 % der *Gen Z*-ler in psychotherapeutischer Behandlung (*Mental Imbalance Youth: Die verletzte Gen Z*, 2021). Im Jahr 2022, so konstatiert die Krankenkasse AOK, fehlte jede/r unter 30-Jährige durchschnittlich 19 Tage am Arbeitsplatz, im Schnitt fielen also pro Tag 5 von 100 Beschäftigten unter 30 Jahren aus. Innerhalb der vergangenen zehn Jahre habe sich der Anteil von Arbeitsunfähigkeitstagen jüngerer Beschäftigter aufgrund seelischer Leiden um 50 % erhöht. (*Generation Z: Junge Beschäftigte fallen häufiger aus als je zuvor*, 2023).

„Wenn wir es nach Alter nehmen", so der Generationenforscher Maas, „sind tatsächlich die *Gen Z* […] die unglücklichsten Menschen in Deutschland, […] gefolgt von der Generation Alpha […] und das in der Messung seit den Nachkriegsjahren" (Maas bei Moreno, 2024, 32:57 min. ff.). Jedes vierte Kind habe schon einmal eine depressive Episode erlebt, man sehe einen Anstieg bei Anpassungs- und Angststörungen, führt

Maas fort (Maas bei Moreno, 2024, 33:33 min. ff.). Auf die Frage, warum die jungen Menschen möglicherweise unglücklicher werden, nennt Maas eindeutig das Mehr an Möglichkeiten:

> „Wenn ich alles aussuchen kann, dann freue ich mich gar nicht mehr über die Auswahl, sondern ich habe Angst, nicht das Beste auszusuchen und das passiert permanent. [...] Ich kann jederzeit die Musik hören, die ich will. Ich kann jederzeit anschauen, was ich will. Ich kann jederzeit irgendwas bestellen, was ich will. [...] Wir haben [...] 22000 Studiengänge in Deutschland. 52 % der 18-Jährigen in Hamburg schreiben Abitur. Es ist eine Übersättigung an so vielen Punkten und das macht mich jetzt nicht unbedingt glücklicher." (Maas bei Moreno, 2024, 35:22 min. ff.)

Sicher tragen ebenso die zuvor angerissenen multiplen Krisen einen großen Anteil am Mentalzustand der Generation Z. Das Internet und die sozialen Medien tun ihr Übriges – der ungeschulte Surfer und Social-Media-Nutzer kann sich ununterbrochen vor Augen halten, dass er oder sie nicht so diszipliniert, schön, erfolgreich, witzig ist wie so viele andere. „Don't compare your behind the scenes with someone else's highlight reel!" (Vapaux, 2021, S. 25) – so möchte man denen zurufen, die dem Strudel des Scrollens und Vergleichens erliegen und immer weiter in einen depressiven Zustand versinken, denn *Hey, was stimmt mit mir nicht, dass mein Leben nicht so cool ist?*.

3.1.11 Die Gen Z bleibt in Teilen (vollständig) unverstanden

In meinen vielen Begegnungen und Gesprächen mit Unternehmensvertreter*innen erlebe ich ein breites Spektrum an Reaktionen auf das Verhalten *der* Gen Z – von liebe- und humorvollem Kopfschütteln bis hin zu zynisch-entnervter Ratlosigkeit. Das nicht-Verständnis zwischen Boomern/*Gen X* und der *Gen Z* scheint von einer anderen Qualität zu sein als das übliche nicht-Verständnis zwischen Generationen. Irgendwie scheinen die Brillen nicht zu existieren, die das Teilen und ansatzweise Verstehen der anderen Perspektive ermöglichen könnten. Auf der einen Seite wird der Kopf geschüttelt über so wenig Respekt vor Alter, Erfahrung und Lebensleistung, über so viel Forderung, so wenig Leistungsbereitschaft, so wenig Ernsthaftigkeit und Verbindlichkeit … Auf der anderen Seite wird die Arroganz und Borniertheit der X-ler und Boomer belächelt, ihre geringe Flexibilität und Entspanntheit, der peinliche Humor von Jürgen, Klaus oder der omnipräsenten „Alman Annette" („Sie verhält sich bei allem korrekt und kümmert sich um den bürokratischen Mist, auf den sonst niemand Bock hat"), die Rückwärtsgewandtheit, das Ganze „Das haben wir schon immer so gemacht", zu viel „AWM" („alter weißer Mann") (Fisch, 2024). Wie sehr man am Ziel, die *Gen Z* zu verstehen, in großem Stil vorbeischießt, zeigt alleine die Tatsache, dass in ihrer Wahrnehmung die jedes Jahr gekürten Jugendwörter „zu 98 % Wörter sind, die niemand, wirklich niemand sagt" (Fisch, 2024).

> „Irgendwer ist vor einigen Jahren dann auch auf die bescheuerte Idee gekommen, dass Smombie […], also Smartphone und Zombie, das Jugendwort des Jahres ist. Der Joke an dem Ganzen war aber, dass das Wort bis zu dem Zeitpunkt noch kein einziges Mal im Internet aufgetaucht war. Irgendein Kultur-Jürgen dachte sich wahrscheinlich, das sei absolut genial. Jugendkultur ohne Internet. Ja klar, let's go!" (Vapaux, 2021, S. 18)

Hinzu kommt, dass eines der grundlegenden Probleme der *Gen Z* – die sich für sie in jedem (!) Lebensbereich ergebenden unendlichen Optionen, vom Freizeitangebot, über Studiengänge bis hin zu Schuhen, Schminke, Kaffee – als selbst gemachte Luxusprobleme abgetan werden. Nach dem Motto „Deren Probleme hätte ich auch gerne. Ich wünschte, ich hätte in meiner Jugend nur einen Bruchteil ihrer Optionen gehabt" bleibt unerkannt, was ein omnipräsentes Überangebot (das für sehr viele aus ökonomischen Gründen zudem ewige Theorie bleibt) und ein an allen Orten lauerndes Verheißungsversprechen (vorausgesetzt, man ist in der Lage, die richtigen Entscheidungen zu treffen …) bei jungen Menschen (und nicht nur bei denen) anrichten kann. Wie einfach war es, in den 80ern Kaffee zu bestellen – Tasse, Kännchen oder (Achtung, modern!) Cappuccino – das waren die Optionen. Heute gibt es heute neben den *normalen* Varianten (Milchkaffee, Cappuccino, Latte Macchiato, Espresso Macchiato etc.) allerlei Besonderes im Angebot: Iced Latte mit grünem Tee, Strawberry Matcha Latte, Iced Caramelised Macadamia

Oat Shaken Espresso, S'mores Frappuccino, Cappuccino nur mit Kokosnuss-Milchschaum (ohne heiße Milch), Caramelised Macadamia Hafer Latte … Okay, es gibt schwerwiegendere Probleme, als sich zwischen fünfzig Kaffeesorten zu entscheiden – dem würde auch jede und jeder *Gen Z*-ler zustimmen (und ganz nebenbei überfordert dieses Thema Boomer & Co. deutlich mehr als die Jungen). Doch es bleibt eben nicht beim Kaffee. Die Suche nach der perfekten Option – dem Partner, der Ausbildung, dem Job, dem Land, der Stadt, dem Freundeskreis, der Frisur, der Nase, der Brust, der Fingernägel, dem E-Bike, dem Uber-Tarif, dem Kaffee … macht unruhig und rastlos, zerstreut und löst Selbstzweifel aus. Und ein einziger Blick ins Netz zeigt Dir, dass Du – im Gegensatz zu xy – die falsche Entscheidung getroffen hast. Oder doch nicht?

Das Akronym *FOMO* (*Fear of missing out*) ist eine der Lebensgefühl-Überschriften der *Gen Z*. Gemeint ist die Angst, „ […] Ereignisse, aber auch Informationen und Erfahrungen, die für das eigene Leben bedeutsam sein könnten, zu verpassen" (*FOMO*, o. J.). Die sozialen Medien bereiten hier den perfekten Nährboden: Ich kann mich stetig vergleichen, bekomme mit, was Freunde (ohne mich) unternommen haben, sehe, wie cool Alternativen waren, für die ich mich nicht entschieden habe … Zweifel an mir oder meinen gegenwärtigen oder vergangenen Entscheidungen werden zum ständigen Begleiter und höhlen mein Selbstbewusstsein und mein Selbstvertrauen stetig aus. Man muss schon sehr gefestigt sein, um diesem Strudel nicht zu erliegen, und wir erinnern uns: Das Typische an der Pubertät ist, dass man nicht gefestigt ist, sondern auf der Suche nach sich selbst und seinem Platz in der Welt. Unter jungen Menschen (Achtung: Jede und jeder nicht-Junge hinterfrage an dieser Stelle die eigene Betroffenheit) wirkt sich das Phänomen offenbar in so großem Stil auf Stimmung, Selbstvertrauen und Lebensmut aus, dass Krankenkassen auf ihren Websites unzählige Hilfsmittel im Kampf gegen *FOMO* aufbereiten. Das Ganze scheint sich also zu einem veritablen, die mentale Gesundheit beeinträchtigenden Thema entwickelt zu haben. Das aktuell empfohlene Gegenmittel lautet *JOMO* (*Joy of Missing Out*) und wird auf dem Blog des Müsliriegels *Corny* in jugendgerechter Sprache (cringe?) beschrieben:

„Seid ehrlich zu euch selbst, übt euch in Dankbarkeit und versucht euren Social Media Konsum zu regulieren. Und schon werdet ihr merken, wie erholsam und schön die Zeit ganz alleine sein kann. Dann habt ihr keine Angst mehr, gerade etwas zu verpassen, sondern ihr könnt endlich anfangen, die Zeit mit euch selbst zu genießen! Denn eigentlich wissen wir doch alle: Filter drauf, Musik drunter und schon sieht selbst ein Spaziergang zum Späti wie ein fancy Abenteuer aus." (*Von FOMO zu JOMO*, o. J.)

Wer sich jetzt im Gedanken „Diese Probleme hätte ich auch gerne!" wiederfindet, ist auf einem kolossalen Holzweg. Für einen reifen und erfahrenen Menschen mag die Unendlichkeit an Optionen in jeder Lebenslage kein Problem sein … (ehrlich?) Verständnis für zunächst Befremdliches entsteht allerdings nie, wenn wir unsere gewohnte Brille aufsetzen und unsere bisher möglicherweise hier und da hilfreichen Lösungsschablonen anlegen, die Arme verschränken und ungeduldig auf Wirkung hoffen. Eine Chance ergibt sich allenfalls, wenn ich den oder die andere/n für einen Moment bitte, mir seine oder ihre Brille zu reichen, damit ich hindurchschauen kann. Aussagen wie „Dann leg' das Ding doch weg, wenn es dich stresst!", „Dann zieh' Dir doch nicht ständig rein, was Deine Freunde wieder Tolles gemacht haben!", „Diese Luxusprobleme hätte ich auch gerne – zu viel Auswahl!" zeigen in erster Linie das Unvermögen der Sprechenden und erweitern den Graben zwischen den Parteien in Sekundenschnelle. Erstens sind solche Aussagen unehrlich, denn jeder sich halbwegs im (für die heutige Zeit) normalen Leben befindliche Mensch muss *FOMO*-Gedanken und die sich mit ihnen einstellende Gemütslage kennen (vielleicht wusste er/sie bisher aber auch gar nicht, dass das ungute Gefühl, das ihn/sie ständig befällt, *FOMO* genannt wird); zweitens findet die Bewertung der Schwierigkeiten junger Menschen unter der Annahme statt, sie seien in derselben Welt aufgewachsen wie man selbst (also in einer analogen), seien erst im Laufe ihres Lebens mit dem Internet, mit Smartphones, mit Social Media konfrontiert worden und verfügten über dieselbe umfassende Lebenserfahrung und von daher über die Möglichkeit, aufgrund einer besseren Datenlage vernünftige Entscheidungen treffen zu können. Theoretisch …

Boomer und *Gen X*-ler mögen sich bitte an die einst *hilfreichen* Tipps ihrer Eltern erinnern: „Dann geh' doch nicht mehr auf den Schulhof, wenn du dort geärgert wirst!" „Was ist so schlimm daran, dass er dich nicht zu deinem Geburtstag einlädt?", „Sei einfach stark genug und ziehe einen weiteren Winter Deinen uralten unmodischen Anorak an." Das kann man alles sagen, verändern wird man nichts. Wer den Eindruck hat, seinem Kind tue der Aufenthalt im Netz nicht gut, der möge sich mit ihm beschäftigen, der möge gemeinsame Zeit in der analogen Welt verbringen, der möge sich öffnen, der möge Vertrauen schenken, der möge in den Austausch treten und die aus seiner Erfahrungswelt hervorgekramten *Ready-made*-Ratschläge fest in einer Schublade verschließen.

Drei Dinge zum Schluss – Erstens: Auch volljährige Kinder bleiben unsere Kinder und sind nicht, nur weil sie auf einmal 18 sind, plötzlich mündig, zu allem in der Lage, nicht mehr zu beeinflussen und nicht mehr begleitenswürdig. Junge Menschen brauchen *Guidance* (vertrauenswürdige, wertschätzende, ergebnisoffene) und ihnen kann nichts Besseres geschehen, als Menschen an ihrer Seite zu haben, die bereit und in der Lage sind, ihnen diese zu schenken. Zweitens: Junge Menschen sind immer das Produkt älterer Menschen; sie wachsen in der Welt auf, die die älteren (und Generationen vor diesen älteren) geschaffen haben. Sich als älterer Mensch über jüngere Menschen zu ärgern, bedeutet immer (auch), sich über sein Spiegelbild oder zumindest über die Ergebnisse des eigenen Tuns und Lassens zu ärgern.

3.1.12 Der Wertekanon der Gen Z

Nähern wir uns der *Gen Z* zum Abschluss dieses Kapitels noch einmal aus einem breiten Winkel und wenden uns ihrem allgemeinen Wertegerüst zu. Begreift man Werte als übergeordnete Leitlinien, die Menschen als Kompass beim Treffen von Entscheidungen aller Art dienen, verspricht die Beschäftigung mit ihnen weitere Erkenntnis. Gerne lehne ich mich hier an das 2018 von Lena Papasabbas und Tristan Horx (beide beim Zukunftsinstitut tätig) formulierte *Manifest der Generation Global* an. Papasabbas und Horx nehmen Abstand von der Definition einer Generation durch die Festlegung auf ein Geburtsjahrzehnt oder -zeitraum und ordnen die Menschen einer Generation zu, die ähnliche Erfahrungen und Werte teilen (Lüth, 2021). „Die Generation Global", so Horx, „ist die erste Generation, die sich von Anfang an global verbinden und vernetzen konnte." Zu ihr gehörten Menschen, die bereit seien, „die Welt in ihrer Gesamtheit zu entdecken", die in den sozialen Medien zuhause seien und diese für die Erkundung der Welt einsetzten (Lüth, 2021). Gemeint seien – mehr oder weniger – also die Generation Z und die Millennials, da die genannten Kriterien auf beide gleichermaßen zuträfen. Im Manifest schließlich fassen Papasabbas und Horx die Werte der Generation Global in sechs, von Statements begleiteten, Schlüsselbegriffen zusammen:

- Pioniergeist – We'll go ahead
- Postmaterialismus – Collect moments, not things
- Umweltbewusstsein – Don't throw it away, Theres is no away
- Digitale Affinität – Let's go where the Wi-Fi is weak
- Wir-Kultur – Everyone you meet knows something you don't
- Offenheit – Build bridges, not walls
(Papasabbas & Horx, 2018)

Kurze, die sechs Schlüsselbegriffe und Statements umschreibenden Passagen beinhalten dabei erhellende Aussagen wie: „Wir […] probieren neue Arten der Lebensgestaltung aus", „Wir bewundern Menschen, die Geld, Zeit und Lebensenergie investieren, um etwas besser zu machen […]", „Erlebnisse […] und Erfahrungen sind uns wichtiger als materieller Besitz und Reichtum", „Nachhaltigkeit ist […] eine Grundhaltung, die wir verinnerlicht haben", „Wir legen Wert auf einen bewussten und achtsamen Umgang mit digitalen Medien", „Für uns sind gemeinsame Werte und Interessen bedeutsamer als die geografische Herkunft", „Das Mind-Set zählt. […] Herkunft, Geschlecht, Alter, Aussehen oder sexuelle Orientierung treten dabei in den Hintergrund" (Papasabbas & Horx, 2018).

In einem Interview ergänzt Horx den beschriebenen Wertekatalog um die „think global, act local-Idee", die für das Selbstverständnis der Generation Global als Weltenbürger stehe – man fühle sich der Welt zugehörig, nicht Nationen (Schindler, 2017) –, gekoppelt mit dem Wunsch, die Erde so wenig wie möglich zu belasten (Lüth, 2021). „Ich sehe mich als Weltbürger", so heißt es auch im *Top Talents' Manifesto*, „Die Arbeit in einem vielfältigen und inspirierenden Umfeld beflügelt meine Fantasie und erweitert meinen Horizont" (Königes, 2023). Der *Trend Report* des Zukunftsinstituts, dem das Manifest zuzuordnen ist, verstand sich als „Wegbereiter eines neuen, zukunftsweisenden Globalisierungsdiskurses", der davon erzählt, dass die immer mehr zusammenrückende Welt zwar langsam, aber stetig besser werde (Schindler, 2017). *Glokalität* ist eines der neuen Phänomene, vielleicht sogar bereits ein Wert, der die Themen der Wir-Kultur, des Postmaterialismus und der hedonistischen Nachhaltigkeit miteinander verbindet (Lüth, 2021; Schindler, 2017). Schließlich enthüllt auch das *Manifesto* der Studierenden, dass Vielfalt für sie selbstverständlich und Voraussetzung für Inspiration ist.

3.2 Wie die Gen Z arbeiten will

Hier stellt sich nun endlich die Frage: Wie will die *Gen Z* arbeiten? Welche Vorstellungen hat sie vom Konzept Arbeit und inwiefern stellt sie bis dato etablierte Grundannahmen auf den Kopf? Was und unter welchen Umständen ist sie bereit zu geben? Wie kann sie motiviert werden? Was kann sie beisteuern? Wo liegen ihre wirklichen Assets? Welche Führungskräfte werden gebraucht? Schauen wir uns das Ganze also genauer an (siehe Abb. 3.2).

3.2.1 Die Generation Z und ihre Vorstellung von Arbeit erhitzt die Gemüter

Ein in der Presse vollzogener Schlagabtausch zwischen Lothar de Maizière und Sascha Lobo über die vermeintlich schwache Arbeitsmoral der *Gen Z* zeigt, wie hitzig und kontrovers die Diskussion rund um die jungen Arbeitnehmer*innen zum Teil geführt wird. „Die Anspruchshaltung vieler in dieser Generation Z geht mir gegen den Strich", so de Maizière in einem Interview mit der ZEIT (De Maizière bei Löwisch, 2023a). „Die Millennials und vor allem die Generation Z haben mit einem großartigen Gespür für die Realität begriffen, dass die gängige Vorstellung

Abb. 3.2 Wie die *Gen Z* arbeiten will

davon, wie Arbeit zu sein hat, eine postindustrielle Zumutung ist", lautet die Replik von Sascha Lobo (Lobo, 2023). „Mit Mitte zwanzig drei, vier Tage die Woche zu Hause arbeiten, um gegen 22 Uhr bei Lieferando noch einen Champagner zu bestellen", so führt de Maizière provokativ weiter aus. „Und der Lieferant in prekären Arbeitsverhältnissen radelt mit der Flasche im November durch den Regen, darf dann hochsteigen in den fünften Stock. So entsteht keine soziale Gesellschaft" (De Maizière bei Löwisch, 2023a). Die Antwort von Sascha Lobo ist messerscharf:

> De Maizières Generation hat dafür gesorgt, „dass Menschen mit Halbtagsjob ihre Aufstiegschancen im Klosett herunterspülen können. Seine Generation hat für eine Arbeitswelt gesorgt, in der Burn-out zur Volkskrankheit geworden ist. Seine Generation hat dafür gesorgt, dass Vereinbarkeit von Familie und Beruf pendelt zwischen Hohn, toxischem Patriarchat und der Frage, ob und wie viele Großeltern mithelfen können. [...] Die Generation Z mit ihrer gesunden Abkehr von der als ,Karriere' getarnten Aufgabe des Privatlebens trifft den wunden Punkt von de Maizières Generation [...]." (Lobo, 2023)

Betrachtet man diesen Schlagabtausch, hat man den Eindruck, die Diskutierenden (Duellierenden?) stünden mindestens auf zwei weit voneinander entfernt gelegenen Planeten. Beide machen indessen einen Punkt: De Maizière fürchtet nicht als einziger, dass Deutschland bei einer flächendeckenden Einführung einer Viertagewoche (bei vollem Lohnausgleich) gegenüber anderen Staaten „durchgereicht" würde, „was unseren Wohlstand und unser Innovationsniveau angeht" (De Maizière bei Löwisch, 2023a). Lobo wiederum steht für die Seite der Expert*innen, die erkennt, dass sich mit veränderten Lebensrealitäten auch die Arbeitswelt verändern muss und dass Deutschland hier im internationalen Vergleich ein gutes Stück zurückliegt.

Nach wie vor haben wir große Bedenken gegenüber der Aufgabe von Hierarchien und klassischer Führung. Wir tun uns schwer mit gut funktionierenden Home-Office-Regelungen. Viele haben nach wie vor größten Respekt vor denjenigen, die arbeiten bis zum Umfallen. Zugleich ist der Krankenstand hoch – Rücken, Burn-out, psychische Belastung lassen grüßen –, die Motivation im Keller und irgendwie spürt man landauf landab, dass sich etwas ändern muss, wenn Familie und Beruf wirklich vereinbar werden, wenn Menschen nicht über und mit ihrer Arbeit krank werden sollen. Irgendwie müssen Bedingungen geschaffen werden, unter denen Männer und Frauen, Ältere und Jüngere, Einheimische und Zugezogene und überhaupt alle arbeitsfähigen und -willigen Menschen einer heterogenen Gesellschaft ihre Skills, ihr Know-How, ihre Assets in einen Topf werfen können, um effektiv zusammenarbeiten, um gesund einen Beitrag zu leisten, um das Bruttosozialprodukt und die Wirtschaftsleistung des Landes nachhaltig zu steigern und dabei idealerweise irgendeine Art von persönlicher Erfüllung zu finden.

Bemerkenswert ist indessen, dass man sich über die *Gen Z* und ihre Vorstellungen von Arbeit echauffiert, obwohl diese doch nur das laut ausspricht, was andere, Ältere, längst denken, fühlen, erdulden und erleiden. Streiks, mittels denen eine Reduktion der Wochenarbeitszeit bei vollem Lohnausgleich gefordert wird, sind zurzeit an der Tagesordnung. Ständig wird in Talkshows und Dokumentationen die Überforderung von Arbeitnehmer*innen aller Art thematisiert: Ärzt*innen, Pfleger*innen, Lehrer*innen, Busfahrer*innen, Lokführer*innen etc. Die Viertagewoche ist, wie gesagt, keine Erfindung der *Gen Z*. Die junge Generation hat lediglich den Mumm, sich eine geänderte Arbeitswelt laut und vor allem selbstverständlich zu wünschen und ist bereit – hierbei hilft ihr die Tatsache, dass ein eklatanter Fachkräfte- und Nachwuchsmangel herrscht – diese selbstbewusst zu fordern. „'Weniger Arbeit, mehr Leben', dieser lässige Slogan ist in der Mitte der Gesellschaft angekommen […]", so heißt es im SPIEGEL-Leitartikel der Ausgabe 22/23. „Die Selbstverständlichkeiten der alten Arbeits- und Karrierewelt lösen sich auf. Ganz unabhängig vom Alter" (Hölter et al., 2023). Zugegeben – die konkreten Vorstellungen der *Gen Z* sind teilweise realitätsfremd und die Anspruchshaltung frech – aber einen Punkt macht die *Gen Z*: „Viele der jungen Leute, die sich einfach nicht dem Druck, den Angsthierarchien und der Selbstverleugnung unterwerfen wollen, die ihre Eltern kaputt gemacht haben, haben schlicht recht. Sie haben aus dem schlechten Beispiel ihrer Eltern gelernt […]" (Stöcker, 2022).

„Arbeit ist kein Ponyhof", so äußerte sich die Chefin der Bundesagentur für Arbeit, Andrea Nahles, Anfang 2023 (*Arbeiten ist kein Ponyhof*, 2023). „Arbeit wird immer kräftezehrend sein", behauptet der Arbeitsmarktforscher Rinne (bei Löwisch, 2023a). „Die Work-Life-Balance muss für Euch priorisiert werden. Dabei wollt Ihr aber die größtmögliche unternehmerische und strategische Mitbestimmung", so Gründerin und Vorstand bei der Management Circle AG, Sigrid Bauschert, in einem bei der *Gen Z* – verständlicherweise – gar nicht gut angekommenen LinkedIn-Post. „Eure Arbeitszeiten sollten flexibler sein als Eure Hatha-Yoga-Lehrerin, gleichsam wollt ihr aber klar außertarifliche Bezahlung. Ihr möchtet aus dem Heck des eigens ausgebauten Campers arbeiten oder von Zuhause, aber das Büro, das Ihr nicht nutzt, soll bitte trotzdem voll new-workig ausgestattet sein, eine Schaukel und ein 60er-Jahre-Flipper, vegane Bowls und einen Bienenstock auf dem Firmendach müssen schon drin sein. Findet den Fehler …!?" (Bauscher, 2023). So weit so gut – oder auch nicht … Die Gemüter sind erhitzt, die Forderungen liegen auf dem Tisch, die wirtschaftliche Lage brennt, die Personallücke klafft. Schauen wir also die Vorstellungen der *Gen Z* noch einmal genauer an.

3.2.2 Attraktive Vergütung und Sicherheit? – Na logisch!

Nach den dringendsten Wünschen der *Gen Z* in Bezug auf die Ausgestaltung ihres Arbeitslebens gefragt, würden die meisten wohl reflexartig den inzwischen abgenutzten Begriff der Work-Life-Balance ins Spiel bringen. Falsch lägen die Befragten mit dieser Antwort in der Tat nicht, denn laut einer im Auftrag des SPIEGEL durchgeführten Civey-Umfrage unter 18- bis 29-Jährigen (Mehrfachnennungen waren möglich), liegt die Work-Life-Balance unter den bei der Jobauswahl ausschlaggebenden Kriterien mit 48 % auf Rang 2. Auf Rang 1 allerdings, und damit über ihr, steht der ausdrückliche Wunsch nach einem „hohen Gehalt" – 55 % der Befragten machten bei diesem Kriterium ihr Kreuzchen (Hölter et al., 2023). Auch wenn also z. B. die Sinnhaftigkeit der Aufgabe sowie Raum für private Projekte für die junge Generation zunehmend an Bedeutung gewinnt, rangiert der Wunsch nach einem „hohen" Gehalt, wo auch immer dieses dann konkret zu verorten ist, ganz oben auf der Prioritätenskala.

> **Eine zeitgemäße Vergütung ist mir sehr wichtig**
>
> „Ich habe durchaus ein wenig Angst vor finanzieller Unsicherheit. Vergleichsweise ist alles viel teurer geworden. Deswegen ist mir eine zeitgemäße Vergütung sehr wichtig, um weiterhin neben der Arbeit Dinge erleben, neue Orte erkunden und meine Freunde treffen zu können. Häufig ist so etwas eben mit Kosten verbunden. Ich merke, dass ich von jeder kleinen Reise und jeder neuen Begegnung Inspiration schöpfe und Erfahrungen sammle, die ich wiederum an passender Stelle in meine Arbeit einfließen lasse. Am Ende möchte ich einfach so viel verdienen, dass ich vernünftig leben, die Welt bereisen und ein wenig vorsorgen kann, natürlich auch im Hinblick auf ein künftiges Familienleben" (Weber, Alina (Master-Studentin), 2023).

Durch die Decke schießende Mieten, eine über Phasen für deutsche Verhältnisse hohe Inflation sowie stetig steigende Lebenshaltungskosten zeigten auch denen, die die Gehaltsfixierung ihrer Eltern einst eher unsympathisch fanden, dass ohne die Möglichkeit, sich Dinge leisten zu können, alles andere an Bedeutung verliert. Weitere Erhebungen bestätigen dieses Ergebnis: Eine repräsentative Umfrage der Wirtschaftsjunioren Deutschland etwa fand heraus, dass 81 % der jungen Menschen die Bezahlung bei der Berufs- und Ausbildungswahl am wichtigsten fänden und Sinn und Zweck des Jobs eher als zweitrangig einstuften (*Generation Z schaut bei Berufswahl vor allem aufs Geld*, 2023). Eine im Auftrag der Online-Plattform XING durchgeführte Studie konnte im Ergebnis festhalten, dass für 72 % der befragten *Gen Z*-ler der Wunsch nach einem „höheren" Gehalt ganz oben rangiert (*Die illoyalsten Jobber aller Zeiten*, 2023). Auch im Rahmen der ZENJOB-Studie 2022 zeigte sich, dass auf die Frage „Was ist dir bei deinem/r Arbeitgeber wichtig?" die am meisten geäußerte Antwort „ein gutes Gehalt" war. Darüber hinaus ergab sich ein leichter Unterschied bei den Geschlechtern: 73 % der Frauen verorten das gute Gehalt auf Rang 1, 67 % der Männer (*Gen Z oder Generation All-In*, 2022, S. 6).

> **Meine gute Arbeit soll sich in der Vergütung widerspiegeln**
>
> „Ich kann es kaum erwarten, mein Studium abzuschließen und richtig loszulegen. Mein Ziel ist es, die Karriereleiter hochzuklettern. Schon jetzt fällt mir auf, dass man meine Meinung schätzt, was mich motiviert, weiter mein Bestes zu geben. Natürlich hoffe ich, dass sich diese gute Arbeit auch in meiner Vergütung widerspiegeln wird" (Rahman, Ridita (Bachelor-Studentin), 2023).

Überraschend, weil nicht den stereotypen Vorstellungen entsprechend, ist auch die Erkenntnis, dass viele junge Menschen die Sicherheit des Jobs als sehr wichtig erachten. In der Tat mag hier ein Dilemma der *Gen Z* liegen, stehen sich doch das Bedürfnis nach Sicherheit auf der einen sowie nach Abwechslung und Flexibilität auf der anderen Seite zumindest auf den ersten Blick entgegen. Hubert Esser, Präsident des Bundesinstituts für Berufsbildung, bestätigt dennoch, dass für junge Menschen erst einmal die berufliche Perspektive wichtig sei und der ideale Job von daher krisenfest und zukunftsorientiert sein müsse (*Generation Z schaut bei Berufswahl vor allem aufs Geld*, 2023). In der bereits erwähnten Civey-Umfrage des SPIEGEL landete der Punkt „Sicherheit durch unbefristete Festanstellung" immerhin auf Rang 4; 38 % der Befragten setzten ihn mit auf die Wunschliste (Hölter et al., 2023). Auch im Rahmen der ZENJOB-Studie positionierten die Befragten die Kriterien „Arbeitsplatzsicherheit" sowie „Vereinbarkeit mit dem Privatleben" mit je 54 %

auf Rang 1, vor den Aspekten „Flexibilität", „Vielfältige Arbeitsaufgaben", „Persönliche Identifikation", „digital und fortschrittlich" (*Gen Z oder Generation All-In*, 2022, S. 7).

Es bleibt also festzuhalten: Das Gehalt sowie die Sicherheit des Arbeitsplatzes rangieren – entgegen der landläufigen Vorstellung – bei der *Gen Z* ganz oben auf der Prioritätenliste. Sie befindet sich somit, unter Berücksichtigung der weiteren relevanten Wunsch-Kriterien in Bezug auf den potenziellen Arbeitgeber, im „Spagat zwischen Sicherheit und Selbstbestimmung" (*Gen Z oder Generation All-In*, 2022, S. 2).

3.2.3 Auf der Suche nach Balance – Zeit für mein Ich

Wie schon beim Kriterium des Gehalts kann die hohe Bedeutung von Balance für die *Gen Z*, also von der Möglichkeit, ein Leben in Ausgeglichenheit zu führen, durch mehrere Studienergebnisse untermauert werden: Bei der Civey-Umfrage des SPIEGEL landet die „gute Balance zwischen Arbeit und Freizeit" auf Position 2; 48 % der Befragten setzten bei diesem Kriterium ihr Kreuzchen (zur Erinnerung: das Gehalt landete mit 54 % auf Rang 1) (Hölter et al., 2023). Die von den Wirtschaftsjunioren Deutschland durchgeführte repräsentative Umfrage führt „eine gute Work-Life-Balance" auf Platz 2 der Beliebtheitsskala auf; 74 % der Befragten erachteten diese als „wichtig" oder „sehr wichtig" (*Generation Z schaut bei Berufswahl vor allem aufs Geld*, 2023). Und auch im Rahmen der ZENJOB-Studie landet das Kriterium „Vereinbarkeit mit dem Privatleben" zusammen mit dem der Arbeitsplatzsicherheit auf Rang 1. Das folgende Zitat umschreibt den Begriff Work-Life-*Blending* und schlägt damit eine direkte Brücke zu dem Wunsch nach Flexibilität in Bezug auf Arbeitszeiten und -orte (*Gen Z oder Generation All-In*, 2022, S. 5):

> „Work-Life-Balance ist wichtig", so heißt es dort ergänzend, „allerdings wird sie von der Gen Z neu definiert. Denn während sie aussagen, dass sie Berufliches und Privates gern trennen, ist es für sie gleichzeitig völlig ok an freien Tagen immer erreichbar zu sein. Was Work ist und was Life wird also neu verhandelt." (*Gen Z oder Generation All-In*, 2022, S. 5)

„Die Generation Z möchte tendenziell gern weniger lange arbeiten" so Arbeitsmarktforscher Rinne, „insbesondere bis zum Alter von Ende zwanzig" (Rinne bei Löwisch, 2023b). Viele möchten Zeit für eigene Projekte haben und ihre Lebenszeit nicht ausschließlich ihrem Job und einem Unternehmen widmen. „Kann ich trotz Vollzeitjob noch irgendwie ‚Ich' sein?", so lautet eine der zentralen Fragen (Hölter et al., 2023). 58 % der im Randstad Workmonitor befragten 18–24-Jährigen gaben an, sie würden ihren Job kündigen, wenn er sie daran hindere, ihr Leben zu genießen (Hölter et al., 2023). Der Begriff der Work-Life-Balance erfährt also mit den Bedürfnissen der Generation Z eine neue Qualität: Ja, es geht nach wie vor darum, Zeit zum Auftanken zu haben und Selbstfürsorge zu betreiben, um nicht mit und bei der Arbeit gesundheitlich und mental ständig Grenzen zu überschreiten. Ja, es geht auch nach wie vor darum, Zeit für Privates zu finden, für Familie, Freunde und Hobbies. Es geht aber – und das ist neu – ebenso darum, die gewonnene Zeit zu nutzen, um sich z. B. gesellschaftlich zu engagieren, einer Geschäftsidee nachzugehen oder sich auf Reisen zu begeben, und Letzteres weniger mit einem Urlaubs-Mindset, sondern mit dem Wunsch, sich als Weltenbürger weiterzubilden, Erfahrungen zu machen, sich umzuschauen, zu lernen und sich zu vernetzen.

3.2.4 Werte und Sinn – Die Sehnsucht nach dem Warum

In der vom SPIEGEL in Auftrag gegebenen Studie, die der Frage „Welche Punkte sind Ihnen bei der Auswahl eines Jobs am wichtigsten" nachging, steht das Kriterium „Ausüben einer sinnstiftenden Tätigkeit" im Ergebnis auf Position 3, nach Gehalt und Ausgeglichenheit; 44 % der befragten 18–29-Jährigen setzten (mit der Möglichkeit der Mehrfachnennung) bei diesem Punkt ihr Kreuzchen (Hölter et al., 2023). Auch im Rahmen der Generationenauswertung des Job-Netzwerks XING zeigte sich, dass 58 % der Befragten bei der Auswahl eines neuen Jobs „auf der Suche nach Sinnerfüllung" seien (*Die illoyalsten Jobber aller Zeiten*, 2023). Und ebenso die Erkenntnisse der ZENJOB-Studie unterstreichen, dass die Generation Z ein Auge auf das Thema Sinn legt: Hier findet man auch die Kriterien „soziales Engagement" und „nachhaltiges Handeln" unter den Top Ten-Antworten auf die Frage „Was ist dir bei deinem/r Arbeitgeber*in wichtig?" (*Gen Z oder Generation All-In*, 2022, S. 6). Arbeitsmarktforscher Rinne fasst zusammen: "Den Sinn ihrer Arbeit möchten viele in der Generation Z klarer erkennen, als das früher der Fall war. Es gibt aber eine große Heterogenität der Wünsche und Ziele" (Rinne bei Löwisch, 2023b).

> **Ich möchte eine Arbeit, die mich erfüllt**
>
> „Wenn man nach der Schule oder dem Studium in die Arbeitswelt einsteigt, erlebt man in einem völlig neuen Umfeld einen anderen Alltag. Mit dem Leben vorher hat das recht wenig zu tun. In der Arbeitswelt erfährt man einen ganz anderen Rhythmus. Man hat ein wenig das Gefühl, als müsse man das Ich der Aufgabe unterordnen … Umso mehr brauche und suche ich eine Arbeit, die mir Spaß macht und mich erfüllt. Ich habe auch schon die Erfahrung gemacht, dass der Arbeitsalltag sehr träge und ermüdend wirkt, wenn man eine Arbeit verrichtet, die einen nicht erfüllt und aus welcher man keine Energie schöpfen kann. Der Alltag wird dann ganz grau und eintönig" (Weber, Alina (Master-Studentin), 2023).

Auf der einen Seite erleben wir also den Wunsch der *Gen Z* nach einer Identifikation mit den Werten des Unternehmens, für das sie tätig ist. Auf der anderen Seite spielt das persönliche Empfinden einer Sinnhaftigkeit der eigentlichen Tätigkeit eine hervorgehobene Rolle. Ein zusätzliches Match ergibt sich, wenn sowohl die Werte und das Handeln des Unternehmens als *Corporate Citizen* als auch die eigene Aufgabe einen sozialen, gesellschaftlichen und/oder umwelttechnischen Beitrag leisten: Angehörige der *Gen Z* streben einen Arbeitsplatz an, der es ihnen ermöglicht, „[…] durch die eigene Arbeitsleistung aktiv einen Mehrwert für die Gesellschaft und die Umwelt zu schaffen" (Ghazi, 2022, S. 32). „Zugleich ist ein ausgeprägter Wunsch nach einem nachvollziehbaren Corporate Purpose […] gegeben" (Esmailzadeh, 2022, S. 75). Zusätzlich kommen Angebote wie etwa der *Social Leave* ins Spiel – hier können Mitarbeitende z. B. an vier Tagen pro Jahr soziale Vereine und NGOs unterstützen, ohne dass ihnen die Zeit vom Gehalt oder dem Urlaubskonto abgezogen wird (Hölter et al., 2023).

3.2.5 Flexibilität – Arbeiten, wann und wo wir möchten

Auch das Kriterium der flexiblen Arbeitszeiten wird in mehreren Studien als eine der Top-Prioritäten der *Gen Z* bei der Arbeitgeberwahl erkannt: In der SPIEGEL/Civey-Umfrage rangieren die flexiblen Arbeitszeiten nach einem hohen Gehalt, der guten Balance zwischen Arbeit und Freizeit, dem Ausüben einer sinnstiftenden Tätigkeit sowie der Sicherheit durch unbefristete Festanstellung auf Rang 5; 29 % setzten bei diesem Kriterium ihr Kreuzchen (Hölter et al., 2023). In der von der Online-Plattform XING vorgenommenen Generationenauswertung fanden 82 % der Befragten die Viertagewoche bei vollem Lohnausgleich „richtig gut"; das Kriterium landete damit noch vor dem „höheren Gehalt" (72 %), dem „guten Zusammenhalt im Team" (68 %), der Option des Home-Office (66 %), dem ortsunabhängigen Arbeiten (56 %) und weiteren auf Rang 1 (*Die illoyalsten Jobber aller Zeiten*, 2023).

Meine Effektivität steigt, wenn ich entscheiden kann, wann und wo ich arbeite

Flexibel sein zu können, ist für mich sehr wichtig

„Dass flexible Arbeitszeiten angeboten werden, ist für mich sehr wichtig. Der Wunsch nach Home-Office steht bei mir hingegen nicht ganz oben auf der Agenda. Ich finde es schön und bereichernd, wenn man Abwechslung auch in den zeitlichen Rhythmus bringen kann und bin überzeugt, dass ich effektiver arbeite, wenn ich in gewissen Fällen mitentscheiden kann, wann und wo ich meine Arbeit verrichte" (Weber, Alina (Master-Studentin), 2023).

Ich weiß, unter welchen Bedingungen ich produktiv bin

„Es macht für mich einen signifikanten Unterschied, wo man seine Arbeit macht: Wenn man sie da macht, wo man sie machen möchte, ist man deutlich produktiver. Zu Beginn meines Dualen Studiums z. B. hatte ich jeden Freiraum, den ich mir gewünscht habe. Viele erfahrene Leute hatten Angst davor, dass sich die Leistung mit diesem Freiraum verschlechtern würde, was sich nie bestätigt hat. Teilweise war ich zu Hause, häufig auch in Cafés oder Bibliotheken. Mir kommt das total entgegen. Auf der anderen Seite bin ich sehr gerne im Office und weiß auch, dass das wichtig für mich ist. Wenn man noch nicht viel Erfahrung hat, ist es wichtig, Prozesse, Projekte und das dazugehörige Gewusel live mitzubekommen" (Brockschmidt, Oscar (Bachelor-Student), 2023).

Die ZENJOB-Studie hingegen zeigt in Bezug auf die Arbeitszeiten ein differenziertes und nicht einheitliches Bild: So ergibt sich bei der Frage, ob feste oder flexible Arbeitszeiten bevorzugt würden, ein 50:50 Verhältnis. Neben aller Freiheit erfordere Flexibilität schließlich, so heißt es in der Auswertung, auch „ein hohes Maß an Selbstorganisation und gutem Zeitmanagement". (*Gen Z oder Generation All-In*, 2022, S. 5) 44 % der Befragten räumen ein, genau mit diesen Schwierigkeiten zu haben. Trotzdem bevorzugen 67 % der Zielgruppe der Studie die „eigene Zeiteinteilung" und damit ein Arbeiten „im eigenen Rhythmus", mehr als zwei Drittel seien bereit, auch an freien Tagen die Mails zu checken und sogar, im Urlaub erreichbar zu sein (*Gen Z oder Generation All-In*, 2022, S. 5). Es scheint also so, als ob bei diesem Punkt eine Herausforderung zutage tritt: Auf der einen Seite besteht der Wunsch nach freier Zeiteinteilung, auf der anderen die Schwierigkeit, diese autark zu managen … Nichtsdestotrotz ist das Bedürfnis nach flexiblen Arbeitszeiten enorm:

> „Ich bin nicht bereit, „Entweder-oder-Entscheidungen" zu treffen, wenn es um meine wichtigsten Lebensziele geht. Attraktive Arbeitgeber bemühen sich, ihren Mitarbeitern – Männern und Frauen, Vätern und Müttern gleichermaßen – die Möglichkeit zu geben, eine erfüllte Karriere mit einem erfüllten Privatleben zu verbinden." (Königes, 2023)

Auch wenn die *Gen Z* also Schwierigkeiten mit der Gestaltung der Freiheit hat, den die Flexibilität ihr beschert, bleibt sie dabei, diese kompromisslos zu fordern. Ihre Erwartungshaltung ist klar: Der Job muss sich dem Leben anpassen, nicht umgekehrt (Hölter et al., 2023). Und so etablieren sich neue Formate, die Flexibilität, Abwechslung und ein Durchbrechen von Routine ermöglichen: Das bereits seit Jahrzehnten etablierte Sabbatical, das als längere Auszeit, bis zu einem Jahr, genommen wurde, heißt neudeutsch *Take Time* und meint eine im Vergleich kürzere Phase, in der man nicht für sein Unternehmen arbeitet, sondern sich anderen Projekten widmen kann. Das Jahresgehalt wird hierbei über ein Jahr gestreckt, sodass das monatliche Gehalt geringer ausfällt – gewonnen wird Zeit (Hölter et al., 2023). In aller Munde ist seit einer Weile die sogenannte Workation, „eine Form der Arbeit, bei der sich Arbeitnehmer an einem anderen (Urlaubs-)Ort befinden, um dort ihrer beruflichen

Tätigkeit nachzugehen" (*Workation*, o. J.). Unschwer zu erkennen, setzt sich der Begriff aus den englischen Wörtern *work* und *vacation* zusammen und meint „eine Auszeit vom Arbeitsalltag", die von wenigen Tagen bis Monate geplant werden kann (*Workation*, o. J.). Zu unterscheiden ist in die *Solo-* oder *Team-Workation*; erstere wird von den Arbeitnehmenden allein geplant; letztere wird vom Arbeitgeber initiiert und dient immer auch der Verbesserung des Team-Klimas. (*Workation – Wie Mitarbeiter Urlaub und Arbeit sinnvoll verbinden*, o. J.)

3.2.6 Abwechslung – Langeweile? Och nö!

Wir leben in einer dynamischen, schnelllebigen und von einem Überangebot in fast allen Lebensbereichen gekennzeichneten Zeit: Man möchte am Wochenende etwas unternehmen, z. B. in Berlin? Viel Vergnügen bei der Angebotsauswahl! Man sucht ein Outfit für einen besonderen Anlass? Ebenso: Viel Vergnügen bei der Suche und vor allem der Entscheidung! Man erkundigt sich nach einem Studium, einer Weiterbildung, einer Reise? Am besten man nimmt sich ein paar Stunden Auszeit, um die Suche zunächst mal auf eine überschaubare Anzahl an realistischen und passenden Optionen einzuschränken. Um mit Überangebot und Tempo klarzukommen, haben unsere Gehirne Neues gelernt: Wir (und natürlich insbesondere die *Digital Natives*) sind gut geworden im Überfliegen, im groben Drüberschauen, im Herausbilden eines ersten Eindrucks. Wir scannen in kürzester Zeit Websites, E-Mails, die Ergebnisse unserer Google-Recherchen, Social-Media-Accounts. So weit, so gut, so wichtig. Hinzu kommt, dass allerorts Ablenkung lauert und die Aufmerksamkeit auf neue Pfade gelockt wird: Ein Film wird von Werbung unterbrochen – wir zappen mal eben 50 Kanäle durch und schauen, was sich sonst noch bietet. Eine Doku ist gerade etwas zäh – wir schauen schonmal, womit wir die Sommergarderobe aufpeppen können. Die Vorlesung hat ihre Längen, ein Gespräch ist kurz langweilig, unser Handy piept – schon sind wir weg. Das Ergebnis von Dynamik, Überangebot und Ablenkung ist eine extrem verkürzte Aufmerksamkeitsspanne und eine häufig verkümmerte Fähigkeit und damit auch Bereitschaft, sich über einen längeren Zeitraum und in der Tiefe mit ein- und derselben Sache zu beschäftigen. Langeweile wird schon von Kindern nicht mehr erlebt, die Abwesenheit von Eindrücken und Reizen ist zu einem seltenen Gut geworden, die Sehnsucht nach stetig Neuem, nach dem nächsten Kick, nach Abwechslung und Adrenalin omnipräsent.

Die von XING durchgeführte Generationenauswertung fördert zutage, dass 48 % der jüngsten Arbeitnehmer*innen offen für einen Jobwechsel sind und sich 14 % von ihnen bereits aktiv auf der Suche befinden. Als Begründung wird von 49 % der Wechselwilligen angegeben, sie suchten einen Job mit einem höheren Gehalt; 42 % von ihnen möchten dem hohen Stresslevel in ihrem aktuellen Job entkommen (*Die illoyalsten Jobber aller Zeiten*, 2023).

„Für die GenZ stehen Flexibilität und Agilität ganz oben auf der Agenda. Diese Generation ist nicht gekommen, um lange bei einem Arbeitgeber zu bleiben. In Fachkreisen gelten Arbeitnehmerinnen und Arbeitnehmer dieser Generation daher bereits jetzt zu den illoyalsten Jobbern aller Zeiten", sagt Dr. Julian Stahl, XING Arbeitsmarktexperte. „Die Generation ist hochqualifiziert, aber auch dynamisch und wechselwillig." (*Die illoyalsten Jobber aller Zeiten*, 2023)

Die von mir befragten *Gen Z*-ler wehren sich gegen den Vorwurf der Illoyalität und erläutern die Wechselbereitschaft mit anderen Argumenten:

> **Unsere Wechselbereitschaft ist Ausdruck unserer Neugierde und Ambition**
>
> „Wenn junge Leute immer mal wieder darüber nachdenken, ihren Job zu wechseln, hat das glaube ich weniger mit Illoyalität zu tun. Wir leben in so einer informationsgefüllten Welt, sind umgeben von unbegrenzten Möglichkeiten. Man möchte auf keinen Fall etwas verpassen oder hat Angst davor, den falschen Weg eingeschlagen zu haben. Deswegen bleiben wir auf der Suche, glaube ich" (Weber, Alina (Master-Studentin), 2023).
>
> „Unsere Wechselwilligkeit als Illoyalität zu bezeichnen ist ja eine Wertung, keine Beobachtung. Ich sehe bzw. deute das ganz anders: Wir sind so stark auf Wachstum und Entwicklung aus, dass wir gute Gelegenheiten nicht ungenutzt liegen lassen. Das hat aber nichts mit Illoyalität zu tun, sondern mit dem Wunsch nach persönlichem Wachstum, nach Weiterentwicklung, bei mir auch mit Karriereambitionen" (Rahman, Ridita (Bachelor-Studentin), 2023).

Meine These ist, dass ein Großteil der jungen Menschen auch der Hoffnung folgt, einen spannenderen, passenderen, weniger Routine-lastigen Job zu finden. Meiner Beobachtung zufolge ist die Aversion gegen Routine, Wiederholung und Gleichmaß so groß, dass die Mühen eines Jobwechsels für sie einen geringeren Energieaufwand bedeuten. Gestützt wird meine Annahme von einem Ergebnis der Umfrage der Wirtschaftsjunioren Deutschland, in der 71 % der Befragten angaben, sie wünschten sich Aussicht auf abwechslungsreiche Tätigkeiten (*Generation Z schaut bei der Berufswahl vor allem aufs Geld*, 2023).

3.2.7 Inspirierende Leader gesucht – Autorität war gestern

Zu den Top Prioritäten der *Gen Z* gehört die Art und Weise, in der Führungskräfte ihnen begegnen. Steile Hierarchien, Autorität und Ansagen funktionieren nicht mehr. Die von XING durchgeführte Generationenauswertung brachte z. B. hervor, dass 27 % der wechselwilligen Befragten einen Jobwechsel in Betracht zögen, weil sie mit ihrer Führung unzufrieden seien (*Die illoyalsten Jobber aller Zeiten*, 2023). Ganz entscheidend für die *Gen Z* ist dabei eine Begegnung auf Augenhöhe: Sie möchten gehört und ernst genommen werden: „Nehmt mich wahr! Nehmt mich ernst! Hört auf mich!" (Esmailzadeh et al., 2022, S. 24). Wer den jungen Menschen autoritär begegnet, erntet auf jeden Fall mit größerer Wahrscheinlichkeit Mitgefühl als den aus der Zeit gefallenen Gehorsam. Befehle und harsche Ansprache lösen bei den *Zoomern* eher den unmittelbaren Impuls aus, weiterzuziehen und ein ihnen freundlich gesonnenes Umfeld zu suchen. Esmailzadeh umschreibt den Anspruch der *Gen Z* an ihre Führungskräfte sehr treffend:

> „Sie wünschen sich weniger Anweisungen und Bewertungen, sondern bevorzugt Impulse und Lösungswege. Sie suchen damit eher Mentor:innen und Coaches und weniger ‚klassische' Chef:innen. Die Devise der Gen Z: Führungskräfte sollten Visionär:innen und keine Kontroleur:innen sein. Die Gen Z fühlt sich damit von Führungskräften angezogen, die sie inspirieren, motivieren und begeistern können. Menschen, die ihnen eine Vision aufzeigen, mit der sie sich identifizieren können. Diese jungen Talente suchen keine ‚Bosse' – sie suchen authentische Befähiger:innen." (Esmailzadeh, 2022)

Die *Zoomer* sehnen sich also nach Führungskräften, die sie inspirieren und ihnen als Vorbild dienen. Sie reagieren gar nicht mehr auf Menschen, die mittels ihrer Rolle, ihres Titels oder ihrer Erfahrung, mittels Anweisung, Kontrolle oder lauter Stimme Eindruck zu schinden und Wirkung zu erzielen versuchen. In der ZENJOB-Studie ranken die Kriterien „Ehrlichkeit und offene Kommunikation" sowie „Offenheit für neue Ideen und Konzepte" folgerichtig auf Position 2 und 4 im Wunschkatalog an einen potenziellen neuen Arbeitgeber (*Gen Z oder Generation All-In*, 2022, S. 5). Eine ausgeprägte Feedbackkultur sowie eine wertschätzende Fehlerkultur sind essenziell für ein Umfeld geworden, in dem die *Gen Z* sich wohlfühlen und entwickeln kann (Esmailzadeh, 2022, S. 75).

> **Practice what you preach**
>
> „Sehr unpassend finde ich etwa, wenn man als Teamlead ankündigt, dass man mit flachen Hierarchien arbeitet und dann das Gegenteil tut. Diese Doppelmoral – das geht für mich gar nicht. ‚Practice what you preach' – darum geht es. Es passt auch nicht zusammen, wenn damit geworben wird, dass man die Mitarbeiterinnen und Mitarbeitern ‚empowern' will und dann ständig nur kontrolliert" (Brockschmidt, Oscar (Bachelor-Student), 2023).

Im *Top Talents' Manifesto*, ein von der Wirtschaftsprofessorin Jasmin Weiß gemeinsam mit Studierenden erarbeiteter Anforderungskatalog der *Gen Z*, werden die Vorstellungen der jungen Generation von Führung bzw. ihre konkreten Erwartungen an Führungskräfte punktgenau formuliert. Dort heißt es etwa:

- „Ich möchte selbstbestimmt agieren können und akzeptiere es nicht, klein gehalten, gedemütigt oder gelangweilt zu werden, indem ein Mikromanager auf mich aufpasst."
- „Arroganz und Führung auf Distanz kann ich nicht gutheißen."
- „Ich brauche keine isolierten Spitzenmanager, die sich in ihren abgeschirmten Vorstandsetagen verstecken, sondern nahbare, menschliche, inspirierende, einfühlsame und selbstreflektierte Vorbilder. […]"

- „Ich verspreche, vergangene Errungenschaften zu schätzen, aber ich werde den Status quo kritisch hinterfragen und es wagen, alte Antworten auf neue Fragen zu ignorieren" (Königes, 2023).

Laura Bornmann, eine der führenden Stimmen Deutschlands zum Thema New Work und *New Leadership*, fasst zusammen: „Eine Führungskraft sollte den Mitarbeitenden dienen, nicht andersherum. Sie sollte das Gute in ihnen sehen, sie fördern wollen. Eine Führungskultur, die auf ‚Befehl und Gehorsam' ausgerichtet ist, ist nicht mehr zeitgemäß" (Bornmann bei Hölter et al., 2023).

> **Nehmt mich als den Menschen wahr, der ich bin**
>
> „Ich möchte Menschen sehr gerne auf Augenhöhe begegnen können und auf keinen Fall als unerfahrene junge Person abgetan werden. Ich wünsche mir, dass meine Vorgesetzten ein Auge für mich haben, mich als den Menschen wahrnehmen können, der ich bin. Irgendwie habe ich auch Bedenken, mit *der Gen Z* und all den stereotypen Vorurteilen in einen Topf geworfen zu werden" (Weber, Alina (Master-Studentin), 2023).

3.2.8 Persönliche Entwicklung – Wir wollen wachsen

Zu dem Wunsch, statt unnahbarer Führungskräfte inspirierende und fördernde Mentor*innen als Vorgesetzte zu haben, passt der Wunsch der *Gen Z* nach Wachstum. Zu trennen ist hier in das Bestreben, sich auf der einen Seite fachlich und beruflich weiterzuentwickeln sowie auf der anderen, auch persönlich zu reifen. Laut eines Beitrags der LinkedIn-Weiterbildungsrubrik sehen 76 % der *Gen Z* Weiterbildung als Schlüssel zum Erfolg, auch weil sie wüssten, dass Fachwissen heute schneller veralte als früher und von daher kontinuierlich aufgefrischt und erweitert werden müsse. Darüber hinaus sei man sich im Klaren, dass sich Berufsbilder heute in kürzeren Zeitspannen veränderten und man von daher immer am Puls der Zeit bleiben müsse. (McSilver, o. J.) In eine ähnliche Richtung zeigt die ZENJOB-Studie, bei der das Kriterium „Möglichkeit zur Weiterbildung und professionelles Training" auf Position 5 der Wunschliste an einen potenziellen neuen Arbeitgeber rangiert

(*Gen Z oder Generation All-In*, 2022, S. 6). Mona Ghazi, prominente Gen Z-Unternehmerin, gibt Firmen drei Tipps, mittels derer sie junge Talente für sich gewinnen können. Ganz oben auf dem Siegertreppchen steht: „Biete Lernmöglichkeiten an", gefolgt von „Habe einen positiven Impact" und „Entwickle ein gutes Unternehmens-Branding"[1] (Ghazi, 2022, S. 32–33). Unterm Strich: Die *Gen Z* wünscht sich Gelegenheiten, in denen sie sich beweisen kann („Ich suche Herausforderungen, nicht Sicherheit […] Ich schätze es, ständig über meine persönliche Komfortzone hinauszuwachsen. Ich bin bereit, jeden Tag zu lernen" (Königes, 2023)).

Das andere Gesicht der Weiterentwicklung meint persönliches Wachstum: Der Job ist nicht mehr das Wichtigste im Leben, und ein erfülltes Dasein neben der Arbeit muss möglich sein. Zugleich stellt die *Gen Z* hohe Anforderungen an die Ausgestaltung ihrer Beschäftigung: Nach dem Motto: Wenn ich schon so viel Zeit mit etwas verbringe, soll es mich – neben vielen anderen Dingen – auch persönlich weiterbringen. „Als Gegenleistung für entgangene Freizeit" verlangt die *Gen Z* so Einiges (Esmailzadeh et al., 2022, S. 21). Dem persönlichen Wachstum dient in den Augen der jungen Generation z. B. regelmäßiges und konstruktives Feedback:

„Die Zler:innen sind in einem Umfeld aufgewachsen, das sie an permanente Kommunikation und Feedback gewöhnt hat. Folglich wollen sie stets nachvollziehen können, wo sie gerade stehen […]. Meines Erachtens ist es durchaus sinnvoll, wöchentliche Gespräche mit ihnen (zu) führen und in diesen auf anschauliche Weise Informationen zu ihren aktuellen Leistungen einfließen zu lassen." (Esmailzadeh, 2022, S. 75/76)

Junge Menschen möchten heute gestalten, nicht nur abarbeiten, sich ausprobieren dürfen, nicht nur Bewährtes nachtun, neue Wege gehen, nicht ausgetretene Pfade noch breiter machen. („Ich möchte als Intrapreneur agieren, träumen und bauen, scheitern und Erfolg haben, Risiken eingehen und Neues erkunden" (Königes, 2023)).

---

[1] Der besseren Lesbarkeit halber wurde die Formulierung hier von der Autorin leicht angepasst.

> **Lasst mich meine Perspektive einbringen**
>
> „Ich wünsche mir, an der Weiterentwicklung meines Unternehmens in gewisser Weise teilhaben zu dürfen und finde es toll, erfüllend und bereichernd, wenn meine Meinung bzw. meine Sichtweise als Teil der jüngeren Generation pro-aktiv eingeholt wird. Die Perspektive von uns jungen Leuten empfinde ich im Hinblick auf die Entwicklung von Unternehmen als sehr wichtig. Im Zweifelsfall repräsentieren wir schließlich die Zukunft jener Unternehmen" (Weber, Alina (Master-Studentin, 2023).

3.2.9 Unternehmenskultur – Es muss sich schon gut anfühlen

Beim Thema Unternehmenskultur denken viele sicher zuerst an den sagenumwobenen Tischkicker, der in den vergangenen Jahren zu einem stereotypen New-Work-Symbol hochstilisiert wurde. Stünde dieser auf jeder Büroetage, sei das Mindestmaß der Anforderungen der *Gen Z* erfüllt, so lautete die landläufige und inzwischen völlig überholte Einschätzung eine Zeit lang. Auch Obstkörbe werden gerne als Lockmittel in Stellenausschreibungen erwähnt, ebenso die Dachterrasse samt gemeinschaftlichem Freitags-Cocktail sowie die Option, an heißen Tagen in Flipflops zur Arbeit zu kommen. Sicher dürfen diese oder ähnliche Goodies nicht vollständig vom Tisch gewischt werden. Ohne einen stimmigen kulturellen Rahmen allerdings, in den diese eingebettet werden, bleiben sie wertlos, ohne Wirkung und einfach nur das, was sie sind: Tischkicker, Obstkörbe, Flipflops.

Auf welchen Säulen beruht nun eine Unternehmenskultur, die den Anforderungen der *Gen Z* Genüge trägt? Zum einen wünscht sie sich ein Arbeitsumfeld, in dem sie authentisch sein darf, bei dessen Betreten sie nicht in eine andere Hülle schlüpfen muss, in dem sie sich so geben darf, wie sie ist. „Wir möchten nicht, dass sich Arbeit wie Arbeit anfühlt", so fasst Laura Bornmann das Bedürfnis zusammen (Bornmann, 2022, S. 43). Zu diesem Themenkomplex gehören Aspekte wie Kleidung (wer will sich schon noch in Anzug oder Kostüm, Hemd oder Bluse und unbequeme Schuhe quälen, um sich den ganzen Tag darauf zu freuen, diese Dinge endlich wieder auszuziehen?), das Erlaubtsein von Freude, Spaß und Humor (wer hat bitte noch Interesse daran, in ein ernstes Arbeits-Ich und ein lockeres Privat-Ich zu trennen?) sowie das Selbstverständnis des Arbeitgebers, attraktive, der Gesundheit förderliche Bedingungen bereitzustellen (wer möchte schon noch einen Rückenschaden riskieren und eine ungesunde Ernährung in Kauf nehmen?).

Es versteht sich von selbst, dass – zum anderen – als Dreh- und Angelpunkte einer solchen Unternehmenskultur das Führungsverständnis der Entscheider:innen gilt: Wer der Meinung ist, es würde oben entschieden und unten (ab)gearbeitet, wer überhaupt noch in den Kategorien *oben* und *unten* und damit in steilen Hierarchien denkt, wer die Belegschaft nicht in Entscheidungsprozesse einbezieht und transparente Kommunikation für überflüssig hält, verpasst den Puls der Zeit und wird die *Gen Z* nicht für das eigene Unternehmen begeistern. Gefragt ist also (siehe Abschn. 3.2.7) ein Führungsstil, der eine Begegnung aller im Unternehmen auf Augenhöhe anstrebt, der die Meinung jedes und jeder einzelnen für bedeutungsvoll hält, der niemanden ausgrenzt und ebenso niemanden übervorteilt. Zugleich werden Führungskräfte gesucht, die qua ihrer natürlichen Autorität, ihrer bisherigen Leistungen und Errungenschaften sowie ihres Auftretens respektiert werden. Eine moderne Führungskraft differenziert sicher in Situationen, in denen gemeinschaftlich Entscheidungen getroffen werden oder eben auch nicht. Sie macht das eigene Handeln transparent und nimmt das Team mit auf die Unternehmensreise. Sie weiß, wann es einzubinden gilt und wann eher nicht. Sie zieht ihr Selbstverständnis nicht daraus, dass alle in Ehrfurcht vor ihr erstarren, sondern daraus, dass es ihr gelingt, das Team zu begeistern, zu motivieren und einen natürlichen Willen zu entwickeln, die gemeinsame Sache voranzubringen. Die gefragte Führungskraft weiß, dass Menschen nur Leistung bringen, wenn sie ausgeglichen sowie körperlich und seelisch gesund sind. Sie weiß, dass Menschen nur ihr Bestes geben, wenn sie – auch – erkennen, welchen Nutzen sie für sich selbst aus einer Beschäftigung ziehen können. Sie weiß, dass sich das Unternehmen nur entwickeln kann, wenn die Menschen im Unternehmen sich entwickeln dürfen und sollen.

Wenn ein solches Miteinander von veganem Kantinenessen, befreienden Billard-Sessions während eines Projektstaus oder einem mit bunten Sitzsäcken bestückten Meetingraum flankiert wird, wirkt das

Ganze stimmig und entfaltet seine volle Wirkung. Veganes Essen, ein Billardtisch und bunte Sitzsäcke verkommen zu wirkungsloser Dekoration, wenn das Miteinander nicht einem überzeugenden Plan folgt.

3.2.10 Unterm Strich – Wie wir arbeiten wollen

Als Vorbereitung für eine Strategietagung ihres Unternehmens, der REWE Dortmund, – u. a. wollte man der Frage nachgehen, was junge Menschen antreibt – entwarf Laura Bornmann fünf Thesen, die die Grundlage der Diskussion bilden sollten. Die Thesen fassen die Eckpfeiler des *Gen Z*-Arbeitsethos extrem treffend zusammen:

- „Wir möchten nicht, dass sich Arbeit wie Arbeit anfühlt."
- „Wir wollen Teilzeit arbeiten und (trotzdem) ins Top-Management kommen."
- „Wir können auch vom anderen Ende der Welt einen guten Job machen."
- „Wir wollen nicht mehr hören: ‚Du hast noch keine Erfahrung.'"
- „Wir wollen keine Manager*innen, sondern Menschen, die uns inspirieren und entwickeln."

(Bornmann, 2022, S. 43)

Klar wird hier erneut: Die *Gen Z* hat das Konzept Arbeit grundlegend revolutioniert. Die Antworten darauf, welchen Stellenwert Arbeit im Leben einnehmen darf, wieviel Zeit man ihr zugesteht, wieviel Energie man in sie investiert, wieviel Negatives man bereit ist, in Kauf zu nehmen, wie sich das Ganze anfühlen sollte, was man als Kompensation erwartet, fallen heute diametral anders aus als vor 20, 30 oder 40 Jahren. Auf der einen Seite möchte man ein erfülltes, ausgeglichenes Leben jenseits der Arbeit führen können, auf der anderen Seite soll Arbeit sich nicht wie Arbeit anfühlen (was ja bedeutet, dass man gerne dort sein möchte). Auf der einen Seite erwartet man selbstverständlich mehr als nur ein gutes Gehalt für das, was man leistet und investiert; auf der anderen ist man bereit, sehr viel zu geben, wenn das eigene *Warum* sich mit der Aufgabe deckt (was eine hohe Identifikation und mehr als nur durchschnittliches Engagement verspricht). Auf der einen Seite möchte man zeitlich und räumlich unabhängig sein und erwartet, dass die Arbeit sich dem Leben anpasst; auf der anderen sieht man sie als einen Ort, der einen inspirieren und zum Wachstum anregen möge (was impliziert, dass man mit mehr Anteilen präsent ist als möglicherweise die, die mit hoher Disziplin einen Nine-to-five-Job erledigen).

Man möchte nicht nur ausführen, was andere bestimmen; man möchte mitgestalten und einen Unterschied machen („Ich will kein durchschnittlicher Mitarbeiter sein; es liegt in meiner Natur, Überdurchschnittliches zu leisten" (Königes, 2023)). Man sucht inspirierende Führungskräfte ebenso wie Möglichkeiten des Wachstums („Ich schaue nicht nur wegen der Hierarchie zu den Menschen auf. Ich achte auf herausragende Leistungen, Mut und Leidenschaft und werde diese auch erbringen." (Königes, 2023)). Man sehnt sich nach einer Tätigkeit, die es ermöglicht, einen gesellschaftlichen, ökologischen Beitrag zu leisten („Ich bin entschlossen, einen Fußabdruck zu hinterlassen; sinnvolle Arbeit ist mir wichtiger als Geld" (Königes, 2023)). Lassen sich zu wenige dieser Wünsche mit dem aktuellen Job realisieren, ist man bereit, weiterzureisen. *Quiet Quitting*, so das Label dieses neuen Phänomens: „Wenn es nicht mehr passt, verabschiedet sich der Arbeitnehmer oder die Arbeitnehmerin innerlich still und ohne großen Konflikt. [...] Das muss gar nicht von Groll getrieben sein, sondern kann ganz nüchtern ablaufen" (Rinne bei Löwisch, 2023b).

Für die *Gen Z* ist der Job ein Lifestyle; mit dem Unterschreiben eines Arbeitsvertrags treffen ihre Angehörigen eine Lebensentscheidung und finden nicht nur einen Job (Ghazi, 2022, S. 33). Es wird ein Gesamtpaket gesucht, das sich stimmig anfühlt – die perfekte Mischung aus Sinn, Zeit, Geld, Stimmung und Spirit. Das mag für Menschen, die anderen Generationen angehören und in differierenden Kontexten aufwuchsen und sozialisiert wurden, völlig (welt-)fremd anmuten. Die eigene Verwunderung alleine wird jedoch zu keiner Lösung führen; es bedarf einer ordentlichen Portion mentaler Offenheit, kreativer Energie und der Bereitschaft, bei der eigenen Festplatte den *Reset-Button* zu drücken. Unternehmen sollten die Vorstellungen der *Gen Z* nicht ausschließlich als verschrobene Forderungen kategorisieren, sondern als Ausdruck des Zeitgeistes, als Fenster in die Zukunft, als ein neues Gesicht von Produktivität. Die *Gen Z* sollte ihren Blickwinkel weiten, sich selbst als

Teil eines Gefüges erkennen und die eine oder andere verwundernde Haltungen aufweichen. Wenn ein Haltungswandel auf beiden Seiten mit der Etablierung und Verankerung ganz bestimmter Formate kombiniert wird, wird Transformation sich einstellen. Wie Unternehmen und die *Gen Z* (doch) noch ein Match werden …

Literatur

„Die illoyalsten Jobber aller Zeiten" – So tickt die Generation Z und darauf müssen sich Unternehmen einstellen. (2023, April 13). XING. https://www.xing.com/news/articles/die-illoyalsten-jobber-aller-zeiten-so-tickt-die-generation-z-und-darauf-mussen-sich-unternehmen-einstellen-5640665 (Zugriffsdatum: 2025, Januar 19)

„Arbeiten ist kein Ponyhof" Nahles kritisiert die Lebensphilosophie vieler junger Menschen. (2023, Februar 21). *TAGESSPIEGEL.* https://www.tagesspiegel.de/wirtschaft/arbeiten-ist-kein-ponyhof-nahles-kritisiert-die-lebensphilosophie-vieler-junger-menschen-9377003.html (Zugriffsdatum: 2025, Januar 19)

Anteil der Studienberechtigten an der altersspezifischen Bevölkerung (Studienberechtigtenquote) nach Art der Hochschulreife. (2024, Februar 14). Bundesministerium für Bildung und Forschung. https://www.datenportal.bmbf.de/portal/de/Tabelle-2.5.85.html (Zugriffsdatum: 2025, Januar 19)

Bauscher, S. (2023). *Liebe GenZ: Ihr fordert Euch ins Aus! Und uns gleich mit … Die Work-Life-Balance muss für Euch priorisiert werden.* [Post]. LinkedIn. https://www.linkedin.com/posts/sigrid-bauschert-3220a8a7_genz-unternehmertum-wiesolldasgehen-activity-7077892991897497600-sZAo/?utm_source=share&utm_medium=member_desktop (Zugriffsdatum: 2025, Januar 19)

Bornmann, L. (2022). Von der Kür zur Pflicht. Warum heute jedes Top-Management die Gen Z verstehen muss. In A. Esmailzadeh, Y. Meier, S. Birkner et. al. (Hrsg.). *Gen Z für Entscheider:innen* (S. 41-45). Campus Verlag.

Dahmen, Andreas (Founder and CEO, GHK Management Consulting), personal communication, 11.10.2023.

Deutsche Schüler schneiden so schlecht ab wie nie. (2023, Dezember 05). Tagesschau. https://www.tagesschau.de/inland/gesellschaft/pisa-studie-128.html (Zugriffsdatum: 2025, Januar 19)

Esmailzadeh, A. (2022). Wer führt hier wen? Der neue Führungsanspruch der Gen Z. In A. Esmailzadeh, Y. Meier, & S. Birkner (Hrsg.), *Gen Z für Entscheider:innen* (S. 31–34). Campus Verlag.

Esmailzadeh, A., Meier, Y., Birkner, S., et al. (Hrsg.). (2022). *Gen Z für Entscheider:innen. Campus Verlag.*

Fisch, I. (2024, Februar 01). So versteht man die Gen Z im Büro. *Süddeutsche Zeitung.* https://www.sueddeutsche.de/projekte/artikel/wirtschaft/gen-z-woerter-2023-slang-e643493/ (Zugriffsdatum: 2025, Januar 19)

FOMO – Fear of missing out. (o.J.). AOK Sachsen-Anhalt – Die Gesundheitskasse. https://www.deine-gesundheitswelt.de/balance-ernaehrung/fomo-fear-of-missing-out (Zugriffsdatum: 2025, Januar 19)

Gen Z oder Generation All-in. (2022). ZENJOB. https://www.zenjob.com/de/ressourcen/gen-z-studie-2022/ (Zugriffsdatum: 2025, Januar 19)

Generation Z schaut bei Berufswahl vor allem aufs Geld. (2023, November 05). *ZEIT Online.* https://www.zeit.de/arbeit/2023-11/umfrage-berufswahl-generation-z-geld-wichtig (Zugriffsdatum: 2025, Januar 19)

Generation Z: Junge Beschäftigte fallen häufiger aus als je zuvor. (2023, November 23). AOK-Bundesverband. https://www.aok.de/pp/rh/pm/generation-z-junge-beschaeftigte-fallen-haeufiger-aus-als-je-zuvor/ (Zugriffsdatum: 2025, Januar 19)

Ghazi, M. (2022). Nach welchen Kriterien die Gen Z einen Job beurteilt. In A. Esmailzadeh, Y. Meier, S. Birkner et. al. (Hrsg.). *Gen Z für Entscheider:innen* (S. 31-34). Campus Verlag.

Gillmann, B. (2023, März 06). 50 000 Schüler jährlich ohne Schulabschluss – und keine Besserung in Sicht. *Handelsblatt.* https://www.handelsblatt.com/politik/deutschland/fachkraeftemangel-50-000-schueler-jaehrlich-ohne-schulabschluss-und-keine-besserung-in-sicht/29019786.html (Zugriffsdatum: 2025, Januar 19)

Götzke, M., & Knüppel, L. (2022, September 28). *Studieren in Armut – Kein BAföG, Inflation und hohe Mieten.* Deutschlandfunk. https://www.deutschlandfunk.de/studieren-in-armut-100.html (Zugriffsdatum: 2025, Januar 19)

Gringmuth-Dallmer, G., & Schneider, S. (2022, Oktober 26). Ein Land geht in Rente. *Rundfunk Berlin-Brandenburg.* https://www.rbb24.de/wirtschaft/beitrag/2022/10/babyboomer-rente-daten-arbeitskraefte-mangel-berlin-brandenburg-berufe-branchen.html (Zugriffsdatum: 2025, Januar 19)

Heublein, U., Hutzsch, C., & Schmelzer, R. (2022). *Die Entwicklung der Studienabbruchquoten in Deutschland.* (DZHW Brief 05|2022). DZHW. https://doi.org/10.34878/2022.05.dzhw_brief (Zugriffsdatum: 2025, Januar 19)

Hölter, K., Kullmann, K., Quecke, F. et al. (2023, Dezember 03). Warum die Generation Z anders arbeiten will – und damit jetzt alle ansteckt. *DER SPIE-*

GEL 22/2023. https://www.spiegel.de/start/work-life-balance-warum-die-generation-z-anders-arbeiten-will-und-damit-jetzt-alle-ansteckt-a-2b4d84c1-f53f-4fca-ab51-6f4c1c8bbd39 (Zugriffsdatum: 2025, Januar 19)

Immer mehr Jugendliche abhängig vom Handy. (2024, September 25). *zdf heute.* https://www.zdf.de/nachrichten/panorama/who-handy-jugendliche-100.html?at_medium=Social%20Media&at_campaign=ZDFheuteApp&at_specific=ZDFheute&at_content=iOS (Zugriffsdatum: 2025, Januar 19)

Königes, H. (2023, Februar 13). *Gen Z erklärt sich in einem Manifest.* CIO. https://www.cio.de/a/gen-z-erklaert-sich-in-einem-manifest,3613800 (Zugriffsdatum: 2025, Januar 19)

Lanz, M. (Moderator). (2023, Dezember 21). *Markus Lanz* [Fernsehsendung]. Heidemanns, M. (Produzent). ZDF.

Lebenshaltungskosten. (2021). Studieren.de. https://studieren.de/studium-lebenshaltung.0.html (Zugriffsdatum: 2025, Januar 19)

Lobo, S. (2023, Juni 14). Die 40-Stunden-Woche ist Mist. *DER SPIEGEL | Spiegel Netzwelt.* https://www.spiegel.de/netzwelt/netzpolitik/thomas-de-maiziere-laestert-ueber-die-generation-z-sascha-lobo-antwortet-kolumne-a-a777eadc-2c74-40a1-aa1a-c2b1c3df5c9f (Zugriffsdatum: 2025, Januar 19)

Löwisch, G. (2023a, Juni 06). Work-Life-Balance? Abstrus!. *ZEIT,* Nr. 25/2023. https://www.zeit.de/2023/25/thomas-de-maiziere-work-life-balance-generation-z (Zugriffsdatum: 2025, Januar 19)

Löwisch, G. (2023b, Juni 30). Da kommt schnell Neid auf. *ZEIT ONLINE.* https://www.zeit.de/2023/28/generation-z-arbeit-einstellung-ansprueche (Zugriffsdatum: 2025, Januar 19)

Lüth, A. (2021, Dezember 22). *Tristan Horx: Die neue Generation agiert global.* New Business Verlag | Public Marketing. https://www.publicmarketing.eu/_rubric/detail.php?rubric=Stadt-Land&nr=42662&PHPSESSID=abg34n9d8vhrtntonv4m77c0p1 (Zugriffsdatum: 2025, Januar 19)

McSilver, A. (o.J.). *Weiterbildung und Umschulung der Beschäftigten als Erfolgsfaktor für Ihr Unternehmen.* LinkedIn Weiterbildung. https://learning.linkedin.com/de-de/artikel/weiterbildung-als-erfolgsfaktor-fur-unternehmen#:~:text=Die%20Generation%20Z%20m%C3%B6chte%20sich%20weiterbilden&text=Statistiken%20belegen%20dies%3A,mittlerweile%20mehr%20Zeit%20in%20Weiterbildung (Zugriffsdatum: 2025, Januar 19)

Mental Imbalance Youth: Die verletzte Gen Z (2021, Dezember 08). Zukunftsinstitut. https://www.zukunftsinstitut.de/zukunftsthemen/generation-z-mental-imbalance-youth (Zugriffsdatum: 2025, Januar 19)

Mersch, B. (2023, September 25). Arbeitskräftemangel – Warum viele Ausbildungsplätze unbesetzt bleiben. *Deutschlandfunk*. https://www.deutschlandfunk.de/nachwuchsmangel-in-betrieben-warum-viele-ausbildungsplaetze-unbesetzt-bleiben-dlf-fd4ad50b-100.html#:~:text=Arbeitskr%C3%A4ftemangel-,Warum%20viele%20Ausbildungspl%C3%A4tze%20unbesetzt%20bleiben,Fachkr%C3%A4ftemangel%2C%20den%20viele%20Branchen%20beklagen (Zugriffsdatum: 2025, Januar 19)

Moreno, J. (Moderator) (2024, März 20). Generationenforscher: Warum ist die Gen Z so frustriert, Herr Maas? Podcast Moreno+1. *DER SPIEGEL*.

Oxfam Bericht – Kluft zwischen Arm und Reich wächst rasant. (2023, Januar 16). *Tagesschau*. https://www.tagesschau.de/wirtschaft/weltwirtschaft/oxfam-bericht-armut-101.html (Zugriffsdatum: 2025, Januar 19)

Papasabbas, L., & Horx, T. (2018). *Das Manifest der Generation Global*. https://www.zukunftsinstitut.de/artikel/generation-global/das-manifest-der-generation-global/?utm_term=&utm_campaign=Brand+%7C+Studien+(Search)&utm_source=adwords&utm_medium=ppc&hsa_acc=9538789204&hsa_cam=15972226977&hsa_grp=134191746644&hsa_ad=576458954099&hsa_src=g&hsa_tgt=dsa-1597007813453&hsa_kw=&hsa_mt=&hsa_net=adwords&hsa_ver=3&gad_source=1&gclid=CjwKCAiA-P-rBhBEEiwAQEXhH43jhcZOYAaQXdIfsAQd8zJUS-dRN_54Hu7B3x9S29XSdikaKRc2RRoCN10QAvD_BwE (Zugriffsdatum: 2025, Januar 19)

Pressemitteilung Nr. 503. (2022, November 30). *Wintersemester 2022/2023 – Erstmals seit 15 Jahren weniger Studierende als im Vorjahr*. Statistisches Bundesamt. https://www.destatis.de/DE/Presse/Pressemitteilungen/2022/11/PD22_503_21.html (Zugriffsdatum: 2025, Januar 19)

Pressemitteilung Nr. N036. (2023, Juni 15). *2021 kamen 4,3 Auszubildende auf 10 Studierende, 1950 waren es noch 75,5 Azubis*. Statistisches Bundesamt. https://www.destatis.de/DE/Presse/Pressemitteilungen/2023/06/PD23_N036_12.html (Zugriffsdatum: 2025, Januar 19)

Pressemitteilung Nr. N045. (2023, Juli 26). *Kinder und Jugendliche von Eltern mit niedrigem Bildungsabschluss besonders von Armut bedroht*. Statistisches Bundesamt. https://www.destatis.de/DE/Presse/Pressemitteilungen/2023/07/PD23_N045_63.html (Zugriffsdatum: 2025, Januar 19)

Schindler, B. (2017, Juli 17). *Wie tickt die Generation Global?* Foodservice. https://www.food-service.de/maerkte/news/Wie-tickt-die-Generation-Global-37854 (Zugriffsdatum: 2025, Januar 19)

Schnetzer, S. (2024/4). *Generation Z*. Simon Schnetzer. https://simon-schnetzer.com/generation-z/ (Zugriffsdatum: 2025, Januar 19)

Sorgen der Jugend: Inflation, Krieg, Klima. (2022, November 21). *ZDF heute.* https://www.zdf.de/nachrichten/panorama/studie-junge-menschen-schulden-inflation-angst-100.html (Zugriffsdatum: 2025, Januar 19)

Staatliche Studienförderung – Nur eine von sechs Studierenden nutzt Bafög & Co. (2023, Dezember 15). Tagesschau. https://www.tagesschau.de/wirtschaft/finanzen/studierende-staatliche-foerderung-100.html (Zugriffsdatum: 2025, Januar 19)

Stöcker, C. (2022, Januar 30). Die Generation Schneeflocke ist nicht verweichlicht – sondern einfach schlauer. *DER SPIEGEL.* https://www.spiegel.de/wissenschaft/mensch/jugend-von-heute-debatte-die-generation-schneeflocke-ist-nicht-verweichlicht-sondern-einfach-schlauer-kolumne-a-df52de97-9357-4436-9bbd-8408fbb6a640 (Zugriffsdatum: 2025, Januar 19)

Stoffers, M. (2023, Dezember 01). *„Rente wird nicht reichen": Neue Rentner-Generation muss bei Altersvorsorge andere Wege gehen.* Merkur. https://www.merkur.de/wirtschaft/rente-digital-aktie-online-etf-neue-rentner-generation-investition-altersvorsorge-ruhestand-92705029.html (Zugriffsdatum: 2025, Januar 19)

Studie: Die gefährdete Generation. (2021). Generali Deutschland AG. https://www.generali.de/presse/mediathek/gefaehrdete-generation (Zugriffsdatum: 2025, Januar 19)

Studienfinanzierung – Elf Prozent der Studierenden beziehen BAföG. (2022, Dezember 12). Forschung & Lehre. https://www.forschung-und-lehre.de/lehre/elf-prozent-der-studierenden-beziehen-bafoeg-5250 (Zugriffsdatum: 2025, Januar 19)

Vapaux, V. (2021). *Generation Z – Zwischen Selbstverwirklichung, Insta-Einsamkeit und der Hoffnung auf eine bessere Welt.* Gräfe und Unzer.

Von FOMO zu JOMO – drei Life Hacks für euren Alltag!. (o.J.). Corny – Schwartauer Werke. https://www.corny.de/corny-stories/alltag/tipps-gegen-fomo (Zugriffsdatum: 2025, Januar 19)

Was bereitet der Jugend in Deutschland die größten Sorgen?. (2024). Statista. https://de.statista.com/statistik/daten/studie/1358950/umfrage/die-groessten-sorgen-der-jugend-in-deutschland/ (Zugriffsdatum: 2025, Januar 19)

Welche dieser Geräte und Medien nutzt Du täglich oder mehrmals pro Woche?. (2024) Statista. https://de.statista.com/statistik/daten/studie/29153/umfrage/mediennutzung-durch-jugendliche-in-der-freizeit/ (Zugriffsdatum: 2025, Januar 19)

Wer ist die Generation Z? Einordnung und Merkmale der Gen Z. (o.J.). Institut für Generationenforschung. https://www.generation-thinking.de/ (Zugriffsdatum: 2025, Januar 19)

Wie tickt eigentlich die TikTok-Generation?. (o.J.) Kununu. https://arbeitgeberportal.kununu.com/ressourcen/gen-z-recruiting-studie/ (Zugriffsdatum: 2025, Januar 19)

Wiegand, J. (2024, Februar 12). *Daten sind das neue Gold: Das steckt hinter der Aussage.* CHIP. https://praxistipps.chip.de/daten-sind-das-neue-gold-das-steckt-hinter-der-aussage_174405 (Zugriffsdatum: 2025, Januar 19)

Workation. (o.J.) Lexikonbeitrag aus Haufe Personal Office Platin. https://www.haufe.de/personal/haufe-personal-office-platin/workation_idesk_PI42323_HI15703911.html (Zugriffsdatum: 2025, Januar 19)

Workation – Wie Mitarbeiter Urlaub und Arbeit sinnvoll verbinden. (o.J.) HR Works. https://www.hrworks.de/lexikon/workation/ (Zugriffsdatum: 2025, Januar 19)

Quellenverzeichnis

Brockschmidt, Oscar (dualer Bachelor-Student), persönliche Kommunikation, 15.12.2023.

Rahman, Ridita (duale Bachelor-Studentin), persönliche Kommunikation, 01.12.2023

Weber, Alina (Master-Studentin), persönliche Kommunikation, 28.11.2023.

4

Wie die Gen Z und Unternehmen ein Match werden

4.1 Wie Unternehmen agieren sollten

Im Folgenden werden die Eckpfeiler eines zeitgemäßen Unternehmens vorgestellt. Wie sollte ein Unternehmen aufgestellt sein? Welchen Werten sollte es folgen? Auf welchem Selbstverständnis sollten seine Handlungen basieren? Wie sollten seine Führungskräfte denken und handeln? Wie sollte es agieren? Der Begriff zeitgemäß bedeutet hier keinesfalls, dass Unternehmen sich ausschließlich an der Generation Z orientieren und deren Bedürfnisse bedingungslos erfüllen. Manche Firmen versuchen dies und sind dabei ebenso wenig erfolgreich wie jene, die an ewig Etabliertem festhalten und neue Trends für modernen Nonsens halten. Die Forderung, ein Unternehmen möge zeitgemäß agieren, bedeutet hier vielmehr, dass es in seinem Denken und Handeln mit dem aktuellen Zeitgeist in Resonanz tritt und sich so transformiert, dass dieser eine Chance hat, sich – in Koexistenz mit den etablierten Werten und der spezifischen DNA – im Unternehmen zu etablieren. Die Erkenntnis, dass die junge Generation mit ihren Vorstellungen im Großen und Ganzen den Weg in die Zukunft weist, ist dabei unumstritten. Unternehmer*innen sollten ihnen also zuhören.

4.1.1 Tabula Rasa – Gönnt Euch eine Transformation

Manchmal ist es im Leben notwendig, zurück auf Los zu gehen, die Schränke auszumisten, den *Reset-Button* zu drücken. Wann es für ein Unternehmen Sinn macht, lange Gelebtes loszulassen, etablierte Strukturen und Mechanismen aufzugeben, auf dem weißen Blatt Papier nochmal neu zu denken und zu planen, lässt sich schwer sagen. Der wichtigste Indikator ist sicher das dauerhafte Ausbleiben von Erfolg – wobei dieser natürlich auch auf externe Faktoren zurückzuführen sein kann. Wir erleben es gerade: Eine schwierige weltpolitische Lage, eine hohe Inflation, hohe Energiekosten, hohe Steuern, viel Bürokratie, Fach- oder schlicht Arbeiter*innen-Mangel, ein zu langsames Voranschreiten der Digitalisierung. Jenseits dieser Faktoren, mit denen jeder Player in einer Volkswirtschaft zu kämpfen hat, gilt es, andere, die Notwendigkeit einer Transformation anzeigende Indikatoren im Auge zu behalten: Auf welches Maß an Widerstand trifft man in allen möglichen Belangen bei seiner Belegschaft? Wie groß ist die Anzahl an schlecht funktionierenden Prozessen? Wie hoch die Schwerfälligkeit sowie die Zahl an Energie raubenden Kraftakten? Schließlich die Frage: Entscheiden sich junge Menschen für unser Unternehmen? Denn wenn es auch nicht darum geht, reflexartig den Wunschkatalog der jungen Generationen zu bedienen, so ist man doch gut beraten, sich mit ihren Vorstellungen auseinanderzusetzen und den Zeitgeist zu verstehen. Es gilt, den *Groundswirl*, das Grundrauschen zu erkennen, um zu verstehen, wo und wie das eigene Unternehmen sich Veränderungen unterziehen und sich neu aufstellen muss. Es geht darum, ein Selbstverständnis und einen Handlungskompass zu definieren, die ein erfolgreiches Handeln am Markt ermöglichen und den Menschen unterschiedlichen Alters Lust machen, dabei zu sein und einen Beitrag zu leisten.

Liebe Unternehmerinnen und Unternehmer, liebe Entscheiderinnen und Entscheider, gönnt Euch und Euren Teams einmal im Jahr eine Auszeit, in der Ihr von außen auf das Geschehen blickt, in der Ihr ohne Denk- und Sprechverbote Beiträge und Einschätzungen einholt, in der Ihr Euer Tun und Handeln durch ein Screening schickt, in der Ihr Impulse freisetzt und Euch entscheidet, da wo notwendig, neu zu denken und zu handeln. Oberste Gebote: (1) Eure Auszeit muss ein *Offsite* werden – verlasst also Eure Räumlichkeiten. (2) Alle sind gleichgestellt – vergesst also Titel, Hierarchie und Verantwortlichkeiten. Und ja, auch und insbesondere Chefs und Chefinnen dürfen sich mit dem Gedanken vertraut machen, unbequeme Wahrheiten zu hören und ihr Denken und Handeln einer umfassenden Inspektion zu unterziehen. (3) Macht das mindestens einmal im Jahr und etabliert Formate, die die Übertragung der Entscheidungen und Erkenntnisse in Euren Alltag garantieren.

- Wenn der Erfolg auf sich warten lässt und Widerstände groß sind, drückt den *Reset-Button* und öffnet Euch für die **Transformation**.
- Auch wenn es so weit gut läuft – gönnt Euch **einmal im Jahr ein *Offsite***, stellt alles auf den Prüfstand und ermöglicht es, erfolgreich zu bleiben.

4.1.2 Die Du-Kultur – Achtet auf Respekt und Achtsamkeit

Gerne würde ich mir hier das Du erlauben und hoffe, dass es okay für alle ist?! Das Du hat sich mittlerweile in fast allen Branchen und über nahezu alle Hierarchieebenen hinweg auch in der deutschen Arbeitswelt etabliert. Es ist eben auch Ausdruck des Zeitgeistes: Menschen möchten einander heute selbstverständlich auf Augenhöhe begegnen. Sie möchten unkompliziert interagieren und lassen sich ohnehin weniger von Titeln und Hierarchiestufen als vielmehr von Persönlichkeit und Authentizität beeindrucken (siehe Abschn. 3.2.7). Das Du mit all seinen Begleiterscheinungen schafft mehr Nähe, lässt Formelles außen vor und erlaubt auch eine zeitsparende unkomplizierte Kommunikation. Es beseitigt darüber hinaus Schranken im Kopf und erlaubt Denk- und Sprechfreiheit.

> **Ihr siezt Euch? Ich fasse es nicht …**
>
> Vor einigen Jahren führte ich zu Hause ein Telefonat mit einer Kollegin, mit der ich bereits seit Jahren zusammenarbeitete. Wir teilten uns ein Büro und verbrachten jeden Arbeitstag nahezu vollständig miteinander. Wir siezten uns nach wie vor – in meinem Unternehmen eher gewünscht. Als ich auflegte, sagte mein 18-jähriger Sohn: „Mit wem hast Du gesprochen?" Ich nannte den Namen der Kollegin und er konterte: „Was? Mit ihr arbeitest Du doch seit Jahren zusammen? Ihr siezt Euch? Ich fasse es nicht. Was ist denn mit Euch los?" Er ging kopfschüttelnd und lachend weg. Seine Reaktion, die mir zeigte, wie weltfremd und geradezu grotesk unser Umgang auf einen jungen Menschen wirkte, brachte mich zum Nachdenken. Wenige Tage später bot ich meiner Kollegin das Du an.

Entscheidend ist bei all dem, dass die durch das Du verminderte Distanz zu Personen nicht mit einer Reduktion von Respekt und Achtsamkeit einhergeht. Natürlich ist es legitim, eine Du-Kultur im Unternehmen abzulehnen oder sie zumindest nicht zu befürworten. Am Ende ist der aufgelockerte Umgang, den sie ermöglicht, auch nur einer von vielen Faktoren und sicher kein Erfolgsgarant, wenn sonst wenig stimmt. Wer eine Du-Kultur im Unternehmen nicht willkommen heißt, sollte sich aber darüber im Klaren sein, dass es auf junge Menschen steif, fremd und wenig anziehend wirkt. „Wir möchten nicht, dass sich Arbeit wie Arbeit anfühlt" – die Erinnerung an diese Forderung erklärt Vieles (siehe Abschn. 3.2.10).

- **Definiert** als Unternehmer*innen **Eure Haltung** zum Thema **Sie- oder Du-Kultur**.
- Macht diese Haltung für Eure Belegschaft **transparent**.
- Nur weil einige Mitarbeiter*innen sich duzen, **müssen es längst nicht alle tun**.
- Seid Euch darüber im Klaren, dass eine konsistente oder weitgehende **Sie-Kultur** auf junge Menschen **befremdlich, steif und wenig anziehend** wirkt.
- Achtet darauf, dass das Du niemals mit einer **Reduktion von Respekt** oder **unprofessioneller Nähe** einhergeht.
- **Sensibilisiert** Eure Belegschaft für die ggf. **andere Ansprache von Kundinnen und Kunden**.

4.1.3 Eure Führungskräfte – Gebt Feedback und Guidance

Das Thema Führung unterliegt bereits seit vielen Jahren einem fundamentalen Wandel. Und wie in Zeiten des Wandels üblich, erlebt man ein buntes Nebeneinander verschiedener Erscheinungen. Es ko-existieren Führungskräfte, die in großen gläsernen Eckbüros auf den oberen Etagen ihrer Firmengebäude ohne wesentlichen Kontakt zur Basis schalten und walten, mit Führungskräften, die sich jeden Morgen im Co-Working-Space ihren Arbeitsplatz inmitten ihrer Teams suchen, natürlich auch abhängig von der Branche und der Unternehmensform. Es gibt sie noch, die Führungskräfte, die in Anzug, Krawatte und Budapestern, in Kostüm und Pumps in ihren SUVs in die nahe am Fahrstuhl gelegenen Tiefgaragenplätze fahren. Zugleich gibt es die, die in T-Shirt, Jeans und Sneakern mit dem Lastenfahrrad vorfahren, am frühen Nachmittag das Büro verlassen, um die Kinder aus der Kita abzuholen und den Rest des Tages remote arbeiten – das kann dann durchaus mal der Spielplatz, der Garten oder das Auto auf dem Parkplatz der Tennisanlage sein, auf der die Kinder gerade Training haben. Es gibt sie noch, die Führungskräfte, die auf Insignien der Macht Wert legen und natürlich auch die Branchen, in denen diese ihre Wirkung entfalten; und es gibt sie, die Führungskräfte, die ganz bewusst auf diese verzichten und nichts davon halten, sich qua Äußerlichkeiten von der Mannschaft abzuheben, sicher auch in Abhängigkeit von Branche und Unternehmensform.

Interessant ist: Beide Extreme können funktionieren, beide können ebenso nicht funktionieren. Es kommt auf viele Faktoren an: In welcher Gegend befindet sich das Unternehmen – eher ländlich, eher großstädtisch? Was ist die Branche, was das Geschäftsmodell? Sind die Führungskräfte überzeugende Persönlichkeiten? Beeindrucken sie mit Leistung? Taugen sie zum Vorbild? Was für eine Belegschaft trifft man an – bevorzugen die Mitarbeiter*innen unterm Strich klare Verantwortlichkeiten und konturierte Aufgabenpakete oder favorisieren sie die Mitbestimmung, die transparente Kommunikation? Sind die entscheidenden Säulen im Unternehmen aufeinander abgestimmt? Ergibt alles zusammen ein stimmiges Bild?

Es kommt also weniger darauf an, ob sich eine Führungskraft so oder so verhält, diese oder jene Kleidung trägt oder so oder so in die Firma fährt. Es kommt darauf an, dass das Gesamtpaket stimmt und die verschiedenen Zahnrädchen geräuschlos ineinandergreifen. Wie beim Trend zur Du-Kultur steht aber auch beim Thema Führung fest: Der Zeitgeist bewegt sich weg von den Insignien der Macht, von der Führung von oben und aus der Distanz, von klaren Ansagen und autoritärem Auftreten. In manchen Gegenden, in manchen Branchen, in manchen Firmen mögen diese Dinge noch eine Weile ihre Wirkung entfalten. Früher oder später wird jedoch auch hier der Zeitgeist Einzug halten. Die Arbeitskräfte von morgen werden andere Dinge fordern und in Umfeldern mit überholten Strukturen weder bleiben wollen noch performen können.

> **Um Motivation zu erreichen, musst Du Dich heute reinhängen**
>
> „Wenn in meinem ersten Job in einer kleinen Firma Ende der Neunziger jemand um 20 Uhr nach Hause ging, fragten wir ihn, ob er sich einen halben Tag Urlaub genommen habe … (lacht) So etwas lassen die jungen Leute heute nicht mehr mit sich machen. So ein Engagement schaffst Du heute lediglich, wenn Du es charmant machst und sexy. Das klappt nur, wenn auch die Chefs mitarbeiten und sich reinhängen. Dann muss auch mal ein guter Wein geholt werden, ein Hunderter extra, leckeres Essen, mobile Massagen. Wenn alle mitmachen und der Spirit stimmt, dann bekommt man es hin. Ohne das hast du heute keine Chance mehr. Als Führungskraft brauchst du *Personality*, als Unternehmen und als Team brauchst du Spirit" (Klemann, Managing Partner bei *STRATECO*, 2023).

Für Führungskräfte bedeutet dieser Wandel eine fundamentale Veränderung ihres Rollenverständnisses und – ganz klar – einen deutlichen Mehraufwand im täglichen Tun und Handeln. Denn zum einen müssen sie sich den Respekt und das Vertrauen ihrer Belegschaft kontinuierlich erarbeiten. Er wird ihnen nicht mehr automatisch entgegengebracht, weil sie eben diese oder jene Position besetzen. Zum anderen erwarten junge Menschen heute, stärker eingebunden zu werden: Sie möchten informiert sein, mitdiskutieren, ihre Sichtweisen und Ideen einbringen. Drittens schließlich benötigen sie als Job-Einsteiger*innen wesentlich mehr Feedback und auch *Guidance* als dies etwa noch vor zehn Jahren der Fall war.

Die Gründe für Letzteres sind mannigfaltig und nach meinem Verständnis die folgenden: (1) Wer viel in den sozialen Medien unterwegs ist, ist es gewohnt, sofort Rückmeldung zu bekommen (wie viele Likes bekommt mein Post, meine Story, mein TikTok?); regelmäßiges Feedback zu erhalten ist selbstverständlich, die Erwartungshaltung an dasselbige ist gelernter Standard, ohne Feedback entsteht Orientierungslosigkeit. (2) Die Überforderung unseres Schulsystems mit all ihren Konsequenzen wurde in Abschn. 3.1.4 besprochen. Viele Skills, die junge Menschen heute dringend bräuchten, um im Arbeitsleben klarzukommen, stehen nicht in den Lehrplänen und werden unter den aktuellen Bedingungen nicht vermittelt. Überforderte oder mit anderen Themen beschäftigte Elternhäuser (3) (siehe Abschn. 3.1.5), in denen das Setzen von Leitplanken und das Er-*ziehen* (das Wort impliziert bereits eine gewisse Kraftanstrengung) nicht mehr gelebt wird, tun ihr Übriges.

Unternehmen und ihre Führungskräfte dürfen also nicht flächendeckend reife, top ausgebildete *Young Professionals* mit einem umfassenden Skill-Set erwarten. Vielmehr sollte ihnen klar sein, dass sie bei nicht wenigen Vertreter*innen der *Gen Z* noch (nach) -erziehen, -helfen, -entwickeln dürfen und müssen. Darüber kann man sich wundern, ärgern und aufregen – sinnvoller wäre es, die Ärmel hochzukrempeln, zu überlegen und zu entscheiden, wie die entdeckten Lücken im Skill-Set gefüllt, wie das eine oder andere Mindset geradegerückt, wie man dem jungen Menschen das mitgeben oder nachliefern kann, was er in seinem Alter im Grunde längst wissen, können, verinnerlicht haben müsste, aber aufgrund der Umstände eben nicht hat.

> **Wir sollten die *Gen Z* als Mentor*innen begleiten**
>
> „Ich sehe, dass es Unterschiede zwischen Führungskräften, etablierten Mitarbeiter*innen und der *Gen Z* gibt. Bei uns sind 36 % der Belegschaft *Gen Z*, und statt uns über sie zu ärgern, sollten wir den Dialog suchen. Die jungen Leute bringen frische Perspektiven, auch wenn sie oft noch Unterstützung brauchen, da ihnen wichtige Dinge bisher nicht vermittelt wurden. Statt zu kritisieren, sollten wir Verantwortung übernehmen und sie als Mentor*innen begleiten, um gemeinsam erfolgreich zu sein" (Günther, Director HR bei *Havas Media Germany*, 2024).

Liebe Führungskräfte, krempelt also die Ärmel hoch, mischt Euch unter das Volk und helft Euren *Gen Zs*, sich die Haltung anzueignen, das Verhalten an den Tag zu legen und die Kompetenzen drauf zu schaffen, das und die Ihr gehofft hattet vorzufinden. Es hilft nichts, sich zu wundern und zu ärgern. Ein wenig Erziehungsarbeit, Kompetenzunterweisung und wertschätzende, formende Begleitung muss – sicher nicht bei allen Vertreter*innen der jungen Generation, aber bei vielen – noch von Euch und anderen im Unternehmen geleistet werden.

> **Man muss einfach Zeit investieren**
>
> „Meine Erfahrung ist, dass es Zeit und Geduld braucht, um Leistungsbereitschaft und Leistungsvermögen bei den jungen Leuten zu entwickeln. Diese Zeit nehme ich mir. Mit unseren dualen Studierenden habe ich einmal die Woche einen Jour Fixe; zudem findet wöchentlich unser europäisches Meeting mit den Kolleginnen und Kollegen in Niederlassungen im Ausland statt – auch hier sind sie mit dabei. Sie können zudem alle jederzeit individuell zu mir kommen, wenn sie etwas besprechen möchten, Hilfe oder Rat brauchen. In meiner Kommunikation bin ich sehr klar – das verstehen die Jungen in meinem Team schnell und mein Eindruck ist, dass sie das schätzen. Ich schicke sie auch ins Feuer, lasse sie Verantwortung übernehmen und wenn sie etwas falsch gemacht haben, gebe ich ihnen die Möglichkeit, diese persönlich zu korrigieren. Das ist unangenehm, aber da geht kein Weg dran vorbei. Nur so lernen sie und diese Gelegenheit bekommen sie bei mir" (Haberland, Managing Partner bei *DHR Global*, 2024).

Gönnt Euch zudem selbst, liebe Führungskräfte, regelmäßig Coaching-Einheiten und feilt an Eurem Selbstverständnis, Eurer Rolle als Führungskraft, Eurer inneren Zerrissenheit, möglichen blinden Flecken. Auf eines nämlich könnt Ihr Euch verlassen: Auch wenn die *Gen Z* hier und da aufzuholen hat – sie hat ein untrügliches Gespür für Authentizität und eine sehr hohe Intoleranz gegenüber Widersprüchen, Unehrlichkeit und Inkonsistenz im Handeln. „,Practice what you preach' – das ist meine oberste Erwartungshaltung an eine Führungskraft", so fasst Oscar Brockschmidt es zusammen (siehe Abschn. 3.2.7). Und auch wenn sie selbst noch gar nicht richtig angekommen sind im Unternehmen und Eure Lernziele nicht mal ansatzweise erfüllen – die *Gen Z*-ler sind schneller weg, als Ihr gucken könnt, wenn sie von Euch als Führungskräften, als Vorbilder, als Mentoren enttäuscht sind.

- Früher wie heute gilt: Es gibt nicht **den** einen Führungsstil, der funktioniert.
- Führung funktioniert, wenn sie **authentisch** ist und die Führungskraft eine **überzeugende Persönlichkeit** ist.
- Wichtig ist auch: Führungsstil, Unternehmenskultur, Werte und mehr – die verschiedenen Zahnrädchen müssen sich geräuschlos zu einem **stimmigen Ganzen** fügen.
- **Insignien der Macht** beeindrucken die *Gen Z* heute in der Regel nicht mehr wirklich.
- Führungskräfte müssen ihr **Rollenverständnis** aus diesem Grund **neu überdenken**.
- Führungskräfte müssen heute verstärkt *hands-on* führen: (1) Sie sollten als **gutes Beispiel vorangehen** und mitarbeiten. (2) Sie müssen sich den **Respekt der Belegschaft stetig verdienen**. (3) Sie sind gefordert, verstärkt zu **informieren, einzubinden, zu integrieren**. (4) Sie sollten regelmäßig **Feedback** und stetig *Guidance* geben.
- Führungskräfte sollten in **regelmäßigen Coaching-Sessions** ihr Selbstverständnis, ihr Mindset, ihr Handeln als Führungskraft reflektieren und ggf. anpassen.

4.1.4 Eure Werte – Hauptsache authentisch

In Abschn. 3.2.4 wurde bereits dargelegt, dass die *Gen Z* nach einer individuell als sinnhaften empfundenen Tätigkeit strebt. Junge Menschen schreiben, so analysiert Thoms, „ihrem Beruf nicht nur den Zweck des Geldverdienens" zu, sondern verstehen diesen verstärkt „als Ort der Selbstverwirklichung und Sinnstiftung" (Thoms, S. 62). „Es ist mir nicht egal, was ich tue", so Oscar Brockschmidt. „Ich will einen Sinn dahinter sehen und ich möchte unbedingt das Gefühl haben, dass ich etwas bewege" (Brockschmidt (Bachelor-Student), 2023). „Ich möchte mich mit den Produkten und Dienstleistungen meines Unternehmens identifizieren können", ergänzt Ridita Rahman. „Für ein Unternehmen zu arbeiten, dessen Angebot mich persönlich nicht überzeugt, kann ich mir gar nicht vorstellen", führt sie mit Entschlossenheit aus (2023). Und Barbara

Günther ergänzt aus Unternehmensperspektive: „Bei bestimmten Projekten stoßen wir auf Widerstand, da einige nicht bereit sind, ihre Werte für den Job zu kompromittieren. Vor allem bei Aufträgen von Unternehmen, die in der Öffentlichkeit umstritten sind, zeigt die Gen Z Haltung" (Günther, Director HR bei *Havas Media Germany*, 2024). Über den Wunsch, die eigene Tätigkeit als sinnhaft zu empfinden sowie sich mit dem Angebot eines Unternehmens identifizieren zu können, geht der Fokus der *Gen Z* noch hinaus: Sie begrüßen es, wenn ihr Unternehmen sich, unabhängig vom Geschäftsmodell, für die Umwelt und die Gesellschaft engagiert und somit seine Rolle als *Corporate Citizen* ernst nimmt.

Mit einem solchen Engagement haben Unternehmen eine weitere Option, Repräsentierende der *Gen Z* für sich einzunehmen. Von der Förderung lokaler Vereine über die Beteiligung an Wiederaufforstungprojekten bis hin zur mehrtägigen Freistellung von Mitarbeiter*innen für soziale oder umweltorientierte Projekte – die Angebotspalette ist breit.

„Die Nachhaltigkeitsprofile der Unternehmen haben sich zu einem wesentlichen Faktor bei ihrer Positionierung auf dem Arbeitsmarkt und dem damit verbundenen Rekrutierungserfolg entwickelt. In diesem Sinne gilt: Werte sind – auch wirtschaftlich gesehen – wertvoll." (Thoms, S. 65)

Ob das Engagement von Firmen Überzeugungskraft entfaltet, hängt von mehreren Faktoren ab: Passt das Ganze zum Geschäftsmodell? Passt es zur Kultur? Wurde es aus Überzeugung der Entscheider*innen ausgewählt oder musste einfach schnell irgendein *Social Purpose* her, weil das heute wichtig ist? Wurde ggf. die Belegschaft mit in die Entscheidung eingebunden? Wie erfolgt die Kommunikation und Organisation? Sind Führungskräfte mit Leidenschaft dabei und engagieren sich selbst mit Überzeugung? Auch hier gilt: Die verschiedenen Zahnrädchen innerhalb eines Unternehmens müssen ineinandergreifen; die Führungskräfte müssen mitmachen; das Ganze muss eine hohe Authentizität ausstrahlen – sonst kann die erwünschte positive Wirkung auch genauso gut nach hinten losgehen. Im Zweifelsfall entfaltet eine unauffällige, wenig komplexe, aber authentisch gelebte Initiative eine wesentlich höhere Strahlkraft als eine, die mit großer Fanfare von einer professionellen Kommunikationskampagne angekündigt wird, also leicht erkennbar aus Publicity-Gründen und nicht aus Überzeugung eingeführt wurde. Wie bereits häufig erwähnt: Die *Gen Z* hat eine ausgeprägte Antenne für Un-Authentizität!

> **Die *Gen Z* hat ein ganz anderes Selbstverständnis**
>
> "In meinen Augen hat die *Gen Z* heute ein komplett anderes Selbstverständnis von sich, ihrem Leben, ihrer Rolle im Leben und wie Arbeit das Leben beeinflusst. Zu Beginn meiner Karriere trieben mich die Fragen ‚Wo komme ich weiter? Wie komme ich weiter?' Die Verpflichtung gegenüber meinem Arbeitgeber und die Möglichkeiten zum Aufstieg standen bei mir im Vordergrund. Die jungen Leute haben heute eine ganz andere Perspektive: Man ist sich selbst der nächste, alles muss mit der eigenen Meinung, den eigenen Wertevorstellung übereinstimmen. Und da sind sie sehr selbstbewusst und haben gar keine Hemmungen, diese Dinge zu fordern. Was ich auch beobachte: Für das Klima denken sie langfristig, für die Karriere eher kurzfristig" (Nehfischer, Co-Founder & Managing Director bei *ECO Group*, 2023).

Für Unternehmen ist es also wichtig, mit Bewerber*innen in der engeren Auswahl abzuklären, ob diese persönlich hinter dem Geschäftsmodell des Unternehmens stehen und sich mit den Produkten oder Dienstleistungen identifizieren können. Zugleich sollte auch im Bewerbungsgespräch – nebenbei – *Employer Branding* betrieben werden, indem man hier und da auf eigene Initiativen und die Option für Mitarbeiter*innen, sich zu engagieren, hinweist. Schließlich darf und sollte man spätestens im zweiten Interview auch die eigene Erwartungshaltung ganz unmissverständlich deutlich machen. Zum einen reagieren junge Menschen (und ich bin sicher – nicht nur junge) allergisch darauf, wenn vor dem Jobantritt eine Haltung kolportiert wird, die ab Tag eins der Arbeitsrealität verpufft. Zum anderen ist es ja auch nur fair, wenn alle Beteiligten die Erwartungen der jeweils anderen Seite kennen. Macht klar, was Ihr erwartet. Erwähnt Beispiele, die Euch nicht gefallen haben. Erläutert unmissverständlich, dass es im Job dazu gehört, auch mal die Zähne zusammenzubeißen, auch mal ein Projekt professionell zu begleiten, dessen Inhalte einem möglicherweise nicht gefallen, auch mal auszuhalten, dass der eigene Wertekanon sich nicht täglich bedient fühlt.

- Überlegt Euch als Unternehmen, wie und wo Ihr Euch für die **Gesellschaft** oder die **Umwelt** engagiert.
- Entscheidet Euch für Initiativen, die zu **Eurem Geschäftsmodell**, zur Unternehmenskultur, zur Belegschaft **passen**.
- Entscheidet Euch für **Projekte**, die Euch authentisch **am Herzen liegen**.
- Eure **Führungskräfte** müssen mit **gutem Beispiel vorangehen** und selbst dabei sein.
- Entscheidet Euch lieber für kleine Projekte und lebt diese **authentisch**, als mit großer Bugwelle wenig Überzeugendes anzukündigen.
- Macht Euren Bewerber*innen gleich im Interview auch Eure Erwartungshaltung klar: **Es wird nicht jeden Tag Wertekompatibilität geben.** Das gehört dazu. Das muss man aushalten.

4.1.5 Schnürt attraktive Pakete – Und legt den Fokus auf etwas anderes

„Wer nicht über Benefits wie Homeoffice, Workation oder Sabbatical nachdenkt, wird einen Teil dieser Generation als Arbeitgeber erst gar nicht erreichen" (*Die illoyalsten Jobber aller Zeiten*, 2023), so fasst Arbeitsmarktexperte Stahl seine Auffassung über die *Gen Z* zusammen und trifft hiermit sicher einen wichtigen Punkt. Bei der Überlegung, wie man Repräsentierende der *Gen Z* für sein Unternehmen gewinnen und halten kann, muss es allerdings um mehr gehen als um die genannten Optionen des variablen zeitlichen Einsatzes. Entscheidend ist es, individuell stimmige Benefit-Pakete zu schnüren, die eine breite Bedürfnispalette abdecken:

„Unternehmen müssen sich an die Bedürfnisse der Generation Z anpassen, um sie als Arbeitgeber attraktiv zu bleiben. Flexibilität, Agilität, ein angemessenes Gehalt, eine positive Führungskultur, flexible Arbeitszeiten und die Möglichkeit für ortunabhängiges Arbeiten sind für die Generation Z besonders wichtig. Unternehmen, die diese Bedürfnisse erfüllen und eine sinnerfüllende Arbeitsumgebung bieten, haben gute Chancen, junge Talente anzuziehen und langfristig zu binden." (*Die illoyalsten Jobber aller Zeiten*, 2023)

4 Wie die Gen Z und Unternehmen ein Match werden   121

Unternehmer*innen sollten diese Pakete dabei nicht in erster Linie aus der Befürchtung heraus schnüren, man würde sonst im Wettbewerb den Kürzeren ziehen, sondern sie sollten Freude daran haben, mit ihren Mitarbeiterinnen und Mitarbeitern deren Lebenssituationen zu analysieren und gemeinsam zu entscheiden, welche Parameter Berücksichtigung finden. Viele, so meine Einschätzung, steigen mit Groll in den, wie sie es dann nennen, *Bieterwettbewerb* ein, weil sie meinen, sonst keine Chance zu haben. Besser wäre es, mit einem positiven Gefühl Bedingungen zu schaffen, unter denen Menschen, und dies betrifft ja nicht nur die jungen, Lust haben, einen Wertbeitrag zu liefern. Ich bin und bleibe der festen Überzeugung: Wo Menschen sich authentisch gesehen, gehört und wertgeschätzt fühlen, dort werden sie bleiben und etwas leisten wollen.

> **Kauf' Dir mal ein paar vernünftige Laufschuhe**
>
> Ein junger STRATECO-Mitarbeiter – der Geschäftsführer Jens Klemann wurde bereits mehrfach zitiert – erzählte mir kürzlich eine wirklich schöne Geschichte: *STRATECO* nahm mit einer Gruppe von Mitarbeiter:innen am Frankfurter *JP Morgan*-Lauf teil – ein Charity-Event, bei dem Zehntausende Arbeitnehmer*innen für ihre Firmen laufend Spendengelder generieren. Als das Team sich nach Beendigung des Laufs wieder sammelte, nahm Jens Klemann den jungen Mann beiseite und raunte ihm mit Blick auf seine (O-Ton) *abgerockten* Laufschuhe zu: „Bei Deiner nächsten *Shopping-Tour* kaufst Du Dir mal ein paar vernünftige Schuhe. Die Rechnung kommt dann bitte zu mir." Augenzwinkernd fügte Jens hinzu: „Das kann ich als Dein Chef ja nicht mehr verantworten." Es liegt auf der Hand, dass solche Momente nicht in jedem Unternehmen realisierbar sind; dennoch zeigt die Geschichte, welche schönen Formen persönliche Wertschätzung annehmen kann.

Unbestritten ist heute, dass das Leben mit all seinen Anforderungen komplex geworden und eine Nine-to-five Fünftagewoche mit Präsenz im Büro seit Langem nicht mehr das Modell ist, das es einem ermöglicht, sein Leben bestmöglich zu managen. Leben waren früher anders organisiert – Großeltern lebten in der Nähe, um die kranken Kinder zu hüten; ein Elternteil arbeitete Teilzeit oder für Jahre *nur* zu Hause und hielt die Familie zusammen; Geschwister wohnten näher beieinander und konnten die Pflege der Eltern besser untereinander aufteilen. Das Lebenstempo war entspannter, die Möglichkeiten geringer; man arbeitete im Unternehmen und von daher eben auch nicht abends, nachts oder am Wochenende (abgesehen natürlich von den Menschen, die Schicht arbeiteten); es gab auch niemanden, der das erwartete. Heute ächzt eine gestresste Gesellschaft unter verschiedensten Herausforderungen: Plötzlich erkrankte Kinder müssen von arbeitenden Elternteilen aus den Kitas abgeholt werden; Kitas schließen aufgrund von hohem Krankenstand von nun auf jetzt für einige Tage; die Waschmaschine wird zwischen 8 und 15 Uhr geliefert und es gibt vielleicht keinen Nachbarn, der diese entgegennehmen könnte; die Bahn streikt oder fällt aus …

Hinzu kommt, dass Menschen in unterschiedlichen Lebensphasen unterschiedliche Bedürfnisse haben und sich von daher über ganz verschiedene Dinge freuen (siehe auch Abschn. 2.2). Ein junges Elternteil freut sich möglicherweise über ein E-Bike, um aus dem täglichen Arbeitsweg eine Sporteinheit zu machen. Eine Arbeitnehmerin, deren Eltern zunehmend Pflege und Aufmerksamkeit brauchen, freut sich über die Option, am frühen Nachmittag gehen und die versäumte Zeit am Wochenende von zu Hause aus nachholen zu können. Die junge Einsteigerin ist glücklich über die Möglichkeit, an einer teuren Fortbildung teilzunehmen. Der Kollege kann es kaum erwarten, endlich im Projekt in Singapur eingesetzt zu werden … Ein Dritter ist froh über die Gelegenheit, sich an sozialen Projekten beteiligen zu können. Eine junge Mutter ist beruhigt zu wissen, dass sie ihr Kind im Notfall für ein paar Stunden mit ins Büro nehmen kann. Ein Teamleiter freut sich ganz einfach über eine schnörkellose Gehaltserhöhung. Unsere Bedürfnisse sind verschieden und ebenso verschieden sollten individuelle Wertschätzungs-Pakete aussehen.

Wo macht die *Gen Z* nun einen Unterschied gegenüber Angehörigen der Generationen Y und X sowie der Boomer? Sie fordert diese Benefit-Pakete ohne Hemmungen. Sie hat gar keine Hemmungen. Für sie ist es selbstverständlich, dass Unternehmen sie umwerben und sie mittels attraktiver Angebote zu gewinnen und zu halten versuchen. Das Gute daran: Mit ihrer frechen Art (und das ist hier wirklich positiv gemeint) hat die *Gen Z* einen großen Anteil daran, dass das etablierte Verständnis von Arbeit und seinen vielfältigen Erscheinungsformen zurzeit auf den Kopf gestellt, revolutioniert und dem Zeitgeist nähergebracht wird.

Doch Vorsicht, denn bei aller Wertschätzung dieses revolutionären Vorstoßes darf keine Schieflage entstehen: „Wir sind doch hier nicht im Spa", kommentiert Christoph Schwerdtle die von Laura Bornmann aufgestellte These, Arbeit dürfe sich für die jungen Leute nicht wie Arbeit anfühlen (Schwerdtle, Co-Founder & Managing Director bei *ECO Group*, 2023). Am Ende geht es sicher darum, eine gesunde Balance herzustellen: Junge Job-Einsteiger*innen (ebenso wie alle anderen) müssen ein Augenmerk darauf haben, dass ihre Leistungsbereitschaft und ihr Leistungsvermögen zu dem passen, was sie an Entgegenkommen und Benefits von ihren Unternehmen erwarten. Im Gegenzug ist es auch die Aufgabe von Arbeitgeber*innen darauf zu achten, dass das, was sie anbieten, zu dem passt, was sie an Wertbeitrag erhalten.

Die *Gen Z* muss aufpassen, dass sie mit ihrer selbstverständlichen Anspruchshaltung Menschen in ihrem beruflichen Umfeld nicht verärgert. Führungskräfte hingegen müssen mutig genug sein, empfundene Schieflagen transparent zu machen, sich eben nicht reflexartig mit auf den Bietermarkt zu begeben, sondern zu kommunizieren, dass Benefits keine willkürlichen Selbstverständlichkeiten sind, sondern Teil des Vergütungspakets, eine zusätzliche Belohnung oder eben der Glaube daran, dass mit dem Geben in der Zukunft auch ein Empfangen einhergehen wird. Führungskräfte müssen, wie Eltern (siehe Abschn. 3.1.5), eben auch wieder fordern, und wenn es die Forderung nach Rückmeldung für eine besondere Möglichkeit ist:

Es wäre schön, wenn wir mehr Feedback bekämen

„Wir bieten 50 % Remote-Arbeit und sechs Wochen Workation – ob in unseren Büros im Ausland oder von jedem beliebigen Ort aus. Ein großartiges Angebot, doch uns fehlt oft das Feedback der jungen Mitarbeiter*innen nach solchen Erfahrungen. Wir wünschen uns, dass sie ihre Erlebnisse reflektieren und einbringen, um gemeinsam besser einschätzen zu können, was sinnvoll ist. Ohne Rückmeldung wird es schwierig, diese Angebote weiterzuentwickeln" (Günther, Director HR bei *Havas Media Germany*, 2024).

Am Ende bleibt ein Arbeitsverhältnis ein Deal, der auf einem ausgeglichenen Geben und Nehmen basiert. Beide Seiten tragen Verantwortung dafür, dass hier Balance entsteht. Aus vielen Gesprächen weiß ich: Unternehmen sind in Sorge, dass die jungen Menschen gehen, wenn sie ihren vielen Wünschen nicht nachgeben. Meine Antwort hierauf lautet: Wer so tickt (viel fordern, ohne entsprechend viel zu geben), wird früher oder später sowieso gehen (und im Übrigen an einem anderen Ort auch nicht weiterkommen). Meine Erfahrung hat mich gelehrt: Wenn junge Menschen (und sicher nicht nur diese) erfahren, dass man neben Benefits im Job auch eine ganze Menge anderer Dinge bekommen kann, die am Ende viel wichtiger und nachhaltiger in ihrer Wirkung sind – z. B. authentisches Feedback und klare *Guidance* –, dann verlagert sich ihr Fokus weg von den Benefits hin zu den wesentlichen Themen.

> **Betrachtet uns nicht durch die *Gen Z*-Stereotypenbrille**
>
> „Ich würde Unternehmen den Tipp geben", so die 22-jährige Studentin Ridita Rahman, „nicht auf jedes absurde Bedürfnis meiner Altersgruppe einzugehen. Ich wünsche mir viel mehr, dass man uns zuverlässig und regelmäßig konstruktives Feedback gibt, dass man wahrnimmt und wertschätzt, was wir leisten. Mein Eindruck ist nämlich, dass viele Führungskräfte alle Vertreterinnen und Vertreter der *Gen Z* mit ihrer Vorurteils-Brille betrachten und durch diese dann viele Stereotypen bestätigt sehen – auch da, wo sie gar nicht zu finden sind. Diejenigen von uns, die mit großem Engagement einen klasse Job machen, werden oft gar nicht mehr wahrgenommen" (2023).

Führungskräfte müssen sich also vielleicht besonders im Umgang mit der *Gen Z* einen differenzierten Blick bewahren und nicht unachtsam alle über einen Kamm scheren. Wie in Abschn. 4.1.3 dargelegt, ist es unerlässlich, dass sie die Menschen um sich herum aufmerksam wahrnehmen und sich Zeit nehmen für regelmäßige, konstruktive Feedbackgespräche, die auf authentischem Interesse am Menschen und dessen Weiterentwicklung basieren. Dieser Fokus ist wirksamer und wesentlich nachhaltiger als das reflexartige Bedienen einer vermeintlichen Bedürfnispalette mit zum Teil skurrilen Auswüchsen, wie dem gerade in Mode kommenden unbegrenzten Urlaub oder der *Candy Bar*.

- Seid bereit, für Eure Mitarbeiter*innen **individuelle Pakete** zu schnüren.
- Schnürt diese Pakete **nicht widerwillig**, sondern aus der Überzeugung heraus, dass Menschen besser arbeiten, wenn sie sich **individuell gesehen und wertgeschätzt fühlen.**
- Macht Euren Mitarbeiter*innen klar, dass auch ein Arbeitsverhältnis auf einem **ausgeglichenen Geben und Nehmen** basiert.
- Lasst Eure Mitarbeiter*innen spüren, dass z. B. **Feedback und *Guidance* die** mitunter relevanteren **Benefits** sind als vollständige zeitliche Flexibilität, die Workation auf Hawaii oder das modernste aller E-Bikes.

4.1.6 Arbeitszeiten und -orte – Ermöglicht viel bei klaren Grenzen

Weil das Thema des flexiblen Arbeitseinsatzes in Bezug auf Orte und Zeiten eine so prominente Rolle spielt, seien ihm im Folgenden noch einige separate Gedanken gewidmet. Unternehmen sind heute sicher in der Pflicht, viel Flexibilität zu ermöglichen. Und dies nicht nur, weil Arbeitnehmer*innen sie fordern, sondern weil sie auf jede und jeden im Unternehmen angewiesen sind und eben Bedingungen schaffen müssen, unter denen Menschen gerne bleiben und gute Arbeit leisten wollen und können. So muss es auf der einen Seite Strategie bleiben, attraktive Modelle von Vollzeitarbeit anzubieten, sodass denjenigen, die Vollzeit arbeiten können, auch weiterhin Vollzeit arbeiten wollen. Dies kann für den einen bedeuten, dass er nur zwei Tage ins Büro kommt, seine Arbeitszeit nach Belieben auf die gesamte Woche inklusive Wochenende verteilt und zusätzlich zum Urlaub sechs Wochen im Jahr Workation machen kann. Dies kann für die andere bedeuten, dass sie ihre Arbeitszeit auf vier Tage verteilt, nur an einem von diesen ins Büro kommt und zehn zusätzliche unbezahlte Urlaubstage in Anspruch nimmt.

Auf der anderen Seite müssen mit denjenigen, die nicht Vollzeit arbeiten wollen oder eben aufgrund ihrer Lebensumstände nicht können, Teilzeitmodelle ausgehandelt werden. Einher gehen mit dem selbstverständlichen Angebot solcher Optionen muss ihre ebenbürtige Wertschätzung und Anerkennung. Leider sind wir 2025 noch nicht flächendeckend in der Realität der neuen Arbeitswelt angekommen. Noch immer gibt es sie: Die Clubs der stolzen Workaholics, die Kreise derjenigen, die sich darüber profilieren, wie viele Stunden sie herunterreißen, und – sofern in der Überzahl und von oben geduldet – diejenigen gekonnt an den Rand drängen, die eben ihre Lebenszeit nicht ausschließlich mit Arbeit füllen können oder wollen und ihnen damit in der Regel auch den Zugang zu verantwortungsvollen Positionen verwehren. Viele Grüße an die alten weißen Männer (sorry!) und alle, die immer noch so werden wollen wie sie. Erstens muss also vom Management die Botschaft ausgehen, dass Teilzeitkräfte für das Unternehmen genauso wertvoll sind wie Vollzeitkräfte. Zweitens muss es möglich sein, dass auch verantwortungsvolle Positionen in Teilzeit ausgeführt werden können.

Wir müssen uns für alle öffnen, die gute Arbeit leisten

„Meinem Verständnis nach kann man auch vom anderen Ende der Welt in Teilzeit, jedenfalls mal vorübergehend, ein Unternehmen oder ein Team leiten. Ob mir so etwas gelingt, liegt nicht an der Anzahl der geleisteten Stunden und der ständigen Präsenz, sondern an meinem Mindset, an meinen Skills und an meinem über Jahre erarbeiteten Standing im Unternehmen. Unsere beliebtesten Arbeitnehmerinnen sind übrigens die *Working Mums*. Die arbeiten extrem zuverlässig und hocheffizient – für sie machen wir alles möglich. Zudem: Man muss aus meiner Sicht viel mehr Offenheit für *Remote Work* zeigen. Wenn ich jemanden mit einem spezifischen Skill-Set in Berlin finde und er möchte nicht umziehen, dann arbeitet er eben aus Berlin für uns. Das muss heute möglich sein, für solche Formen der Zusammenarbeit müssen Firmen sich öffnen" (Schwerdtle, Co-Founder & Managing Director bei *ECO Group*, 2023).

Kommen wir nun noch einmal zu den Besonderheiten der *Gen Z*: Ihre Repräsentierenden steigen entweder gerade in das Arbeitsleben ein oder verfügen bisher über wenig Berufserfahrung. Viele von ihnen wünschen sich eine hohe Flexibilität in Bezug auf ihren Arbeitseinsatz, sowohl räumlich als auch zeitlich. Die Realität zeigt dann allerdings, dass sie mit der ihnen gewährten Flexibilität und Freiheit häufig gar nicht so recht umzugehen wissen (siehe Abschn. 3.2.5). Woher auch? Um souverän ohne viele Vorgaben zu agieren, braucht man sehr viel Disziplin, eine gute Selbstkenntnis und vor allem eins: Erfahrung. Dass man diese mit Anfang/Mitte Zwanzig nicht hat, ist kein Manko, sondern eine Tatsache.

Sie ist weder gut noch schlecht, aber sie ist da und mit ihr muss umgegangen werden. Nach den ersten während der Pandemie gemachten positiven Erfahrungen darüber, wie gut gearbeitet werden kann, ohne dass alle physisch zusammen an einem Ort sitzen, wenden sich viele Unternehmen inzwischen wieder von der selbstverständlichen Gewährung uneingeschränkter Home-Office Optionen ab, insbesondere im Umgang mit Jobeinsteiger*innen oder Juniors mit wenig Erfahrung.

> **Der Mythos Home Office hat sich für uns in Teilen erledigt – wir legen wieder viel Wert auf Präsenz vor Ort**
>
> Präsenz im Office ist gerade für junge Teammitglieder*innen unerlässlich „In Interviews fordern Bewerberinnen und Bewerber häufig aus einer Selbstverständlichkeit heraus die Möglichkeit des Home-Office zu 100 %. Wir bei der *valantic Management Consulting* haben inzwischen verstanden, dass eine Mischung aus Präsenz und Home-Office die ideale Lösung ist. Wir möchten mit den Leuten zusammenwachsen, sie sollen auch kulturell ein Teil des Teams werden. Das funktioniert nicht immer, wenn man ausschließlich im Home-Office arbeitet. Zudem ist es den jungen Einsteiger*innen sehr wichtig, an die Hand genommen zu werden und Feedback in regelmäßiger Form zu erhalten. Hierfür ist es wesentlich angenehmer, wenn man die Möglichkeit hat, auch mal in den persönlichen Austausch zu gehen."
> (Mesquita, HR Business Partner bei *valantic Management Consulting*, 2023)
>
> **Wer sehr früh über Home-Office spricht, ist bei uns nicht richtig**
> Andreas Dahmen, Gründer und Vorstand der GHK Management Consulting, hat eine noch kritischer Haltung zu dem Thema: „Für uns ist das Thema Home-Office inzwischen ein sehr gutes Selektions-Kriterium für Interviews. Wer schon im Bewerbungsgespräch davon spricht, der hat aus unserer Sicht zu wenig Interesse an der eigentlichen Tätigkeit oder an uns als Unternehmen. Wir gewähren in der Probezeit heute gar kein Home-Office mehr. Wer sich bewährt hat, kann einen Tag aus der Distanz arbeiten. Wer sich weiter bewährt, auch mal zwei. Mehr geht bei uns nicht. Im Übrigen ist es entscheidend, dass Führungskräfte hier als Vorbild fungieren: Bei uns sind sie selbstverständlich zu 95 % anwesend im Büro."
> (Dahmen, Gründer und Vorstand der *GHK Management Consulting*, 2023)
>
> **Wir haben Kern-Tage, an denen alle gemeinsam im Büro sind**
> Auch Nehfischer und Schwerdtle berichten, dass sie nach anfänglich recht entspanntem Umgang mit Home-Office wieder zu festen Regeln zurückkehren. „Dienstag, Mittwoch und Donnerstag haben wir zu unseren Kern-Büro-Tagen deklariert. An zwei von diesen drei Tagen muss man im Büro sein."
> (Nehfischer & Schwerdtle, Co-Founder & Managing Directors bei *ECO Group*, 2023).

Auch hier zeigt sich: Führungskräfte müssen nicht nur als gutes Beispiel vorangehen, sondern auch Rahmenbedingungen vorgeben. Nicht alles, was die *Gen Z* sich wünscht, funktioniert. Nicht alles, was sie für angemessen und selbstverständlich halten, können sie meistern. Freiheit in Maßen zu gewähren, ist sicher richtig. Zugleich Linien vorzugeben, innerhalb derer die Zusammenarbeit abzulaufen hat, ebenso.

- Bietet Euren erfahrenen und bewährten **Vollzeitkräften** die **Flexibilität**, die sie brauchen und sich wünschen.
- Bietet Euren **Teilzeitkräften** die **Form von Teilzeitarbeit**, die sie brauchen und sich wünschen.
- Sorgt dafür, dass Teilzeitkräfte in Eurem Unternehmen **ebenso angesehen** sind wie Vollzeitkräfte.
- Ermöglicht Teilzeitarbeit **auch für Mitarbeiter*innen in verantwortungsvollen Positionen.**
- Gebt Euren jungen Jobeinsteiger*innen **Guidance:**
  - Begrenzt die **Home-Office-Tage.**
  - Sorgt dafür, dass sie **mehr Zeit vor Ort** sind als zu Hause.
  - Sorgt dafür, dass sie **ein Teil des Teams** werden.
  - Versetzt sie in die Lage, ihre **Aufgaben zufriedenstellend zu erledigen.**
  - Zeigt Euch hier **kompromisslos** und gebt **klare Linien** vor.

4.1.7 Eure Arbeitswelt – Öffnet die Türen für Kreativität und Produktivität

„Dienst ist Dienst und Schnaps ist Schnaps" – dieser Spruch wirkt auf junge Menschen wie mindestens aus dem vorletzten Jahrhundert. Kaum ein *Gen Z*-ler wird ihn vermutlich kennen, geschweige denn verstehen. Erklärte man die Bedeutung, erntete man sicher nur von Mitleid erfülltes Kopfschütteln („Die Boomer wieder …"). Das Verständnis mindestens noch der Nachkriegsgeneration und in Teilen auch der zumindest früh geborenen Babyboomer war es, Arbeit und Privatleben klar zu trennen. Im Büro trug man andere Kleidung als zu Hause. Beziehungen im Job führte man, wenn überhaupt, reserviert. Kolleg*innen wurden selbstverständlich gesiezt – auch nach Jahrzehnten vertrauensvoller Zusammenarbeit blieb das Sie ein Zeichen von Professionalität. Büros waren Büros – bestückt mit Schreibtischen und Stühlen, hier und da stand eine Pflanze, der ovale Meeting-Tisch galt als exotische Neuerung, man trank den in einer Miniatur-Küche zubereiteten Filterkaffee, man aß in der Kantine. Hätte man Arbeitnehmer*innen noch in den 80er-Jahren oder frühen 90er-Jahren mit einer Zeitmaschine auf den Google-Campus in Kalifornien katapultiert – sie hätten sich in einem Freizeitpark gewähnt: Ein Volleyball-Feld, ein Jacuzzi, bunte Lehnstühle unter Palmen im Außenbereich; Etagen-verbindende Rutschen, Hängematten, Sitzsäcke, mobile Meetingflächen, Spielzimmer, die Saft-Bar im Innenbereich – ein Urlaubsparadies?! Mitnichten! Doch was ist passiert? Viel!

Man weiß heute, dass Menschen kreativer und innovativer agieren, wenn sie in mit Bedacht gestalteten und inspirierenden Umfeldern arbeiten. Unkonventionell geschnittene Räume, eine ungewohnte Anordnung von Sitzgelegenheiten, überraschende und vor allem sich verändernde Perspektiven ermöglichen ein Denken jenseits der üblichen Muster und erhöhen den Ideenreichtum sowie die Kreativität etwa bei der Suche nach Wegen oder Lösungen. Farben, Formen, die Gestalt von Mobiliar haben also nicht nur eine ästhetische, sondern auch eine funktionale Wirkung. Der überstrapazierte Tischkicker war im Übrigen noch nie Selbst-, sondern immer Mittel zum Zweck. Wenn Menschen bei der Arbeit offiziell spielen dürfen, werden sie automatisch aus ihren Denkautobahnen katapultiert und entwickeln – ganz unbewusst und leichtfüßig – neue Perspektiven.

Man weiß zudem, dass Menschen sich nicht über Stunden gleichermaßen konzentrieren können und unterschiedlich gestaltbare Pausen helfen, weitere Phasen hoher Konzentration zu ermöglichen. Dies kann ein Power-Nap in einer Schlafkugel sein, eine Kaffeepause im Strandkorb auf der Dachterrasse, die Stunde im Fitnessstudio, der Spaziergang im Park nebenan, die Rückzugsphase im Meditationsraum. Stellt ein Unternehmen diese Möglichkeiten zur Verfügung, werden gleich zwei die Produktivität und das Wohlgefühl steigernde Facetten kombiniert: Die körperliche und mentale Regeneration sowie der Perspektivwechsel. Schließlich weiß man, dass Menschen effektiver arbeiten, mehr Ideen einbringen und weniger krank sind, wenn sie körperlich fit und mental gut drauf sind.

Früher hat man die Verantwortlichkeit hierfür allein den Arbeitnehmer*innen überlassen – Sport wurde in der Freizeit ausgeübt; was man aß, musste jede und jeder für sich entscheiden. Heute, in einer hochdynamischen und schnelllebigen Zeit, in der die arbeitende Bevölkerung eine hohe Anpassungsfähigkeit sowie Lern- und Veränderungsbereitschaft zeigen muss, um am Puls der Zeit zu bleiben und den Anforderungen der Arbeitswelt gerecht zu werden, müssen sich auch Arbeitgeber dafür verantwortlich fühlen, körperliche und mentale Gesundheit zu unterstützen.

Die (Um-)gestaltung von Räumen bringt Vieles mit sich

„Unternehmen tun gut daran, sich mit aktuellen Megatrends zu beschäftigen und zu schauen, welche Elemente zur eigenen Firma passen. Nicht jeder muss Google sein, aber jeder muss Teilaspekte des neuen Arbeitswelt-Spektrums anbieten. Die Entscheidung, Büroflächen neu zu gestalten, ist auch eine Chance für Firmen, sich zu reflektieren, Etabliertes – über Raumstruktur und Gestaltung hinaus – auf den Prüfstand zu stellen, z. B. Abläufe, Prozesse, Hierarchien. Was wollen wir beibehalten? Wovon wollen wir uns verabschieden? Was passt nicht mehr? Wie sieht unsere Strategie aus? Und dann folgt oft sehr viel. Wenn z. B. die Führungskraft kein fest zugewiesenes Einzelbüro mehr hat, mit auf die Fläche geht und Desk-Sharing betreibt, bedeutet das einen fundamentalen Wandel in der Führungskultur eines Unternehmens" (Käs, Manager Marketing & Kommunikation bei *neotares Consult*, 2024).

Die Arbeitswelt ist in Summe fordernder geworden und Menschen erwarten – zurecht –, dass ihre Unternehmen sie beim Erhalt ihrer Leistungsfähigkeit unterstützen. So haben vor Jahrzehnten unvorstellbare Phänomene Einzug in die Büroetagen gehalten: Vom höhenverstellbaren Schreibtisch bis hin zu beweglichen Monitoren, vom bezahlten Fitnessstudio bis zur Personal-Trainer-Stunde, vom veganen Mittagessen bis hin zur Obst- und Saftbar, vom Meditations-Training bis hin zur Coaching-Session – in vielen Unternehmen ist heute eine breite Palette von Annehmlichkeiten, neben der selbstverständlichen Bereitstellung von kostenlosen Kalt- und Heißgetränken, zu finden.

Wie schon beim Angebot der individuell zu schnürenden Benefit-Pakete (siehe Abschn. 4.1.5) gilt natürlich auch bei der Gestaltung und Bereitstellung einer besonderen Arbeitswelt, dass diese nicht zum Selbstzweck verkommen darf. Weder dürfen Arbeitgeber aus einem Grundgefühl der Getriebenheit Attraktivitäten nach dem Zufallsprinzip auswählen, noch sollten Arbeitnehmer*innen mittels einer umfänglichen Checkliste der von ihnen bevorzugen Annehmlichkeiten den Arbeitgeber auswählen. Jedes Unternehmen muss überlegt entscheiden, wie es seine Flächen gestalten und welche dem körperlichen und mentalen Wohl seiner Belegschaft zuträglichen Möglichkeiten es sich zuwenden möchte. Arbeitnehmer*innen sollten sich auf der anderen Seite nicht für ein Unternehmen entscheiden, weil es die schönsten höhenverstellbaren Schreibtische hat oder weil man an besonders vielen Stellen seiner Checkliste einen Haken setzen kann. Arbeitnehmer*innen sollten sich für ein Unternehmen entscheiden, weil sie etwa das Geschäftsmodell besonders reizvoll finden, weil sie den Eindruck haben, einen spezifischen Beitrag leisten zu können, weil ihnen die Unternehmenskultur in besonderer Weise zusagt. Wenn dann noch ein paar Annehmlichkeiten hinzukommen, die zu persönlichen Vorlieben und der Lebenssituation passen – wunderbar! Sobald Unternehmen sich allerdings in Interviews oder Verhandlungen wie auf einem Bietermarkt der Annehmlichkeiten fühlen, läuft etwas grundlegend schief. Abgesehen davon: „Das Anbiedern kommt bei der jungen Generation auch gar nicht gut an", so Christoph Schwerdtle (Co-Founder & Managing Director bei *ECO Group*, 2023).

Liebe Unternehmerinnen und Unternehmer, liebe Einstellende, lasst Jobanwärter*innen weiterziehen, die den Fokus auf die falschen Themen legen und mit zu hohem Forderungsdruck in die Verhandlung gehen. Diesen Wettbewerb könnt Ihr nicht gewinnen und Ihr solltet ihn auch nicht gewinnen wollen. Macht explizit klar, worum es Euch geht und wo Euer Fokus liegt. Dass auch Ihr eine attraktive Arbeitswelt anbieten müsst und vor allem wollt, sollte selbstverständlich und von höchster Ebene initiiert sein.

- Gestaltet Eure Flächen so, dass **Kreativität** und **Innovation** gefördert werden.
- Sorgt dafür, dass **körperliche und mentale Regeneration** in Euren Räumlichkeiten möglich sind.
- Achtet darauf, dass Eure Mitarbeiter*innen **körperlich fit** und **mental gut drauf** bleiben.
- Die Entscheidung für die Bereitstellung und Gestaltung einer attraktiven Arbeitswelt muss vom Management **voller Überzeugung** getroffen und getragen werden.
- In Verhandlungen mit potenziell neuen Mitarbeiter*innen dürfen diese Dinge **nur am Rande** eine Rolle spielen. Wer sich aufgrund von Annehmlichkeiten für Euer Unternehmen entscheidet, ist der oder die falsche Kandidat*in.

4.1.8 Kommunikationsformate – Eure Chance auf Wettbewerbsvorteil

Auch wenn nicht alle Firmen in gleichem Ausmaß über akuten und ihre Produktivität gefährdenden Personal- bzw. Fachkräftemangel klagen, so ist doch festzuhalten: Für die meisten stellt die Schwierigkeit, passend ausgebildete und angemessen motivierte Menschen zu finden, zu gewinnen und zu halten, das größte Risiko für den Erhalt bzw. den Ausbau ihres Erfolgs dar. Die Aussichten lassen erwarten, dass dieses Thema noch deutlich an Anspannung hinzugewinnen wird. Vor diesem Hintergrund reicht es nicht mehr, sich auf *Employer-Branding*-Maßnahmen zu fokussieren, um an Bekanntheit und Attraktivität zu gewinnen sowie mittels einer ansprechenden Unternehmenskultur und verlockenden Gehalts- und Benefit-Paketen Bewerber*innen anzulocken. Die Anstrengungen von Unternehmen müssen unbedingt auch dahin gehen, ihre bestehenden Mannschaften in die Lage zu versetzen, das Beste aus sich herausholen zu können und zu wollen.

Ein bedeutender und vielerorts deutlich unterschätzter und vernachlässigter Schlüssel hierzu liegt in der Intensität und Art und Weise, wie es den verschiedensten Mitarbeiter*innen eines Unternehmens möglich ist und wie sie darin gefördert, bestärkt und angehalten werden, zu kommunizieren, zu interagieren, zu kollaborieren. Weit- und umsichtige Führungskräfte überlassen diesen entscheidenden Faktor nicht dem Zufall, sondern etablieren ein Portfolio von Kommunikationsformaten, das bereichernden, konstruktiven und somit auch die Produktivität steigernden Austausch fördert und fordert. Lassen Unternehmen diesen entscheidenden, scheinbar weichen, oft als *nice-to-have* und nicht selten gar belächelten Faktor außer Acht, berauben sie sich selbst der Chance, exzellent zu werden und auf hart umkämpften Märkten einen Unterschied zu machen.

Die interne Unternehmenskommunikation ist der *Hidden Champion* unter den Erfolgsfaktoren und weist verschiedenen Dimensionen auf: Zum einen muss eine heute in der Regel technische Infrastruktur möglich machen, dass alle Mitarbeiter*innen mit den für sie notwendigen Informationen zum passenden Zeitpunkt und über das passende Medium versorgt werden. Darüber hinaus muss die Belegschaft befähigt werden, unkompliziert und reibungslos zusammenzuarbeiten sowie Know-How teilen zu können. Zum anderen braucht es analog-haptische Instrumente – etwa Booklets, Magazine, Roll-ups, Word-Clouds –, die etwa die Geschichte eines Unternehmens darstellen, seine Werte in die Herzen und Köpfe der Belegschaft tragen und die Eckpfeiler der Unternehmenskultur illustriert in den Geschäftsalltag transportieren. Persönliche Formate wie *Townhall Meetings*, *Vorstand live* oder fest etablierte Mitarbeiter*innen-Gespräche runden ein stimmiges Formatportfolio ab.

Die Interne Kommunikation hat indessen nicht nur Sorge dafür zu tragen, dass Informationen fließen, sondern es liegt auch in ihrer Verantwortung, eine angenehme Stimmung zu bereiten, ein freundliches Miteinander zu ermöglichen sowie pro-aktiv dafür zu sorgen, dass die verschiedensten Menschen in einem Unternehmen sich turnusmäßig begegnen, austauschen, voneinander lernen – menschlich wie fachlich. Es reicht also nicht, ansprechende Aufenthaltsräume mit Sitzsäcken und Hängematten einzurichten oder eine modern gestaltete Kantine mit Bio-Essen zu etablieren; es muss pro-aktiv Sorge dafür getragen werden, dass Menschen regelmäßig und mit System in eben diesen Räumen auch tatsächlich in den Austausch gehen. Abgesehen von dem persönlichen Wohlgefühl, das auf der Strecke bleibt, wenn Menschen isoliert in ihren Büros, abgekapselt in ihren Peer-Groups, eingeigelt in ihren ewig gleichbleibenden Perspektiven unter sich verharren – es bleiben beträchtliche ökonomische Potenziale ungenutzt, wenn nicht grenzen- und schrankenfrei kommuniziert, ausgetauscht, angeregt wird.

Schafft Raum für Kommunikation

„Wenn wir Firmen beraten, denken wir nicht mehr in Abteilungen, sondern in Nutzungseinheiten. Wir stellen also nicht mehr die Frage nach dem *Wo* (Wo sollte die Finanzabteilung sitzen? Wo Marketing?). Unsere Frage lautet eher: Wie arbeiten Menschen und was brauchen sie dafür? Es stellt sich dann heraus, dass ein Teil der Belegschaft Raum für zurückgezogenes konzentriertes Arbeiten braucht und ein anderer Teil einen Raum für Austausch und Kreativität. Darüber hinaus spielt bei der Raumgestaltung eine wichtige Rolle, dass wir über absichtsvoll geplante Laufwege Zufallsbegegnungen provozieren wollen und über intentional verortete Knotenpunkte *Coffee & Talk* möglich machen – hier entstehen dann, nur scheinbar zufällig, neue Ideen, Netzwerkerweiterungen, ungeahnte Lösungen für Probleme. Über die bewusste Gestaltung von Flächen entstehen so Kommunikationsräume, in denen – unbemerkt und leicht – wertvolle Beiträge für ein Unternehmen generiert werden" (Käs, Manager Marketing & Kommunikation bei *neotares Consult*, 2024).

Im Hinblick auf die in diesem Buch fokussierte Problematik – wie können Unternehmen ein produktives Miteinander von Menschen unterschiedlicher Generationen erreichen – erlangt der Aufgabenbereich der internen Kommunikation eine ganz neue Dimension. Führt man sich erneut vor Augen, in welch verschiedenen sozio-historischen Kontexten die Babyboomer sowie die Generationen X, Y und Z aufwuchsen und sozialisiert wurden, in welch unterschiedlichen Lebensphasen sie sich befinden, wie divergierend ihre Prioritäten, ihre Erwartungen, ihre Forderungen, ihre Kompromiss- und Leistungsbereitschaften, ihre technischen Skills, ihre Kommunikationskompetenzen sind, so wird einem klar, dass insbesondere die ältesten und jüngsten Arbeitnehmer*innen eines Unternehmens vermutlich nicht in den Austausch, in die gegenseitige fachliche Bereicherung, in die produktive Kollaboration kommen, wenn dies vom Unternehmen nicht mit Absicht und System herbeigeführt wird. Menschen tendieren dazu, sich mit ihresgleichen zusammenzutun – im Privaten wie im Professionellen. Je divergierender das personelle Angebot, umso mehr klammern wir uns an das Gewohnte und das Bequeme. Der Austausch mit Menschen anderen Alters, anderer Einschätzungen, anderer Herangehensweisen ist fordernd, anstrengend und zwingt zum Verlassen der Komfortzone. Wer ist dazu schon freiwillig bereit? „Bei uns im Büro bieten wir maximale Flexibilität: Man kann sich mit allen vernetzen und frei wählen, wo man arbeitet", erklärt Barbara Günther. „Wir sehen großes Potenzial darin, dass unsere Mitarbeiter*innen die vielfältigen Möglichkeiten noch mehr entdecken und nutzen, um kreativer und produktiver zusammenzuarbeiten. Man muss das Angebot aber eben auch erkennen und annehmen" (Günther, Director HR bei *Havas Media Germany*, 2024).

Es liegt also in Eurer Verantwortung, liebe Unternehmerinnen und Unternehmer, dafür zu sorgen, dass auch und vielleicht insbesondere die verschiedenen Generationen in Euren Firmen sich begegnen. Es genügt dabei nicht, diese Begegnungen anzuregen; sie müssen absichtsvoll herbeigeführt, in Teilen moderiert und ausgewertet werden. Nur so wird es gelingen, dass Eure Belegschaft voneinander lernt, sich gegenseitig bereichert und die Perspektivenvielfalt zu schätzen lernt. Nur so werden die Menschen am Ende mehr Produktivität für Eure Unternehmen erwirken. In der Folge seien einige Formate exemplarisch aufgeführt und kurz umrissen.

- Begleitende Workshops
  Etabliert eine Workshop-Struktur, die den Boden für die Nutzung der von Euch angebotenen Initiativen bereitet. In Auftakt-Workshops etwa können erste Begegnungen initiiert, die gängigsten Vorurteile abgebaut und verhärtete Stereotypen aufgeweicht werden. Zudem gilt es, eine Vertrauenskultur zu etablieren, damit Eure Mitarbeiter*innen sich in Zukunft ohne Bedenken und Vorbehalte begegnen können. Auftakt-Workshops sollten zudem die unterschiedlichen Begegnungsformate erläutern sowie darlegen, wie diese genutzt werden sollen. In Begleit-Workshops können dann die Effekte zusammengetragen werden, um die positiven Folgen der Nutzung der Kommunikationsformate bewusst zu machen.
- (*Reverse*) Mentoring
  Mentor*innen waren ursprünglich erfahrene, meist ältere Personen, die Jüngeren als Sparringspartner zur Seite standen, um sie bei Überlegungen, der Reflektion ihres Handelns und bei Entscheidungen zu unterstützen. Reverse Mentoring dreht dieses Prinzip um: Hier teilt der jüngere, weniger erfahrene Mentor seine Perspektiven, Gedanken und Einschätzungen mit dem älteren Mentee.
  Es ist essenziell, dass Mentor*innen für ihre Rolle geschult werden und ein klares Verständnis dafür entwickeln, wie solche Gespräche geführt werden. Der größte Fehler wäre, als Mentor*in von oben herab zu agieren und Ratschläge zu erteilen. Begegnen sich beide auf Augenhöhe und tauschen sich reflektiert ohne Bewertung aus, kann ein (Reverse-)Mentoring-Programm – insbesondere mit regelmäßigem Rollenwechsel – einen grundlegenden Sinneswandel und persönliches Wachstum fördern.

- *Mystery Lunch*
  Mystery Lunch oder *Lunch Roulette* bezeichnet die Idee, dass sich Mitarbeiter*innen, die sich noch nicht kennen oder bisher wenig miteinander zu tun hatten, zum gemeinsamen Mittagessen treffen. Im Vordergrund steht dabei der Gedanke, aus seiner Komfortzone austreten zu müssen ebenso wie der Austausch zwischen Menschen aus verschiedenen Abteilungen, Hierarchien und Altersgruppen. Dieses einfache Tool hat mehrere Effekte: (1) Je mehr Menschen sich kennen, desto größer sind der Zusammenhalt und die Geschlossenheit in einem Unternehmen. (2) Ein intensiverer Austausch erhöht den Informationsfluss und schafft eine breitere Wissensbasis. (3) Häufige Begegnungen zwischen sonst getrennten Gruppen bauen Vorurteile, Berührungsängste und Barrieren ab. Damit das *Mystery Lunch* wirksam ist, braucht es Regelmäßigkeit, gezielte Gesprächsanregungen und eine reflektierte Auswertung der Treffen.
- Altersgemischte Teams
  Es ist inzwischen Common Sense, dass diverse Teams viele Vorteile mit sich bringen: Die Vielfalt von Perspektiven, die Breite des Wissensspektrums, das Angebot an Kompetenzen. Werden Mitarbeiter*innen eines Unternehmens allerdings nicht für die Vorteile diverser Teams sensibilisiert, nehmen sie diese oft gar nicht wahr. Wird das konstruktive Agieren in diversen Teams nicht geschult, findet es in der Regel nicht statt. Die Arbeit in diversen Teams bedarf des erhöhten Austausches und vermehrter Abstimmungsprozesse. Sie ist also in Summe zeitaufwändiger und von daher unpassend für zeitkritische Projekte. Selbstverständlich ist sie auch eher dort sinnvoll, wo Perspektivenvielfalt einen Mehrwert erzeugt.
  Die Arbeit auch in altersgemischten Teams kann bei den passenden Aufgaben und Projekten einen großen Mehrwert für Unternehmen bringen. Wie alle bisher vorgestellten Tools bedarf auch sie ggf. der Begleitung durch einen Coach sowie moderierter Reflektionsrunden. Die Auseinandersetzung mit unterschiedlichen Sichtweisen, vermehrte Diskussionen und ein erhöhter Abstimmungsbedarf sind anstrengend, was häufig den Blick auf die positiven Effekte einer solchen Zusammenarbeit verdeckt. Ein Coach kann hier helfen, die Vorteile zutage zu fördern, den wertschätzenden Blick auf die erarbeiteten

Früchte zu schärfen und die Bereitschaft für weitere Zusammenarbeit in altersgemischten Teams zu erhöhen.
- Mitarbeiter*innen-Tutorials
Menschen unterschiedlichen Alters verfügen in der Regel über unterschiedliche Kompetenzen und gehen Dinge verschieden an. So fällt jungen Menschen der Umgang mit digitalen Tools tendenziell leichter, ihre Herangehensweise an diese ist meist bedenkenfrei und intuitiv. Ältere Kolleg*innen hingegen sind z. B. besser im Formulieren von Texten sowie versierter im Führen von Telefonaten. Der Vorteil junger Menschen ist häufig ihr frischer Blick, ihr Ungehemmtsein im Äußern von ersten Gedanken, ihre Fähigkeit zu hoffen und zu träumen; ältere Menschen hingegen verfügen über einen Schatz an Erfahrungen, können so auf einer besseren Datenbasis entscheiden, handeln häufig überlegt und weniger impulsiv. Tutorials, in denen Mitarbeiter*innen ihren Kolleg*innen ihre Kompetenzen zeigen und ggf. beibringen, können einen enormen Mehrwert bringen: Die Menschen hören auf, sich über die anderen Herangehensweisen zu wundern oder gar zu ärgern und beginnen, voneinander zu lernen und von den Kompetenzen und Sichtweisen der anderen zu profitieren.

Ähnlich wie beim Mentoring ist auch bei der Idee der Mitarbeiter*innen-Tutorials die Begegnung auf Augenhöhe. Es darf nie um Belehrung, Unterweisung, besser oder schlechter gehen, sondern um das unbewertete Zeigen anderer Perspektiven sowie das selbstverständliche Teilen von Kompetenzen und Wissen.
- *Offsites*
Auch wenn Ihr *Offsites* anbietet, sorgt für die Durchmischung Eurer Belegschaft. Überlasst es nicht dem Zufall, wer neben wem sitzt, wer eine Herausforderung mit welchem Partner oder welcher Partnerin zu meistern hat, welche Teams eine Aufgabenstellung zu lösen haben. Je öfter Ihr die Menschen dazu bewegt, sich aufeinander einzulassen, umso selbstverständlicher werden sie dies auch in Eigeninitiative tun. Mit dem sanft herbeigeführten Austausch und dem Wissen um die Unvermeidbarkeit dieser Begegnungen werden Eure Mitarbeiter*innen spüren, dass sie nicht nur ihren Kolleg*innen anders begegnen und das Miteinander angenehmer wird; sie werden auch feststellen, dass sie berufliche Themen mit einem neu geformten Mindset und einem

breiteren Kompetenz-Spektrum angehen können. Treibt Sport zusammen, meistert gemeinsam Herausforderungen, erkundet als Team Neuland.

Unterm Strich: Es gilt, ein zur Unternehmenskultur und zur Belegschaft passendes Portfolio von Kommunikationsformaten zu entwickeln, die für Austausch sorgen sowie Informationsfluss, die Weitergabe von Kompetenzen und das Teilen von Know-How ermöglichen. Ihre selbstverständliche Wertschätzung und Nutzung muss eine Selbstverständlichkeit im Unternehmen sein – auch hierfür muss die Interne Kommunikation Sorge tragen.

- Fördert und bestärkt Eure Belegschaft systematisch darin, zu **kommunizieren**, zu **interagieren**, zu **kollaborieren**.
- Etabliert ein **Portfolio von Kommunikationsformaten**, das dies möglich macht.
- Sorgt auch über die **Gestaltung Eurer Büroflächen** dafür, dass Menschen sich begegnen.
- Baut auf diese Weise **Vorurteile und Stereotypen** ab und sorgt für **Informationsfluss**, die **Weitergabe von Kompetenzen** und das **Teilen von Know-How**.

4.1.9 Euer Recruiting-Prozess – Professionalisiert Euch schnell

Meiner Beobachtung zufolge ist das größte Manko sehr vieler Unternehmen ihr Recruiting-Prozess: Die Zielgruppe wird an den falschen Orten gesucht und unpassend angesprochen, der Bewerbungsprozess ist zu kompliziert, die Rückmeldequote ist katastrophal. (Alle Firmen, die sich in Sachen Recruiting längst professionalisiert haben, mögen an dieser Stelle einfach zum nächsten Kapitel weiterblättern). Es gibt sie tatsächlich immer noch: Die Firmen, die den Eingang von Bewerbungen nicht bestätigen, die Wochen bis Monate bis zur ersten Kontaktaufnahme verstreichen lassen, die gar nicht reagieren, die beleidigt sind (ja, tatsächlich!), wenn sie erfahren, dass ihre Bewerber*innen auch noch mit anderen Unternehmen im Austausch stehen, die sich Wochen Zeit nehmen, um sich zwischen verschiedenen Anwärter*innen zu entscheiden und dann vollkommen überrascht sind, dass diese inzwischen an anderen Orten untergekommen sind. Liebe Unternehmerinnen und Unternehmer, liebe Firmenrepräsentierende – so wird das nichts! Euer Recruiting-Prozess ist eines der ersten Schaufenster, in das Menschen blicken, die sich für Euer Unternehmen interessieren (das habt Ihr dann ja immerhin schonmal geschafft ...) Euer Umgang mit Bewerberinnen und Bewerbern ist eine der ersten Erfahrungen, die Ihr während Eurer *Candidate Journey* produziert. Wenn diese schlecht bis gar nicht funktioniert oder einen komischen Beigeschmack auslöst, werden die, die Auswahl haben (zur Erinnerung: das sind die Guten!), sich für andere Unternehmen entscheiden, und das zurecht.

Die von mir über Jahre gemachten und hier festgehaltenen Erfahrungen resultieren aus den Beobachtungen, die ich im Umgang von Unternehmen mit jungen Bewerber*innen mache. Es mag also durchaus sein, dass Senior-Stellen vielerorts mit anderer Professionalität besetzt werden – was die Sache keinesfalls besser machen würde. Ich nehme bei einer beträchtlichen Anzahl von Firmen einen unglaublichen Widerstand gegen die Bereitschaft wahr, junge Menschen auszubilden und zu entwickeln. Da ist viel Angst vor der Gefahr, die falschen Leute auszuwählen, vor dem Aufwand des Ausbildens und Entwickelns, vor Erlebnissen, für die man sich nicht gewappnet fühlt (liebe *Gen Z*, das habt Ihr Euch auch in Teilen selbst zuzuschreiben), da ist viel Sehnsucht nach kurzfristigem Feuerlöschen, viel Widerstand gegen langfristige zeitliche und finanzielle Investments. Da ist auch viel Widerstand gegenüber einer soliden Vergütung.

Ich habe Firmen erlebt, die dual Studierende über drei Jahre bei vernünftiger Vergütung ausbilden (hier also durchaus *performen*), aber nicht eine Minute, einen Gedanken, ein Gespräch in die Zukunft des jungen Menschen im eigenen Unternehmen investieren. Nicht selten bleibt es Aufgabe der dual Studierenden, sich selbst nach einer Option im Unternehmen im Anschluss an ihr Studium umzusehen. Nicht selten bleibt strategische Personalentwicklung ein Fremdwort im geschäftlichen Alltag.

Wenn Ihr die Zukunft Eurer Firmen sichern möchtet, liebe Unternehmerinnen und Unternehmer, liebe Firmenrepräsentierende – immerhin rangiert der Fachkräftemangel unter den *Top Ten* der bedeutendsten

Geschäftsrisiken (Blum, 2023) – müsst Ihr bereit sein, in den Nachwuchs zu investieren. Die hier niedergeschriebenen Ausführungen machen deutlich, dass dies ein zeitliches und finanzielles Investment bedeutet und einen Wandel im Mindset voraussetzt: Junge Menschen sind Eure Zukunft! Wenn Ihr sie für Eure Unternehmen gewinnen möchtet, werdet Ihr investieren müssen und solltet dies gerne, mit Lust, Motivation und strategischem Weitblick tun wollen (Abb. 4.1).

Wie gilt es also vorzugehen? Zunächst muss offiziell entschieden und verkündet werden, dass das systematische Gewinnen, Entwickeln und Halten von jungen Menschen ein Fokus der Unternehmensstrategie ist. Im zweiten Schritt wird abgestimmt, welche Wege man hierfür geht: Passt die klassische Ausbildung eher zur Firma und zum Geschäftsmodell? Entscheidet man sich für das Duale Studium? Geht man über das kontinuierliche Angebot von Praktika und Werkstudententätigkeiten? Oder wählt man mehrere dieser Optionen und beobachtet, was am besten funktioniert? Wichtig ist in jedem Fall, dass alle Akteure und Akteurinnen im Unternehmen verstanden haben, dass die Entwicklung von Menschen eine relevante Aufgabe ist, dass ihr Zeit und Aufmerksamkeit geschenkt wird und sie nicht als lästige und zeitraubende Verpflichtung gesehen wird. Hier muss die Geschäftsführung den Impuls geben, mit

Abb. 4.1 Wie Unternehmen junge Menschen gewinnen

bestem Beispiel vorangehen und, sofern vorhanden, Unternehmenskommunikatoren damit beauftragen, einen positiven Spirit rund um das Thema *Young Talents* zu entwickeln.

> **Interviews führen ist bei uns Chefsache**
>
> „Recruiting-Gespräche gehen heute sehr nah an Vertragsverhandlungen mit einem Kunden heran. Bei uns in der Firma ist es längst Common Sense, dass diese Aufgabe also jemand übernehmen muss, der das Unternehmen versteht, den Spirit richtig rüberbringt und mit Überzeugung agiert. Genau aus dem Grund führe ich bei uns jedes Interview selbst, auch wenn das sehr viel Zeit bindet. Mir ist wichtig, die Menschen, die sich für uns interessieren, persönlich kennenzulernen. Zudem ist mir auch klar, dass man heute auch als Arbeitgeber einen top Eindruck hinterlassen muss. Interviews führen ist von daher bei uns schon seit vielen Jahren Chefsache" (Klemann, Managing Partner bei *STRATECO*, 2023).

Schließlich gilt es, professionell zu eruieren und auszuführen, wie und wo welche Stellen ausgeschrieben werden. Wenn Ihr junge Menschen ansprechen möchtet, liebe Unternehmerinnen und Unternehmer, muss hier Zeit investiert werden, um die für Eure Branche und Eure angebotenen Stellen passenden Plattformen, Social-Media-Kanäle, Karriereveranstaltungen und Messen ausfindig zu machen. Es zeigt sich ganz klar: Wer bei Ausschreibung bzw. Kommunikation von offenen Stellen und Ausbildungsangeboten professionell und vor allem zielgruppengerecht agiert, der findet seine Bewerberinnen und Bewerber. Hilfreich ist darüber hinaus das viel frühere Ansetzen: Sucht die Zusammenarbeit mit ortsansässigen Bildungsinstitutionen und kooperiert mit Schulen und Hochschulen, macht die Schülerinnen und Schüler, die Studierenden früh auf Euch als Unternehmen aufmerksam. Sponsert Veranstaltungen, ermöglicht coole Events, holt die jungen Leute für spannende Tage in Eure Firmen. Fangt früh an, für Euch zu werben. Geht in den direkten Austausch mit den jungen Menschen. Bietet auch kurze Praktika an. Die passenden Talente werden sich auch nach Jahren noch an Euch erinnern und auf Euch zukommen.

Gestaltet das Einreichen einer Bewerbung so niedrigschwellig wie möglich – es macht z. B. Sinn, zunächst nur Fragen beantworten und erst später Unterlagen hochladen zu lassen. Viele junge Menschen nehmen erste

Recherchen über ihr Handy vor und brechen dann ab, wenn es erforderlich ist, Unterlagen hochzuladen. Überlegt, ob das klassische Anschreiben noch das ist, was Ihr für eine erste Einschätzung braucht. Vielleicht ist auch ein Video oder eine andere Art der kreativen Selbstpräsentation eine Option. Dies ist natürlich auch branchen- und unternehmensabhängig. Kommuniziert in jeder Stellenausschreibung auf jeden Fall sehr klar, welche Unterlagen Ihr in welcher Qualität erhalten möchtet. Die Erfahrung zeigt, dass Schulen (erneut: abgesehen von den sicher existierenden Ausnahmen) in Sachen Bewerbung überhaupt keine zeitgemäße Hilfestellung geben. Die meisten jungen Menschen sind relativ verloren und brauchen klare Vorgaben. Kommuniziert ebenso klar die Aufgabenstellung, Eure Erwartungshaltung und die von Euch angebotenen Benefits – nichts ist schlimmer, als im Nachhinein alles ganz anders vorzufinden, als im Vorhinein angekündigt wurde. Zudem: Schon in der Stellenbeschreibung muss klar werden – ein Job ist ein Geben und Nehmen, wir sind ein toller Arbeitgeber und wir suchen tolle Mitarbeiter*innen. Biedert Euch nicht an, sondern begegnet Eurer Zielgruppe tendenziell leicht über Augenhöhe. Die *Gen Z* tendiert unterm Strich eher zur Überheblichkeit als zu Bescheidenheit. Mit viel Lockerheit und der lauten Ankündigung von vielversprechenden Benefits lauft Ihr Gefahr, von Anfang an ein Ungleichgewicht in die Begegnung zu bringen. Übrigens: Kritisches und ehrliches Feedback ist durchaus erwünscht, auch schon im Interview.

> **Nur mit ehrlichem Feedback bringst Du Menschen voran**
>
> „Vor einigen Wochen hatte ich ein Gespräch, in dem der Bewerber mir ständig Fragen gestellt hat. Was unterscheidet mein Unternehmen von anderen? Was ist der Mehrwert für ihn? Welche Benefits bieten wir an? Zuerst war ich perplex, dann fand ich es ganz amüsant und bin drauf eingestiegen. Als wir dann durch waren mit dem Gespräch, habe ich ihm gesagt: ‚Jetzt mal unter uns: Ich bin ein lustiger und verträglicher Typ und habe Deine Fragerei mal mitgemacht, aber wenn du mit so einer Strategie an den falschen gerätst, brauchst Du in diesem Unternehmen sicher nie wieder anzurufen.' Der junge Mann war leicht konsterniert und wir haben den gemeinsamen Weg dann auch nicht weiterverfolgt. Ich bin froh, ihm das ehrlich gesagt zu haben. Das wird er in dieser Form sicher so schnell nicht nochmal machen. Aber so konnte ich auch etwas zu seiner persönlichen Entwicklung beitragen." (Klemann, Managing Partner bei *STRATECO*, 2023)

Schließlich, liebe Unternehmerinnen und Unternehmer, liebe Personalerinnen und Personaler, reagiert schnell. Teilt Euren Bewerberinnen und Bewerbern sofort mit, dass ihre Unterlagen eingegangen sind und wie es jetzt weitergeht. Ladet sie kurze Zeit darauf zu einem ersten Gespräch ein. Beendet auch dieses mit der Ankündigung, wie die nächsten Schritte aussehen und haltet Euch dann auch an Eure Ankündigungen. Natürlich ist es legitim und auch wichtig, mehrere Bewerbungen zu sichten, mehrere Kandidat*innen kennenzulernen, sich Zeit für Abwägung zu nehmen. Unterm Strich muss dieser Prozess aber laufen wie am Schnürchen. Er muss dynamisch sein, transparent, zuverlässig. Wir leben in einer schnelllebigen Zeit und Geschwindigkeit ist Trumpf – auch im Bewerbungsprozess. Ihr könnt davon ausgehen und das solltet Ihr auch, denn ehrgeizige Leute machen das so: Eure Bewerber*innen stellen sich auch bei anderen Unternehmen vor. Sind diese schneller, schnappen sie Euch die guten Kandidat*innen schneller weg, als Ihr Euer Postfach gesichtet habt.

> **Geschwindigkeit im Recruiting-Prozess ist oberstes Gebot**
> „Viele Unternehmen machen den großen Fehler und reagieren im Bewerbungsprozess viel zu langsam. Bei uns gibt es innerhalb von drei Tagen nach Eingang der Bewerbung auf jeden Fall eine Rückmeldung und dann starten wir mit den vielversprechenden Kandidat*innen den Prozess. Gute Leute haben bei uns schon ein Angebot, da sind sie bei den großen Firmen noch nicht einmal zum ersten Gespräch eingeladen" (Dahmen, Gründer und Vorstand bei *GHK Management Consulting*, 2023).

Sind die jungen Menschen dann bei Euch eingestiegen, greift die nächste Stufe: Die systematische Einarbeitung und Entwicklung. Erarbeitet einen transparenten Plan, setzt Euch zuverlässig und zunächst in sehr kurzen, dann in länger werdenden Abständen zusammen, gebt ehrliches und konstruktives Feedback, hebt hervor, was warum top läuft, wo Entwicklungsbedarf besteht und wie sich entwickelt werden kann. Legt gemeinsam die nächsten Entwicklungsziele fest und fangt beizeiten an, strategisch zu planen. Ihr könnt davon ausgehen, dass junge Menschen von sich aus ihre Fühler ausstrecken und zugleich von vielen Seiten umworben werden. Ihr müsst etwas dafür tun, dass sie bei Euch bleiben. Eröffnet Perspektiven, setzt Anreize, fördert und fordert.

Zum Schluss: Wenn jemand Euer Team verlässt, gewährt ihm einen gebührenden Abschied. Wer sich wohl gefühlt hat, kommt ggf. zurück. Wer nicht unfreundlich verabschiedet wird, geht mit einem guten Gefühl. Wer weiß, dass es okay ist, sich noch einmal umzuschauen, der hat keine Hemmungen, irgendwann wieder anzuklopfen. Pflegt gute Kontakte zu Euren Ehemaligen, z. B. indem Ihr (eine Kleinigkeit mit großer Wirkung) persönlich zum Geburtstag gratuliert, zu Eurem Sommerfest einladet, Euch ab und an auf einen Kaffee verabredet. Glaubt mir – Wertschätzung und das Gewähren von Freiheit zahlt sich immer aus – im doppelten Wortsinn. Worauf wartet Ihr, liebe Unternehmerinnen und Unternehmer, professionalisiert Eure Recruiting- und Onboarding-Prozesse!

- Entscheidet und verkündet: **Das systematische Gewinnen, Entwickeln und Halten von jungen Menschen ist Fokus Eurer Unternehmensstrategie.**
- Entscheidet, **welche Wege** Ihr gehen möchtet: Ausbildung, Duales Studium, Praktika? Verfolgt den festgelegten Weg **kontinuierlich und systematisch.**
- Erzeugt einen **positiven Spirit** rund um die Entwicklung Eurer *Young Talents*.
- Entwickelt **zielgruppengerechte Stellenbeschreibungen** und schreibt dort aus, **wo Eure Zielgruppe unterwegs ist.**
- Sucht die **Zusammenarbeit mit ortsansässigen Bildungsinstitutionen** und **tretet früh in Kontakt** mit potenziellen Kandidat*innen.
- Das Einreichen von Bewerbungen muss – inhaltlich und technisch – **so unkompliziert wie möglich** sein.
- Agiert schnell in Eurem Recruiting-Prozess, kommuniziert **und haltet Euch an Eure Ankündigungen.**
- Gestaltet einen **systematischen** *Onboarding*-**Prozess** und besprecht mit Euren Juniors ihre **strategischen Möglichkeiten** in Eurem Unternehmen.
- **Wertschätzt** Eure Alumni.

4.2 Über was die Gen Z nachdenken könnte

Im letzten Kapitel dieses Buches möchte ich mich nun Euch, liebe *Gen Z*, zuwenden. Bisher habe ich mich bemüht, verschiedenste Aspekte Eurer Generation zu beschreiben: Die Zeit, in der Ihr aufgewachsen seid und erwachsen wurdet bzw. noch werdet; die Umstände, die Euch geprägt haben und noch prägen. Ich habe verschiedenste Themengebiete näher beleuchtet, die, so scheint es, einen großen Einfluss auf Eure Entwicklung hatten und haben – die Situation in den Schulen, die Erziehung durch Eure Eltern, die sozialen Medien, eine alternde Gesellschaft ... Schließlich habe ich versucht, Eure Vorstellungen von Arbeit zu skizzieren, auch um Unternehmen einen Einblick in Euer Wertesystem zu geben. Wollen wir das Phänomen der großen Lücke zwischen den Vorstellungen und Erwartungen von Firmen, die dringend auf der Suche nach vielversprechenden Nachwuchskräften sind, und jenen eben dieser Nachwuchskräfte selbst, lösen, müssen beide am Phänomen Beteiligte an sich arbeiten. Die Firmen haben in Abschn. 4.1 zahlreiche Anregungen bekommen. Abschließend möchte ich nun Euch, liebe *Gen Z*, Stoff zum Reflektieren mit auf den Weg geben (siehe Abb. 4.2 (Food for thought für die Gen Z)).

Abb. 4.2 *Food for thought* für die *Gen Z*

4.2.1 Food for thought – Seid Ihr bereit?

Ich selbst merke beim Schreiben dieses an Euch gerichteten Abschn. 4.2, liebe *Gen Z*, wie sehr ich jedes Wort abwäge, wie viel Mühe ich mir gebe, Euch mitzunehmen, wie sehr ich fürchte, Euch gleich zu Beginn zu verlieren.

„Texte von Boomern und Gen-X-Autor:innen zeigen, dass Welten zwischen den Generationen liegen. Die Sprache ist ganz anders, irgendwie ulkig. Vor allem wenn so von oben herab über ‚unsere' Themen geschrieben wird." (Vapaux, 2021, S. 18)

Diese Worte von Valentina Vapaux hallen in meinem Kopf nach und ich wünsche mir sehr, dass mein Schreiben über und an Euch nicht von oben herab wirkt. Die Perspektive, die ich einnehme, soll die einer Beobachterin sein, wenn auch einer zugegebenermaßen ziemlich involvierten, denn immerhin habe ich Tag für Tag mit Euch zu tun. Es wäre für mich wunderbar, wenn Ihr mich als eine Vermittlerin zwischen den Welten begreifen könntet. Mein Wunsch ist, dass Unternehmen und Ihr ein besseres Match werdet. Wenn meine Erfahrungen hierzu einen kleinen Beitrag leisten, würde mich das glücklich machen.

Jenseits meiner Sorge, Euch aufgrund des Einsatzes *ulkiger* Sprache und einer möglichen Fehlinterpretation meiner Rolle als von oben herab Belehrende zu verlieren, fürchte ich, dass Ihr Euch abwendet, schlicht und ergreifend aus dem Grund, weil es ungemütlich werden könnte. Ja, liebe *Gen Z* – man sagt Euch nach, dass Ihr nicht besonders kritikfähig seid und Euch schnell und reflexartig abwendet, wenn es nicht nur Lob ist, das man Euch entgegenträgt. „Sie fühlen sich bei Kritik bzw. Feedback sehr schnell ungerecht behandelt und gehen in den Rückzug oder Gegenangriff", so Andrea Mesquita (HR Business Partner bei *valantic Management Consulting*, 2023). Ebenso sagt man Euch nach, dass Ihr insbesondere allergisch reagiert, wenn Boomer oder Gen X-Repräsentierende sich kritisch an Euch wenden. Ihr verfallt dann, so erzählt man sich, automatisch in eine genervte Abwehrhaltung, nach dem Motto „Was wissen die denn schon? Die sind doch schon so alt." Der Ausruf „Okay Boomer!" steht stellvertretend für diese abwinkende Haltung gegenüber älteren Artgenossen (und alt beginnt für Euch durchaus schon ab 40 …). Liebe *Gen Z*, ehrlich gesagt: Dieses reflexartige Reaktionsmuster ist weder besonders subtil noch wertschätzend. Ich würde es jetzt auch nicht gleich als Altersdiskriminierung beschreiben, aber dennoch hilft es natürlich nicht weiter – weder Euch noch der Verständigung. Ihr seid ja auch – zurecht – genervt, wenn man Euch in Bausch und Bogen über einen Kamm schert und abwertet.

Es würde mich also glücklich machen, wenn Ihr hierbleibt und einfach mal weiterlest. Schaut, was das Beschriebene mit Euch macht. Distanziert Euch von dem, womit Ihr nichts anfangen könnt. Denkt über die Dinge nach, mit denen Ihr in Resonanz tretet, über die Ihr Euch also ärgert, wundert, an denen Ihr hängenbleibt. Wenn man einen Punkt machen möchte, kommt man nicht umhin zu verallgemeinern, ungerechtfertigterweise zu pauschalisieren, hier und da über einen Kamm zu scheren, auf die Gefahr hin, viele Erscheinungen jenseits der im Kern fokussierten Beobachtungen außen vor zu lassen. Dies möge man mir verzeihen (die Firmenvertreter*innen mussten da ja auch durch). Lieber aufmerksamer Leser, liebe aufmerksame Leserin, auf den folgenden Seiten brauche ich Deine erwachsene und entscheidungsfähige Haltung als Leser und Leserin. Bereit für ein wenig *Food for thought*?

4.2.2 Nehmt und gebt – Ein Arbeitsverhältnis bleibt ein Deal

„Irgendetwas ist da gekippt", „Dort ist etwas in eine gewaltige Schieflage geraten", „Man erlebt schon sehr merkwürdige Situationen" – Äußerungen wie diese höre ich häufig. Gemeint ist die Tatsache, dass wir einen Arbeitnehmermarkt haben, Fach-, Nachwuchs-, schlichtweg Arbeitskräfte an sehr vielen Orten fehlen und Firmen sich wirklich etwas überlegen müssen, um Euch, die junge Generation, für sich zu gewinnen. Gemeint ist des Weiteren die Tatsache, dass insbesondere Ihr, die jungen Leute, umworben werdet, da Ihr für Unternehmen, sofern Ihr denn bleibt, die Stabilität der Personaldecke auf viele Jahre sichern könn(t)et. Gemeint ist die Tatsache, dass offenbar wiederum insbesondere Ihr Eure Schlüsse daraus zieht, Euch als heiß begehrte Mangelware begreift (die

Ihr ja auch wirklich seid) und entsprechend auftretet – das Spektrum erstreckt sich von ausgesprochen selbstsicher über fordernd bis hin zu arrogant, so sagt man. Wiederum: Auf sehr viele trifft dies überhaupt nicht zu. Doch immerhin scheint es ein so weit verbreitetes Phänomen zu sein, dass Menschen in Unternehmen, die mit der Auswahl, der Einstellung, dem Onboarding von *Gen Z*-lern zu tun haben, sich in vielen Gemütslagen – auch hier reicht das Spektrum von kopfschüttelnd über sarkastisch bis hin zu verzweifelt – darüber austauschen.

„Die *Gen Z* ist sehr anspruchsvoll und fordernd geworden", so Andrea Mesquita. „Die Selbstbewusstesten unter ihnen fordern schon im Interview 100 % Home-Office und fragen, ob sie zum iPhone auch noch die Apple Watch bekommen. Bei manchen habe ich das Gefühl, sie möchten in einem zu flexiblen Arbeitsmodell Karriere machen. Unsere Geschäftsführung sagt mir mindestens einmal pro Woche: Wir sind bereit, viel zu geben. Aber es muss auch etwas zurückkommen" (Mesquita, HR Business Partner bei *valantic Management Consulting*, 2023). „Sie haben ein um Einiges höheres Anspruchsdenken und eine höhere Erwartungshaltung", meint Thomas Nehfischer, „und das nimmt manchmal wirklich absurde Züge an. Einem jungen Mitarbeiter, der noch in der Probezeit war, haben wir ermöglicht, einen Monat aus Asien heraus zu arbeiten, weil seine Freundin dort studierte. Als er uns dann (recht früh) wieder verließ, warf er uns vor, dass wir sehr unflexibel seien" (Nehfischer, Co-Founder & Managing Director bei *ECO Group*, 2023).

Liebe *Gen Z*-ler, die Ihr das irgendwie okay findet, wie Eure Altersgenossen sich in den beschriebenen Situationen verhalten haben – darf ich Euch meine Einschätzung hierzu erläutern, sachlich und auf Augenhöhe? Sobald Ihr Euch bewerbt und eingeladen werdet, sobald Ihr in einem Arbeitsverhältnis steht, befindet Ihr Euch in einer Beziehung, mit einem Unternehmen bzw. mit den Personen, mit denen Ihr in diesem Unternehmen zu tun habt. Beziehungen funktionieren seit jeher (sicher auch schon bei den Steinzeitmenschen), wenn sie von gegenseitigem Respekt und der Begegnung auf Augenhöhe gekennzeichnet sind. Ja, wenn man sich auf der stärkeren Seite einer Beziehung wähnt (z. B. da man zu einer begehrten Mangelware gehört), *kann* man diese Karte spielen. Man nimmt dann aber in Kauf, die Balance in der Beziehung zu beeinträchtigen und darf davon ausgehen, dass der andere Part versuchen wird, die Balance wiederherzustellen. Denn Systeme (und auch eine Beziehung ist ein System) streben immer nach Ausgeglichenheit. Durch das Spielen einer solchen Karte (siehe die Beispiele oben) beeinträchtigt man also die Beziehung, bevor sie überhaupt begonnen hat, und sorgt u. a. dafür, dass die Geberlust des Gegenübers schlagartig auf einen niedrigen Pegelstand fällt.

Darüber hinaus: Überschätzt Eure vermeintlich starke Verhandlungsposition (aufgrund des Mangelwaren-Trumpfs) nicht. Von zwei Faktoren beeinträchtigt, ist sie nicht annähernd so stark wie viele von Euch denken. Zum einen bringt Ihr keine Erfahrung mit (dies ist natürlich keine Schwäche, sondern ein durch Euer Geburtsdatum erzeugter Fakt), zum anderen habt Ihr Euch noch nicht bewährt, Ihr habt noch nicht geliefert, Ihr habt noch nicht eingezahlt. Und so weiß der Mensch, mit dem Ihr zu tun habt und mit dem Ihr glaubt, hart verhandeln zu können, noch gar nicht, ob es sich lohnt, in die harte Verhandlung mit Euch einzusteigen, in Euch zu investieren. Je härter Ihr verhandelt, umso kritischer wird er Euch beäugen, umso mehr werdet Ihr liefern müssen, umso weniger wohlwollend wird der Mensch Euch begegnen. Ihr tut Euch also selbst keinen Gefallen und schwächt wiederum Eure eigene Basis.

Startet also Eure beruflichen Beziehungen auf Augenhöhe und mit dem Verständnis, dass Ihr besser damit fahrt, Euch zunächst zu bewähren, bevor Ihr Dinge fordert, die jenseits fairer, attraktiver, zeitgemäßer Arbeitsbedingungen liegen. Auch wenn der demografische Wandel Euch vermeintlich in die Karten spielt – überschätzt Eure Mangelwaren-Karte nicht. Geht davon aus, dass viele Firmen lieber nicht einstellen als den oder die vermeintlich falsche Kandidat*in. Am Ende ist ein Arbeitsverhältnis ein Deal. Soll es ein sauberer und möglicherweise länger währender sein, muss er von Respekt, Fairness und der Idee des mehr oder weniger ausgeglichenen Gebens und Nehmens gekennzeichnet sein. Es ist also keine gute Idee, schon im Interview abzuklopfen, was alles geht – von der Viertagewoche, über Workation bis hin zu Home-Office. Reizt die Situation nicht aus, denn Ihr stürzt damit auf der Sympathieskala rapide ab und habt am Ende selbst wenig davon. Wer möchte schon mit jemandem zusammenarbeiten, der bereits beim ersten Kennenlernen, ohne seinen Wert unter Beweis gestellt zu haben, den Würgegriff anlegt?

- Spielt den Trumpf der Mangelwaren-Karte **nicht offensiv aus**.
- Überschätzt den Mangelwaren-Trumpf **nicht**.
- Behaltet **die Faktoren** im Kopf, die den Wert Eurer Trumpfkarte schmälern.
- Firmen stellen lieber **nicht** ein, als den oder die falsche/n.
- **Liefert zuerst**, bevor Ihr Forderungen jenseits der üblichen zeitgemäß-attraktiven Pakete schnürt.
- Achtet im Gegenzug darauf, dass man **auch Euch** auf Augenhöhe begegnet.

4.2.3 Zeigt Respekt – Nur so kann ein Miteinander gelingen

Respekt ist ein großes Wort, dessen Wirkungspotenzial niemand anzweifelt. Fragt man Menschen nach der wichtigsten Voraussetzung für das Gelingen zwischenmenschlicher Beziehungen, antworten die meisten reflexartig: Respekt. Im Abstrakt-Theoretischen also haben wir das alle verstanden. Doch kommt es zum Konkret-Praktischen, scheinen viele sich an gar nichts mehr zu erinnern. Schaut Euch im Alltag um: Wie gehen Menschen teilweise miteinander um? Wie achtlos begegnen sie sich? Wie schnell werden sie ausfallend und beleidigend? Die sozialen Medien haben sicher ihren ganz besonderen Beitrag zur Verstärkung dieses Phänomens geleistet: Die Kombination aus der physischen Abwesenheit desjenigen, den man beschimpft, und der Option, sich unter einem Decknamen zu gebärden, hat respektlosen, herabwürdigenden, beschämenden Ergüssen Tür und Tor geöffnet. Doch nicht nur im Netz bahnen sich Respektlosigkeiten zunehmend ihren Weg …

Neben der beobachteten Lücke zwischen der theoretischen Einsicht, wie grundlegend Respekt für Beziehungen ist, und der praktischen Beobachtung, wie wenig er tatsächlich gelebt wird, ist ein weiteres Kuriosum zu konstatieren: Fällt Euch ein anderes Gebiet ein, auf dem Ihr mit so unglaublichen Kleinigkeiten so unglaublich Großes bewirken könnt? Hier ist es möglich! Begrüßt einen Menschen mit stabilem Augenkontakt, heller Stimme und solidem Händedruck – er fühlt sich bemerkt, wahrgenommen, geschätzt. Fragt einen Menschen, der gerade mit etwas beschäftigt ist, freundlich, ob Ihr ihn kurz unterbrechen dürft – er fühlt

4 Wie die Gen Z und Unternehmen ein Match werden

sich berücksichtigt, gesehen, *respektiert*. Bedankt Euch bei einem Menschen für etwas, das er für Euch getan oder Euch geschenkt hat (einen Gefallen, ein leckeres Essen, eine aufgehaltene Tür, ein kurzer Begleitweg mit Schirm zum Auto ...) – er wird sich gut fühlen, er wird lächeln, er wird es – und auch das ist so wichtig am Zollen von Respekt – wieder tun. Macht einer Person ein Kompliment, gebt gutes Trinkgeld, schenkt üppig – der Mensch wird sich wertgeschätzt fühlen, an anderer Stelle ebenso großzügig agieren, ein kleines oder großes Stückchen wachsen.

Respekt zu zollen kostet Menschen nichts (abgesehen vom Beispiel des Trinkgeldgebens und Schenkens). Wer wenig Geld hat, findet immer kostenfreie Alternativen, denn es geht um die Geste des Gebens – hier reicht ein liebevoller Blick, ein wertschätzender Händedruck, ein selbstgepflückter Blumenstrauß. Respekt zu zollen erzeugt eine unglaubliche Wirkung. Wichtig: Die innere Haltung muss stimmen. Wer Respekt als Mittel zum Zweck einsetzt (nach dem Motto: Wenn ich nett bin, ist er nett zu mir), wird leer ausgehen. Respekt und seine diversesten Formen müssen aus dem Innersten erwachsen, aus der Überzeugung, dass jeder Mensch einen anständigen Umgang verdient hat, dass jeder Mensch es wert ist, gesehen zu werden, dass es für Menschen das Wichtigste ist, wahrgenommen und berücksichtigt zu werden. Selbstlos und mit Freude angewandt, wird Respekt zur Zauberformel im sozialen Miteinander.

Blicken wir zurück auf die Trumpfkarte, die manch einer im demografischen Wandel geneigt ist zu spielen und vergegenwärtigen uns die Erkenntnisse aus dem Exkurs in die Welt des Respekts, wird sofort klar: Dieser Trumpf ist keine Gewinnerkarte, denn er vereitelt die Begegnung auf Augenhöhe. Spielt Ihr diese Karte aus, ist die Beziehung sofort beeinträchtigt und in Schieflage. Umgekehrt gilt natürlich dasselbe: Neulich hörte ich von einem Chef, der – scheinbar am Ende seines Lateins und in Ermangelung vernünftiger Argumente – zu seiner dualen Studentin sagte: „Wer das Geld gibt, hat immer noch das Sagen!" Der *Gen Z* wird vorgeworfen, bisweilen arrogant aufzutreten und zu fordern, wo es eigentlich (noch) nichts zu fordern gibt. Manchen Repräsentierenden der Babyboomer Generation kann man sicher im Gegenzug dabei beobachten, wie Hilflosigkeit ihn oder sie dazu bringt, mit der Faust auf den Tisch zu hauen und sich die guten alten Zeiten herbeizuwünschen, als man noch mit donnernder Stimme Wirkung erzielen konnte. Eine ebenso wenig überzeugende Idee – und vor allem keine, die auch nur annähernd das bewirkt, was man erreichen möchte: ein konstruktives, respektvolles Miteinander.

Nun kann man heute eine besondere Auffälligkeit zwischen der *Gen Z* und z. B. den Boomern beobachten: Brachten junge Menschen *früher* (man erlaube mir an dieser Stelle den Einsatz dieses unwissenschaftlichen Wortes) älteren und erfahrenen Menschen reflexartig Respekt entgegen, ist dies heute alles andere als selbstverständlich. Und auch wenn schon Platon die vermutlich unter Evolutionsgesichtspunkten relevante und von daher seit jeher zu beobachtende Aufmüpfigkeit der Jugend beklagte, so ist doch heute ein gänzlich anderes Stadium erreicht. Lehrer*innen, Dozent*innen können ein Lied davon singen, mit welchem Kraftakt sie um Aufmerksamkeit buhlen müssen und welche Art von abenteuerlichem Schlagabtausch sie erleben, wenn sie versuchen, mit Autorität eine produktive Arbeitsatmosphäre herzustellen. (Okay, Autorität ist vielleicht nicht mehr das Mittel der Stunde; dennoch ist es für Lehrer*innen unter den gegebenen Umständen sicher auch unmöglich, kontinuierlich in jedem von z. B. 34 Schüler*innen unterschiedlichsten Wissensstands die intrinsische Motivation zum Leben zu erwecken). Ich kenne keine Führungskraft, die nicht einen Schatz von Anekdoten parat hat, in denen die *Gen Z* mit überraschenden, oft als respektlos empfundenen Bemerkungen für Erheiterung oder Verzweiflung sorgte. Ich weiß von vielen, deren Azubis ihnen am dritten Arbeitstag bereits zu erklären versuchten, wie die Dinge in der Firma eigentlich zu organisieren wären …

Die Hemmungslosigkeit der Gen Z ist bisweilen beeindruckend

Erst kürzlich saß ich mit einem jungen Mann zusammen, der ein ausgesprochen schlechtes Abitur und zugleich ein sehr einnehmendes, lebendiges Wesen mitbrachte. Schon nach kurzer Zeit befanden wir uns in einem lockeren Austausch. Den jungen Mann schien es in keiner Weise nervös zu machen, dass ich über seine Aufnahme oder Ablehnung in die neue Studiengruppe zu entscheiden hatte. Er plauderte entspannt drauflos, verfiel zumindest im Plural zunehmend in die Du-Sprache („Wie macht Ihr das hier eigentlich so an der Hochschule?") und berichtete mir dann lachend von einem Freund, der seinen Master-Abschluss einzig und allein aus dem Grund anstrebte, damit er sich im Anschluss seinen Doktor-Titel kaufen könne … Es

> schien für ihn etwas ganz Alltägliches zu sein, dass Menschen sich ihren Doktor-Titel kaufen. Hatte er darüber nachgedacht, dass das für mich (die ich tatsächlich in Jahren schweißtreibender Arbeit meine mehrere hundert Seiten umfassende Dissertation angefertigt hatte, um den Doktorgrad der Philosophie zu erlangen) eine merkwürdige Geschichte sein könnte? Oder ging er fest davon aus, dass auch ich meine Titel gekauft hatte? Er hatte, da bin ich sicher, überhaupt nicht darüber nachgedacht, und das machte ihn auch irgendwie wieder sympathisch. Innerlich schmunzelte ich über so viel fast beneidenswerte Sorglosigkeit. Auf der anderen Seite: Mit einem solchen Aufschlag an den falschen zu geraten, könnte ihm beträchtlichen Ärger einhandeln ...

Liebe *Gen Z*, Eure Distanzlosigkeit, Eure Sorglosigkeit, Eure Hemmungslosigkeit, Eure sicher auch hier und da wichtige Abwesenheit von Beeindrucktsein machen Euch sympathisch und liebenswert. Sie sind auch im beruflichen Miteinander an nicht wenigen Stellen von Vorteil, da Ihr Euch weder reflexartig in Hierarchien einfügt, noch den Mund haltet, nur weil der oder die CEO mit am Tisch sitzt (und das kann manchmal wichtig sein; *manchmal*, aber eben nicht *immer*). Doch Ihr müsst gewaltig aufpassen: Es gibt Situationen, in denen Hemmungslosigkeit eine falsche Entscheidung sein kann. Es gibt Situationen, in denen Distanzlosigkeit ganz gewaltig nach hinten losgehen kann. Es gibt sehr viele Situationen, wo es durchaus Sinn macht, sich zumindest vorerst zurückzunehmen, zu beobachten, eine Kultur zu verstehen und sich einzufügen, ehe man mit Optimierungsvorschlägen aufwartet oder allen *da oben* Unfähigkeit attestiert. Es gibt Situationen, in denen man sich einfach nur einwandfrei professionell zu verhalten hat, zumindest, wenn man weiterkommen will. Das Berücksichtigen von etablierten Standards ist ein Zeichen von Professionalität und ein Ausdruck von Respekt gegenüber jenen, mit denen Ihr interagiert. Und lasst Euch nicht täuschen: Auch in Start-Ups, in denen sich alle duzen und man an heißen Tagen in Flipflops umherläuft, gibt es diese professionellen Standards.

Abb. 4.3 zeigt Euch am Beispiel des Bewerbungsprozesses, welche Erwartungen man z. B. an Eure Unterlagen oder Euer Auftreten im Interview hat und welche Gedanken Menschen in Unternehmen entwickeln, wenn Ihr diese Erwartungen nicht erfüllt. „Ein Anschreiben ist heute eher

Geforderter Standard	Gelieferte Leistung	Gedanken der Empfänger*innen
Die Bewerbungsunterlagen sind frei von **Rechtschreib-** und **Zeichensetzungsfehlern.**	Die Unterlagen enthalten **Fehler** (kein einzelner Vertipper, sondern mehrere offensichtliche Fehler).	Wie viel Mühe hat er/sie sich gemacht? Wie **wichtig** ist ihm/ihr also der Job? Kann er/sie professionell agieren, wenn es darauf ankommt? Warum hat er/sie keine digitalen Tools genutzt, um Fehler zu eliminieren?
Die Unterlagen beinhalten ein **professionelles Bewerbungsfoto** (in Deutschland nach wie vor üblich, zumindest in den meisten Branchen).	Die Bewerbung enthält ein offensichtliches Selfie oder z. B. ein **Urlaubsfoto.**	Weiß er/sie nicht, dass hier ein professionelles Foto erwartet wird? Warum hat er/sie sich dann nicht lieber ohne Foto beworben? Glaubt er/sie, ich könne ein Selfie nicht von einem professionellen Bild unterscheiden? Will er/sie mich **für blöd verkaufen?**
Die Bewerbungsunterlagen (sofern per Mail versandt) sind in **einer PDF** zusammengefasst.	Die Bewerbung wird in **mehreren Dateien** unterschiedlicher Formate geschickt (z. B. Anschreiben als JPG, Lebenslauf als Word-Dokument).	Er/sie hat offensichtlich keine Ahnung von **professionellen Standards.** Die digitalen Fähigkeiten scheinen **nicht besonders umfassend** zu sein. Ich fühle mich veräppelt – soll das eine ernsthafte Bewerbung sein?
Man meldet sich während eines Bewerbungsprozesses beim Anruf einer unbekannten Nummer mit fester Stimme und den **vollständigen Namen.**	Ihr meldet Euch, gerade aufgestanden, mit einem müden **"Hallo"** und verzieht Eure Stimmlage auch nicht, als Ihr erfahrt, wer Euch anruft.	**Geht's noch?** Warum geht er/sie ans Telefon, wenn er/sie noch nicht bereit ist? Warum meldet er/sie sich nicht mit dem Namen? Kann ich so jemanden im Kundenkontakt einsetzen?
Man kleidet sich für ein Interview **entsprechend der Unternehmenskultur,** im Zweifel immer etwas schicker als vermutet.	Ihr stellt Euch in einer Unternehmensberatung vor und kommt in Chino und **Poloshirt.** Ihr stellt Euch in einem Start-up vor und kommt im Anzug.	Hat er/sie sich denn gar nicht mit uns beschäftigt? Na, da kennt sich ja jemand mit unserer Kultur aus! Kann ich so jemanden zum Kunden schicken? Hier muss ich in der Entwicklung aber **ganz von vorne anfangen.**
Man kommt **pünktlich** zu einem Interview, hat sich **intensiv mit dem Unternehmen beschäftigt** und ein paar vernünftige **Fragen** vorbereitet.	Ihr kommt **in letzter Minute** angehetzt, musstet die Firma noch suchen und antwortet auf die Frage nach Fragen „Nein, ich habe keine Fragen".	Wie wichtig ist ihm/ihr das Ganze hier? Was glaubt er/sie, wieviel Zeit ich habe? Er/sie hat sich überhaupt nicht mit uns beschäftigt. Wenn er/sie arbeitet, wie er/sie sich vorbereitet hat, kann ich die Person nicht in meinem Team gebrauchen.

Abb. 4.3 Professionelle Standards im Bewerbungsprozess – Einige Beispiele

ein Aussortierungskriterium", konstatiert Thomas Nehfischer. „Man findet selten etwas wirklich Überzeugendes, aber viele kegeln sich darüber bereits ins Aus" (Nehfischer, Co-Founder & Managing Director bei *ECO Group*, 2023). Manch einer – und unter ihnen befinden sich sicher auch viele *Gen Z*-ler – mag sich wundern: Es kann nicht sein, dass diese Standards nicht eingehalten werden; sie sind doch eine Selbstverständlichkeit! Ich versichere Euch – sie sind es heute nicht mehr. Wie bereits an anderer Stelle erwähnt: Wir versäumen in großem Stil, junge Menschen mit grundlegendem Know-How auszustatten. Auf der anderen Seite stehen dann eine nicht unbeträchtliche Anzahl von Youtubern, Instagramern und TikTokern, die den jungen Menschen suggerieren: „Hey, beuge Dich bloß nicht der verkrampften Welt der Boomer. Lies dieses Buch, folge dieser Theorie, abonniere meinen Kanal – und Du wirst am Strand von Florida zum Millionär und zeigst allen Verirrten und Verwirrten, die noch täglich zur Arbeit fahren und sich im System abstrampeln, dass Du verstanden hast, wie es geht ..." Das Ergebnis dieser Gemengelage haben wir vor uns: Junge Menschen und Firmen, die sich mit ihren Vorstellungen und Erwartungshaltungen auf verschiedenen Planeten befinden.

Liebe *Gen Z*-ler, es mag sein, dass die Arbeitswelt in Teilen noch verkrampft ist. Es mag sein, dass ein Festhalten an manch professionellem

4 Wie die Gen Z und Unternehmen ein Match werden 155

Standard keinen Sinn mehr macht. Es ist auch so, dass einige Youtuber, Instagramer und TikToker mit ihrer Arbeit am Strand von Florida sehr reich geworden sind. Nichtsdestotrotz bleibt die klassische Arbeitswelt diejenige, in der der überwiegende Teil der Menschen ihren Lebensunterhalt verdient. Nichtsdestotrotz bleibt die klassische Arbeitswelt, die sich ja zum Glück auch in einem echten Transformationsprozess befindet, die Welt, in der auch Ihr Eure beruflichen Wege, Euer finanzielles Auskommen, Eure persönliche Erfüllung suchen werdet. Nehmt, liebe *Gen Z*-ler, die Idee des Respekts mit auf Eure Reise. Geht durchaus davon aus, dass viele, die *da oben* sind (auch wenn Sie heute mit Euch zusammen auf der Co-Working-Fläche sitzen), die entscheiden, Verantwortung tragen, meist viel arbeiten und im Zweifelsfall auch ordentlich verdienen, nicht alle Amateure sind, sondern auch wirklich etwas draufhaben können. Habt ein wenig Respekt vor der Erfahrung, die diese Menschen angehäuft haben. Habt ein wenig Respekt vor der Reise, die sie bereits bewältigt haben (ich empfehle die Lektüre von Abschn. 2.3.1 und 2.3.2). Habt ein wenig Respekt vor ihren Erfolgen. Behaltet Euch zugleich Euer Selbstbewusstsein und Eure ungehemmte Haltung bei und vergesst nie, dass Beziehungen nur funktionieren, wenn sie von Respekt getragen werden.

- Die **wichtigste Zutat** für zwischenmenschliche Beziehungen ist **Respekt**.
- Auf keinem anderen Gebiet kann man **mit kleinem Aufwand** so viel **Großes bewirken**.
- Sobald Menschen **die Ebene der Augenhöhe verlassen** und einen vermeintlichen Trumpf spielen, gerät die Beziehung **in Schieflage**.
- Systeme streben nach Ausgeglichenheit: **Was ich austeile, kommt zu mir zurück**.
- Geht davon aus, dass **nicht alle** *da oben* **Amateure** sind
- **Achtet** Führungskräfte für ihre **Errungenschaften** (sofern diese überzeugende Persönlichkeiten sind und Errungenschaften vorzuweisen haben).
- **Achtet** ältere Menschen für die **bereits zurückgelegte Reise** (sofern diese freundliche Menschen sind und auf ihrer Reise irgendetwas gelernt haben).
- Das Zollen von Respekt findet seinen Ausdruck im **Einhalten von professionellen Standards**.

4.2.4 Seid lernbereit – Ihr steht erst ganz am Anfang

Dieses Kapitel knüpft nahtlos an die beiden vorherigen an und nimmt einen spezifischen Aspekt genauer unter die Lupe: Ist man von Älteren und Erfahrenen, Verantwortungsträgern und Führungskräften per se wenig beeindruckt, gibt es keinen Horizont, dem man entgegenstreben möchte. Hält man das Erreichte anderer für wenig bemerkenswert, sinkt die Lernbereitschaft gegen Null – es gibt ja nichts zu lernen. Entwickelt man kein Auge für die Kompetenzen, die besonderen Kniffe, die Strategien, die andere auf dem Weg zum Erfolg anwenden, tut sich wenig auf, was man trainieren möchte.

Liebe *Gen Z*, ich weiß, dass auf viele von Euch eine solche Haltung überhaupt nicht zutrifft. Ich weiß auch, dass die Ermangelung von Respekt, Achtung und Beeindrucktsein nicht ausschließlich ein typisches Charakteristikum der jungen Generation ist. Ihr fühlt Euch nicht angesprochen? Blättert einfach weiter! Lasst mich differenziert ergänzen: Es geht natürlich überhaupt nicht darum, vor jeder Führungskraft in Ehrfurcht zu erstarren (dafür gibt es viel zu viele, die ihren Job nicht annähernd beherrschen). Auch geht es nicht darum, ältere und erfahrene Kolleg*innen reflexartig als *Role Model* zu nehmen (dafür gibt es viel zu viele, deren Lernkurve trotz Alter und Erfahrung auf einem dauerhaft niedrigen Niveau geblieben ist). Es geht aber auch darum, das Gegenteil zu vermeiden und davon auszugehen, dass kaum jemand etwas Bemerkenswertes zustande gebracht hat. Schaut genau hin, begegnet der Realität mit differenziertem Blick, pickt Euch die Menschen heraus, die Euch beeindrucken, nehmt Euch die zum Vorbild, von denen Ihr lernen wollt, orientiert Euch an denen, die Euch aufgrund ihrer Persönlichkeit und ihres Wissens und Könnens beeindrucken. Erkennt die beiden Seiten Eures Jungseins an: Ihr seid stürmisch, Ihr habt Träume, Ihr wollt kämpfen, Ihr habt wenig Hemmungen (wunderbar)! Behaltet Euch das so lange wie möglich bei – und diese Karte dürft Ihr hemmungslos spielen! Aber auch: Ihr steht am Anfang, Ihr seid unerfahren, Ihr befindet Euch am Fuße Eurer Lernkurve, Eure Datensammlung ist wenig umfangreich (all das ist keine Schwäche, sondern ein Fakt in Folge Eures Geburtsjahres).

> **Nehmt Euch Zeit für eine solide Ausbildung**
> „Nehmt Euch besonders zu Beginn Eurer Karriere die Zeit, um eine solide Ausbildung zu erhalten. Bringt Eure Gehaltsvorstellungen und Titelansprüche in Einklang mit Euren tatsächlichen Leistungen. Stärkt Euer Selbstbewusstsein, sowohl fachlich als auch persönlich, bevor Ihr den nächsten Karriereschritt geht. Eine ausgewogene Verbindung zwischen Gehalt und Performance ist entscheidend für Euren langfristigen Erfolg" (Günther, Director HR, *Havas Media Germany*, 2024).

Ein bisschen Demut, ein bisschen Respekt, ein bisschen realistisches Einordnen Eurer Position steht Euch gut (genauso wie allen anderen Menschen jedes Alters – Besserwisser waren schon im Klassenzimmer die unbeliebteste Spezies). „Geht davon aus, dass auch der andere rein theoretisch mal Recht haben könnte", so Barbara Günther (Director HR bei *Havas Media Germany*, 2024). Demut (ich weiß, ein großes Wort), Respekt und die Gabe, die Fähigkeiten anderer anerkennen zu können, sind Voraussetzung dafür, dass Ihr lernen werdet. Ohne diese Zutaten im Gepäck erlischt jede Neugierde und jeder innere Drang, sich weiterzuentwickeln. Ihr erstickt Euer Potenzial, bevor Ihr den Koffer überhaupt geöffnet habt. „Achtet darauf", so Patrick Haberland, „dass Euer Selbstverständnis mit Eurem Wertbeitrag zusammenpasst. Wenn dieses Verhältnis nicht passt, geht Ihr den Leuten auf die Nerven und werdet auch keinen Millimeter weiterkommen" (Haberland, Managing Partner bei *DHR Global*, 2024). Geht bei Kritik nicht sofort in den inneren Rückzug, sondern übt Euch in Selbstreflektion.

- Lernt, Menschen in Eurer Umgebung **differenziert** wahrzunehmen.
- **Pickt** Euch die Menschen **heraus**, die Euch **beeindrucken** und von denen Ihr **lernen** könnt.
- Behaltet im Kopf: Bemerkenswerte Persönlichkeiten mit einem beachtenswerten Skill-Set sind **in allen Altersklassen** zu finden.
- Erkennt den Fakt an, dass Ihr aufgrund Eures Geburtsjahres **wenig Erfahrung** habt und **am Anfang Eurer Lernkurve** steht.
- Aus dieser Erkenntnis **erwächst** Eure Lernbereitschaft.
- Eure Lernbereitschaft ist die Voraussetzung für Euer **persönliches Wachstum** und Eure **professionelle Entwicklung**.

4.2.5 Stellt Fragen – Nutzt die Expertise in Eurem Umfeld

Eng zusammen mit der Bereitschaft anzuerkennen, dass auch andere etwas draufhaben können, hängt die Offenheit dafür, Fragen zu stellen, um eine Einschätzung zu bitten, Expertise anzuzapfen. Mit wem auch immer man aber über Euch, liebe *Gen Z* spricht (Achtung, der Pauschalisierungs-Bulli fährt vor): Man erfährt, dass Fragen stellen und um Rat bitten irgendwie nicht so recht Euer Ding ist. Klar, wenn Ihr *denen da oben* wenig Expertise zubilligt, gibt es natürlich auch keinen Grund dafür. Wenn Ihr der Einschätzung erliegt, alle über 40 seien mindestens von vorgestern, werdet Ihr Euch keine Einschätzung abholen. Doch, liebe *Gen Z*, dieser Rundumschlag ist deutlich zu grob angesetzt; genauso natürlich wie jener aller Gen X-ler, Boomer und Nachkriegskinder, die Euch attestieren, *nur noch am Handy zu hängen*. Allen Pauschalisierer*innen also empfehle ich, die Brille der Differenzierung aufzusetzen und aufmerksam zu prüfen, von wem man durchaus etwas lernen könnte. Erkennt, wann es in Eurem Sinne wäre, mal um einen Rat oder eine Einschätzung zu bitten. Erkennt, wann es für Euch und für die Sache, an der Ihr gerade dran seid, essenziell ist, Euch Hintergrundwissen einzuholen oder Menschen, die sich auskennen, mit ins Boot zu holen. Woher kommt eigentlich diese Grundüberzeugung, dass man mit Anfang 20 bereits alles weiß und kann und alle über 40 wenig bis nichts wissen und können?

Pauschalisieren macht in keiner Richtung Sinn

Kürzlich sah ich die Sendung *Markus Lanz*, in der einige Expert*innen das Thema Künstliche Intelligenz beleuchteten und diskutierten. Florian Fabricius (18), bis März 2024 Generalsekretär der Bundesschülerkonferenz und zugegebenermaßen ein sehr sympathischer, cleverer und wortgewandter junger Mann, äußerte sich dort wie folgt:[1] „Was man auf jeden Fall im Klassenzimmer sieht, ist, dass die Schere zwischen Schüler*innen und Lehrer*innen unfassbar weit auseinandergeht. […] Auf der einen Seite sind meine Mitschüler, die – das ist ein offenes Geheimnis – sobald der Lehrer eine Frage stellt, diese bei ChatGPT eingeben und die Antwort dann einfach vorlesen. Das ist die Realität heute von

---

[1] Die Aussage wurde von der Autorin der besseren Lesbarkeit halber etwas umformuliert.

18-Jährigen in einem Klassenraum. Und auf der anderen Seite steht eine Lehrkraft, ca. 60 Jahre alt, und die erzählt ganz stolz: ‚Du Florian, ich habe heute in der Zeitung gelesen – in 15 Jahren soll diese Künstliche Intelligenz die Gesellschaft verändern'. Und diese Diskrepanz ist so ironisch. Lehrkräfte wissen viel weniger als wir und wir müssten eigentlich den Lehrkräften beibringen, wie's geht" (Florian Fabricius bei Lanz, 18.06.2024, 24:53 min. ff.). Okay, lieber Florian, das mag in Teilen zutreffen, in Teilen aber eben auch gar nicht. Kürzlich bekam ich etwa die Bewerbung eines jungen Mannes, der in seinem mit Fehlern gespickten Anschreiben sein großes Interesse für die Künstliche Intelligenz pries. Als ich ihm dann riet, er möge doch mal das KI-Tool ChatGPT bitten, seine Fehler zu korrigieren, schaute er mich verunsichert an: „Aha? Darf man das?" Meiner Beobachtung zufolge gibt es sehr viele junge Menschen, die in Sachen Digitalisierung überhaupt nicht fit und somit weit davon entfernt sind, als Lehrkräfte ihrer Lehrer*innen eingesetzt zu werden ... (siehe Abschn. 3.1.9) So viel zum Thema – die Schere geht unfassbar weit auseinander ...

Meine Beobachtung: Die Schere zwischen dem, was viele junge Menschen (Achtung: *viele* heißt *nicht* alle) meinen, zu können, zu wissen, zu beherrschen und dem, was sie dann tatsächlich liefern, ist nicht selten riesengroß. Das überzogene Selbstbewusstsein in Kombination mit der Aversion, Fragen zu stellen, wenn man sich nicht auskennt, oder sich zumindest abzusichern, wenn man hierzu die Möglichkeit hat, führt in Teilen zu absurden Situationen.

> **Warum fragt Ihr nicht die Menschen, die sich auskennen?**
> Kürzlich kontaktierte mich eine Master-Studentin, etwa 25 Jahre alt, völlig verzweifelt, weil sie keine Stelle für ihr bald anstehendes Pflichtpraktikum fand. Sie hatte über 80 (!) Bewerbungen geschrieben, aber nur Absagen oder keine Reaktionen erhalten. Ich fragte, warum sie erst jetzt auf mich zukäme und mit wem sie bisher gesprochen habe – schließlich wusste sie, dass ich für diese Themen zuständig bin. Es stellte sich heraus, dass sie die Praktikumssuche völlig falsch angegangen war: Sie wollte in den Marketing-Bereich, hatte aber einen Investment-Banking-Lebenslauf erstellt. Für das Rhein-Main-Gebiet hatte sie ausschließlich englische Bewerbungen verfasst, ohne ihren vielfältigen Lebenslauf zu erklären oder einen roten Faden zu schaffen. Selbst nach 30 oder 40 Absagen änderte sie ihre Strategie nicht. Fassungslos fragte ich, wer ihr bei der Bewerbung geholfen habe – es war eine Kommilitonin. Offenbar vertraute sie ihrer gleich-

altrigen Freundin mehr als den Expert*innen der Hochschule. Statt um Hilfe zu bitten, kämpfte sie monatelang allein. Am Ende erhielt sie dank meiner Hilfe mit einer überarbeiteten Bewerbung, der Teilnahme an einer Karriereveranstaltung und ihrer dann sicher überzeugenden Performance eine Zusage – ohne mich darüber zu informieren oder sich zu bedanken. Ich habe schließlich nachgefragt, um den Ausgang der Geschichte zu erfahren. Bei so viel bemerkenswertem Verhalten darf man sich wohl wundern, oder?

„Ich habe meinen dual Studierenden schon hundert Mal angeboten, sie mögen mit ihren Hausarbeiten frühzeitig zu mir kommen. Ich bin gerne bereit, sie dabei zu unterstützen und mit ihnen in den Austausch zu treten. Aber entweder sie kommen gar nicht oder sie kommen viel zu spät", so beschreibt Jens Klemann die Aversion einiger seiner Juniors, Fragen zu stellen und um Rat zu bitten (Klemann, Managing Partner bei *STRATECO*, 2023). „Ich habe den Eindruck", so Barbara Günther, „dass viele junge Mitarbeiter*innen zögerlich Verantwortung übernehmen oder Fragen stellen. Dies kann zu Missverständnissen mit erfahrenen Kolleg*innen führen. Gleichzeitig scheint es, dass sie in ihrer Rolle häufig unsicher sind. Ich sehe hier die Möglichkeit, den Austausch zu stärken und sie darin zu unterstützen, mehr Vertrauen in ihre Fähigkeiten zu gewinnen und wichtige Skills zu erlernen, die ihnen Sicherheit geben" (Günther, Director HR bei *Havas Media Germany*, 2024). „Hey, ich habe hier mal eine Frage, das höre ich sehr selten von der jungen Generation", so fasst Andrea Mesquita die Situation zusammen (Mesquita, HR Business Partner bei *valantic Management Consulting*, 2023). Liebe *Gen Z*, beraubt Euch nicht der Möglichkeit zu lernen. Glaubt nicht denen, die Euch suggerieren, Ihr wüsstet bereits alles und die armen Verirrten über 40 seien jene, die glaubten, Euch noch etwas beibringen zu können.

- Blickt **differenziert** in die Welt und erkennt jene Menschen, von denen Ihr etwas lernen könnt.
- Stellt **Fragen**.
- Holt Euch **Expertise** ein.
- Bittet um **Rat** oder **Einschätzung**.
- Versetzt Euch in die Lage, **weiterzukommen, dazuzulernen**, Euch zu **entwickeln**.

4.2.6 Arbeitet exakt – Das ist nicht alles Boomer-Quatsch

Irgendwie scheint mir exaktes Arbeiten aus der Mode gekommen zu sein. Es erfordert hohe Konzentration, Durchhaltevermögen, Liebe zum Detail, die Bereitschaft, in eine weitere Korrekturschleife zu gehen, unterm Strich also einfach auch Zeit. Und genau diese ist heute unser knappstes Gut! Unsere durchschnittliche Lebenserwartung ist zwar deutlich höher als je zuvor; viele Annehmlichkeiten (Wasch- und Spülmaschinen, Saug- und Mähroboter …) bescheren uns mehr freie Zeitfenster, und dennoch zerrinnt uns die Zeit zwischen den Fingern. Das Problem ist dabei natürlich, dass wir unseren Tag mit immer mehr Dingen füllen, von der Idee der Selbstoptimierung getrieben sind und auch die technische Entwicklung und viele Anforderungen im beruflichen Kontext uns vor sich hertreiben. Und so sausen wir von einem zum anderen, überfliegen, verschaffen uns schnelle Überblicke und sind hauptsächlich damit beschäftigt, die Reizüberflutung auf ein erträgliches Ausmaß zu reduzieren und unsere Leben unter Kontrolle zu halten. Die Idee, sich auch einmal im Detail und in Ruhe mit Dingen auseinanderzusetzen, bleibt auf der Strecke. *Speed Reading* lautet das Gebot der Stunde; *Thumb Stopping Moments* zu erwirken ist zum Hauptziel aller Social-Media-Akteure geworden; verschiedene Formen des *High Intensity Interval Trainings* versprechen höchste Fitness durch kurze Trainingseinheiten. Wie kann ich Zeit gewinnen, um noch mehr zu schaffen? Höher, schneller, weiter, mehr – so lautet die Devise unserer Zeit.

Mir liegt es fern, in Abgesänge zu verfallen und den Untergang des Abendlandes vorauszusehen – jede Zeit bringt ihre Herausforderungen und unsere sind eben diese. Was uns bei all dem aber nicht abhandenkommen darf, ist das Auge für Arbeiten, die uns Exaktheit abverlangen, oft verbunden mit Disziplin und Geduld. In vielen Kontexten ist es eben nicht egal, ob ich die Regeln der Rechtschreibung beachte oder nicht, Zeichen setze oder nicht, Wörter gemäß etabliertem Standard abkürze oder nicht. Es kann einen gewaltigen Unterschied machen, ob ich im Umgang mit Zahlen Kommata oder Punkte nutze, ob ich Namen richtig oder falsch schreibe, ob Zahlen exakt untereinanderstehen oder eben nicht. Gerade in der Anwendung von digitalen Tools kann der Haken an der falschen Stelle oder der Eintrag im falschen Kästchen einen eklatanten Unterschied machen.

Ich habe den Eindruck, liebe *Gen Z*, dass Ihr oft genervt seid, wenn man Euch gerade auf Detailfehler aufmerksam macht. Ist das heute überhaupt noch wichtig? Darauf kommt es doch nicht an! Was wissen die denn schon? Gedanken dieser Art lese ich in Euren Gesichtern. Ich erkenne bei vielen eine geringe Bereitschaft, in eine Korrekturschleife zu gehen, einen inneren Widerstand gegen die Annahme von Feedback, ein reflexartiges Anzweifeln der Boomer- und *Gen-X*-Beobachtungen. Doch glaubt mir: Wenn Ihr den Namen des Unternehmens, bei dem Ihr Euch bewerbt, falsch schreibt (kommt gar nicht so selten vor), seid Ihr in der Regel ausgeschieden. Wenn auf Euren Folien wiederholt Fehler oder einfach nur Unachtsamkeiten zu finden sind, wird man Euch nicht mehr beim Kunden präsentieren lassen. Wenn Ihr Job-Mails von Eurer privaten E-Mail-Adresse verschickt (klassischer Anfänger-Fehler), kann das – je nach Mail-Inhalt und möglichen Anhängen – eine Abmahnung nach sich ziehen. Wenn Ihr Mio. mit Mrd. oder Euro mit Dollar verwechselt (ups, was war es denn jetzt nochmal?), ist in der Regel Feierabend – und das zurecht. Fehler wie die genannten passieren nicht aus Versehen, sondern immer aus Unachtsamkeit, aus Schlampigkeit und aus der mangelnden Bereitschaft, exakt zu arbeiten. Ich weiß nicht, woher Ihr die Information habt, dass die Arbeitswelt mit ihren überschraubten Vorstellungen *old school* ist und diese Dinge keine Rolle mehr spielen (außer im angestaubten Mindset von Boomer und *Gen X*) ... Doch glaubt mir, an manchen Stellen ist exaktes Arbeiten – auch heute noch – essenziell, unumgänglich, megawichtig.

„Die Bereitschaft und auch die Lust, sich mal ernsthaft und mit Tiefgang für eine Weile konzentriert mit einer Sache auseinandersetzen – das findet man kaum noch bei den jungen Leuten", so Jens Klemann (Managing Partner bei *STRATECO*, 2023). „Ich beobachte, dass viele junge Leute aufhören zu arbeiten, wenn es z. B. 17 Uhr ist", so Patrick Haberaland. „Es ist nicht ihre oberste Priorität, dass das Ergebnis da ist und sauber ausgearbeitet wurde. Es ist entscheidend, dass es 17 Uhr ist. Für das Erreichen von qualitativ hochwertiger Arbeit ist das einfach das falsche Ziel. Und es geht mir nicht um die Zeit. Sie können am nächsten

Tag früher gehen. Es geht mir um die Bereitschaft, top Ergebnisse herbeizuführen, auch wenn das mal länger dauert. Die Gen Z ist gut im Sprinten, der Marathon liegt ihnen nicht besonders" (Haberland, Managing Partner bei *DHR Global*, 2024). „Ich habe gemerkt, dass Genauigkeit nicht mehr zu den großen Stärken gehört", fasst Andrea Mesquita zusammen. „Wenn es auf Kleinigkeiten ankommt, zeigt die junge Generation eine hohe Fehleranfälligkeit" (Mesquita, HR Business Partner bei *valantic Management Consulting*, 2023).

- Erkennt, wann und wo **Detailarbeit** essenziell ist.
- Unterschätzt nicht **die Bedeutung von vermeintlichen Kleinigkeiten**.
- Nehmt Euch **Zeit** und schaut **genau** hin.
- **Fehlerfreiheit** und **Exaktheit** sind an vielen Stellen essenziell und ein Zeichen von Professionalität.

4.2.7 Lasst Euch mal ein – Und verlasst die Zuschauertribüne

Unsere Zeit ist *so* schnelllebig: Ein Trend löst den anderen ab, eine Herausforderung schlägt die nächste. Was gestern noch spannend war, ist heute bereits vergessen. Die hohe Dynamik, die unser Leben mit all ihren Facetten kennzeichnet und prägt, ist für so Vieles verantwortlich: Geschwindigkeit schlägt Genauigkeit. Multitasking schlägt Fokussierung. Unverbindlichkeit schlägt Verlässlichkeit.

Während die Babyboomer und die Generation X schon in ihren Zwanzigern bis Dreißigern waren, als Internet und Handys sich in ihrem Alltag etablierten, ist die *Gen Z* umgeben von iPads, Handys, W-Lan und sozialen Medien aufgewachsen. Während Boomer und *Gen X*-ler sich noch an stundenlange Gespräche über das Wählscheibentelefon erinnern können (meine Schwester hält mit vier Stunden den Familienrekord ;)), ihre Hausarbeiten in der Uni mit der Schreibmaschine tippten und sich tagelang in Bibliotheken in Themen vertieften, verschickt die *Gen Z* Sprachnachrichten, kann ein komplettes Studium dank Online-Datenbanken ohne einen einzigen Bibliotheksbesuch meistern und ist in Anbetracht der unüberschaubaren Menge an vorhandenen Informationen geübter darin, sich einen Überblick zu verschaffen, als sich in Detailgenauigkeit zu ergehen.

Kein Wunder also, dass die *Gen Z* es nicht gelernt hat und sich entsprechend schwer damit tut, sich in der Tiefe mit Themen zu befassen, exakt zu arbeiten, auf Kleinigkeiten zu achten (siehe Abschn. 4.2.6). Kein Wunder also auch, dass die *Gen Z* sich schwer damit tut, anzuhalten, sich einzulassen, etwas auszuhalten, abzuwarten … Erinnert Ihr Euch an *FOMO*, die *Fear of Missing Out*? Hier kommt sie wieder zum Tragen … (siehe Abschn. 3.1.11) Wie soll man einen Schwebezustand aushalten, wenn an der nächsten Ecke eine weitere Verheißung wartet? Warum irgendwo bleiben, wo es sich nicht top anfühlt, wenn es doch so viele andere Möglichkeiten gibt? Warum sich verbindlich zeigen, wenn sich eventuell noch andere Optionen auftun? „Die Möglichkeit der heutigen Zeit, sich abzulenken oder einen anderen Pfad einzuschlagen, sind so mannigfaltig, dass die aktuelle Generation stärker sein muss als wir. Sie muss permanent einer Versuchung widerstehen und glaubt, dass es irgendwo anders ganz leicht ist", so Patrick Haberland (Managing Partner bei *DHR Global*, 2024). „Gebt nicht gleich auf, wenn es sich nicht von Beginn an 100 % anfühlt", rät Andrea Mesquita der *Gen Z*. „Versucht, über den Tellerrand zu schauen, kämpft Euch mal durch Situationen und reflektiert Euch auf Eurem Weg. Hierbei könnt Ihr sehr viel mehr lernen, als wenn Ihr immer gleich weiterzieht und aufgebt!" (Mesquita, HR Business Partner bei *valantic Management Consulting*, 2023). „Lasst Euch mal ein", so formuliert es Christoph Schwerdtle. „Hinter der nächsten Hürde wartet vielleicht etwas Spannenderes auf Euch, als wenn Ihr von einem Engagement zum nächsten springt und jeweils auf Erfüllung hofft" (Schwerdtle, Co-Founder & Managing Director bei *ECO Group*, 2023).

Stärkt Eure Resilienz, liebe *Gen Z*! Ja, es gibt viele Stationen im Leben, an denen es sich nicht zu verweilen lohnt. Doch man braucht eine Weile, um diese Stationen als solche zu erkennen. Erste negative Zeichen, die einen Fluchtimpuls auslösen, sind oft nur Zeichen, die überraschen, verunsichern, herausfordern. Häufig sind sie noch keine Indikatoren dafür, dass man sich an einem Ort befindet, den man verlassen sollte. Haltet länger aus, sammelt mehr Daten und rechnet damit, dass an der nächsten

Station, die Ihr testet, auch nicht alles passen wird. Häufig muss man ein Tal durchschreiten, um zu weiteren Lichtungen zu gelangen. Häufig muss man einen Berg erklimmen, um wieder den Horizont zu sehen. Es kann sein, dass Ihr diesen Ort, an dem Ihr Euch nicht wohlfühlt oder von dem Ihr Euch mehr versprochen habt, wieder verlassen solltet. Es kann aber auch sein, dass der Ort sich als ein guter entpuppen wird, wenn Ihr ihm etwas Zeit gebt und Euch einlasst. Nehmt Euch die Zeit, die Ihr braucht, um eine sichere Entscheidung zu treffen. Geht zudem davon aus, dass Vieles auch von Eurem Einsatz abhängt und von Eurer Bereitschaft, etwas beizutragen. Gehen kann man immer. Aber man braucht Zeit, Geduld, Mut *und* einen eigenen Beitrag, um zu erkennen, ob es sich vielleicht auch lohnt zu bleiben.

Eng zusammen mit der Tendenz, sich lieber erstmal nur halb einzulassen, mit einem Bein draußen zu bleiben, sich den Sitz auf der Zuschauertribüne zu sichern, vorerst nur zu testen, unverbindlich zu bleiben, hängt die Tendenz, sich nicht verantwortlich zu zeigen. Logisch – beides passt ja gar nicht zusammen: Ich kann mich nicht *halb* committen und *ganz* Verantwortung übernehmen. Andrea Mesquita konstatiert: „Weiterentwicklung oder auch Werte sind für die *Gen Z* auf dem Papier ein wichtiges Thema", so berichtet sie. „Immer wieder betonen sie das schon im Interview. Wenn es aber darum geht, eine passende Schulung für sich herauszusuchen oder die extra Meile zu gehen, dann fehlt oftmals die Energie" (Mesquita, HR Business Partner bei *valantic Management Consulting*, 2023). Barbara Günther hebt einen wichtigen Punkt hervor: „Ich gebe unseren jungen Mitarbeiter*innen häufig spannende Aufgaben, die ihnen viel Gestaltungsspielraum bieten. Dabei habe ich den Eindruck, dass sie sich unsicher fühlen, wie sie diesen Freiraum optimal nutzen können. Dies wäre eine wunderbare Gelegenheit für sie, Verantwortung zu übernehmen und ihre Kreativität aktiv einzubringen. Sie dürfen sich trauen und ausprobieren" (Günther, Director HR bei *Havas Media Germany*), 2024).

Als Hochschulprofessorin konnte ich über die vergangenen zwanzig Jahre beobachten, wie viele (bei weitem und zum Glück nicht alle) Studierende mehr und mehr zu Zuschauer*innen wurden. Sie verschanzen sich während der Vorlesung hinter ihren Laptops und schauen gelegentlich mal auf – vielleicht, weil sie für einen Moment glauben, es könnte jetzt doch spannend werden; vielleicht, weil sie den Eindruck vermitteln wollen, präsent zu sein. Vorlesungsräume werden meist von hinten nach vorne besetzt, sodass die ersten ein bis drei vorderen Reihen unbesetzt bleiben. Es gibt diese Tendenz zum inneren Rückzug, zum Zuschauertum, zum Bewerten aus sicherer Entfernung und einer vermeintlichen (sehr fragilen) Souveränität. Der Gedanke, dass eine Vorlesung, ein Projekt, eine Herausforderung spannender werden könnte, wenn man sich als einen aktiven Teil davon begreift, ist ein Stück weit verloren gegangen.

Die Haltung des Konsumierens schlägt die des Produzierens. Wer sich viel im Netz bewegt, nimmt die Welt über einen Bildschirm wahr. Die Wirklichkeit ist dann nicht echt, sondern medial vermittelt, und wir sind Zuschauer*innen. Wo es uns nicht gefällt, gehen wir raus. Wenn es uns gefällt, senden wir ein *Like*. Doch was im Netz funktioniert, funktioniert im echten Leben eben nicht. Wer Zuschauer*in bleibt, wird nie ein Teil des Geschehens. Wer nur konsumiert oder bestenfalls mal kommentiert, wird nie gestalten. Wer nicht gestaltet und somit zu einem Teil von etwas wird, wird nie ankommen.

Lasst Euch also mal ein, liebe *Gen Z*. Gebt Euch Zeit, um zu erkennen, ob Ihr diesen Ort wirklich schon wieder verlassen solltet. Verlasst die Zuschauertribüne und steigt aktiv mit in den Ring. Diskutiert mit, macht Vorschläge, werft Eure Beiträge ins Spiel und verschwindet nicht gleich wieder unauffällig, wenn es mal schwierig wird. Bleibt im Geschehen, übernehmt Verantwortung, zeigt Haltung – nur so können Stationen *Eure* Stationen werden. Nur so werdet Ihr wirklich erkennen, ob Ihr bleiben solltet oder doch weiterziehen wollt.

- **Nehmt Euch mehr Zeit**, um eine Station in Eurem Leben zu bewerten.
- **Zieht nicht gleich** beim ersten Fluchtimpuls **weiter**.
- **Lasst Euch ein**, tragt aktiv bei, übernehmt Verantwortung.

4.2.8 Wofür man Euch wirklich schätzt

Ihr seid, liebe Generation Z, liebe *Zoomer*, liebe *Digital Natives*, liebe Suchende, wie wahrscheinlich die meisten jungen Generationen, zumindest irgendwo in Euren Herzen noch so herrlich unbeschwert – trotz Klima-

4 Wie die Gen Z und Unternehmen ein Match werden

wandel, trotz Donald Trump und ähnlichen Hetze und Häme verbreitenden Figuren, trotz Pandemie, trotz persönlicher Sorgen und Krisen. Ihr lacht aus vollem Herzen, Ihr habt große Träume, Ihr könnt Euch stundenlang auf Tanzflächen verlieren und alles um Euch herum vergessen, Ihr seid untereinander tief verbunden in der ernst gemeinten Suche nach Eurem ganz persönlichen Glück. Ihr könnt Euch begeistern, Ihr könnt Euch stundenlang mit kuriosen Dingen beschäftigen, Ihr habt meist noch keine endlosen To-do-Listen auf Tischen liegen und versteht es, es Euch gut gehen zu lassen. Ihr probiert einfach mal aus, Ihr habt einen frischen Blick auf Dinge, Ihr belegt nicht alles gleich mit einem Label, Ihr schaut nicht nur durch Schablonen, Ihr denkt nicht bei jedem zweiten Vorschlag „Das haben wir schon ausprobiert. Das klappt nicht!". Ihr seid offen für allerlei, Ihr träumt, Ihr glaubt, Ihr spinnt, Ihr macht. Großartig!

Ihr habt ein enormes Interesse an der Welt, Ihr liebt das Reisen, Ihr wollt die Wunder dieser Welt sehen, Ihr befreundet Euch leicht mit Menschen rund um den Globus, Ihr seid sprachlich versiert, Ihr versteht es, Euch dank Eurer Kenntnis der unzähligen Möglichkeiten des Internets und der sozialen Medien souverän zu bewegen, Plätze zum Übernachten, ausgewählte Orte, besondere Locations, traumhafte Strände zu finden. „Ich finde ihre Offenheit klasse und ihr Interesse an der Welt. Sie sind meist schon viel gereist, verstehen sich mit Menschen rund um den Globus und begegnen anderen ganz selbstverständlich", bestätigt Patrick Haberland (Managing Partner bei *DHR Global*, 2024). Barbara Günther ergänzt: „Bereits in jungen Jahren beherrschen sie oft beeindruckend gut Englisch und häufig auch andere Sprachen. Ich schätze ihren frischen Blick auf die Dinge, denn sie bringen oft neue Ideen und Perspektiven ein. In dieser Hinsicht können wir viel von ihnen lernen" (Günther, Director HR bei *Havas Media Germany*, 2024).

Hemmungen gehen manchen von Euch tatsächlich vollständig ab. Das kann nach hinten losgehen (ein paar kuriose Stories habe ich zum Besten gegeben), das kann aber auch von Vorteil sein. Wo manch einer, der oder die viele Jahre in einem Unternehmen agiert, einfach nur noch still ist, keine Vorschläge mehr bringt, illusionslos auf das Ende von Meetings wartet, haut Ihr einfach etwas raus, setzt Euch vielleicht auf den Stuhl des Chefs oder der Chefin (und bringt damit unbewusst eine ganz neue Dynamik in eingefahrene Zusammenkünfte), stellt eine Frage, die längst überfällig ist, die sich aber niemand traut zu fragen. Achtung: Gefahrenzone, dünnes Eis, ganz gefährliches Terrain. Dennoch mein Aufruf: Behaltet Euch diese Art so lange wie möglich bei, sofern Ihr nicht den Bogen überspannt und alle gegen Euch aufbringt, weil das Signal der Respektlosigkeit größer ist als der Impuls des Neuen oder des bisher mit Verbots-Schildern versehenen Gedankens. „Kontroverse und andere Gedanken können in der Beratung wirklich helfen", so Andrea Mesquita. „Wenn es uns gelingt, gut funktionierende Mehrgenerationen-Teams zusammenzustellen, in denen keine Denk- oder Sprechverbote herrschen, sind wir am erfolgreichsten" (Mesquita, HR Business Partner bei *valantic Management Consulting*, 2023).

Ihr seid ganz klar in einigen Überzeugungen: (1) Arbeit ist Arbeit und Leben ist Leben; (2) Leben ist wichtiger als Arbeit; (3) Der etablierte Tausch Lebenszeit gegen Geld (viel Lebenszeit gegen viel Geld) überzeugt Euch nicht mehr; (4) Unternehmen müssen dafür Sorge tragen, dass es sich gut anfühlt, für sie zu arbeiten. Mit dieser klaren Haltung revolutioniert Ihr ein etabliertes Verständnis von Arbeit, das Generationen vor Euch geprägt und auch gebeutelt hat. Ihr glaubt fest daran, dass Erfolg und Leichtigkeit sich nicht ausschließen. Ihr seid entschlossen, so lange zu suchen, bis Ihr einen Ort gefunden habt, an dem Arbeiten sich gut anfühlt. Großartig! Und ehrlich gesagt auch: Danke! Danke, dass Ihr so deutlich Stellung bezieht und keine Kompromissbereitschaft mehr zeigt! Es wurde Zeit …

Schließlich ganz pragmatisch: Auch wenn ich zum Teil absolut überrascht davon bin, wie gering bei manchen von Euch manche grundlegenden Digitalkompetenzen ausgebildet sind (gerade vor ein paar Tagen erhielt die Kopie eines Abiturzeugnisses als Word-Dokument und fragte mich kurz, wie das überhaupt geht ;) – die meisten von Euch haben keine Scheu, sich mit digitalen Tools auseinanderzusetzen. Ihr traut Euch einfach, Ihr probiert aus, Ihr steigt direkt ein. Zudem seid Ihr die kritischsten Tester von Websites und digitalen Prozessen. „Jede Firma, die ihre *Customer Journeys* und *UX* verbessern möchte, braucht die *Gen Z*. Sie sagen dir in wenigen Minuten, wo es hakt, an welcher Stelle sie sich warum als Kunde ausklinken würden und wie es sein müsste, damit es besser läuft", so Jens Klemann. Und er ergänzt: „Man muss dann auch bereit sein, ihnen Verantwortung zu übergeben und es aushalten, dass sie anders arbeiten, als man selbst es tun würde. Es ist nicht gleich alles 100 % durchdacht, aber sie legen los und starten ohne kritische innere Stimme. Das ist Gold wert" (Klemann, Managing Partner bei STRA-TECO, 2023).

Liebe *Gen Z*, Ihr erstarrt nicht in Anbetracht von hoher Komplexität, Ihr seid besser im Multi-Tasking, Ihr scrollt in atemberaubender Geschwindigkeit durchs Netz, Ihr traut, Euch einfach auszuprobieren, Ihr seid schnell, Ihr verbindet Euch mit Menschen, Ihr seid international versiert, Ihr seid schwungvoll. Behaltet Euch diese Kompetenzen, diese Herangehensweisen so lange wie möglich bei! Und, liebe Firmenrepräsentierende, nutzt diese Schätze, die junge Kolleg*innen in Eure Teams bringen.

4.2.9 Verlasst toxische Umfelder - Hier könnt Ihr nichts gewinnen

Zum Schluss: Verlasst toxische Felder! So klar, so einfach. Bevor ich begann, mich mit Unternehmen auseinanderzusetzen, habe ich mir nicht vorstellen können, wie unprofessionell in vielen Firmen agiert wird. Wie viele andere unterstellte auch ich, dass in professionellen Kontexten (und als solchen bezeichnet man ja schließlich die Firmen- und Berufswelt) professionell gearbeitet wird. Doch – weit gefehlt! Im Nachhinein erkenne ich natürlich meinen naiven Blick; warum sollte es auf Firmenseite nicht ebenso viel Unprofessionalität geben wie auf der von Arbeitnehmer*innen, Lehrer*innen, Eltern, Ärzte, Professor*innen, Hundebesitzer*innen ;)?

Menschen gründen Firmen und haben wenig Ahnung von dem, auf was sie sich einlassen. Menschen übernehmen Abteilungen und haben keinerlei Ahnung von Personalführung und wenig Menschenkenntnis. Menschen stellen ein und bilden aus, obwohl sie sich selbst und ihr Leben nicht überhaupt nicht unter Kontrolle haben. Und natürlich das Gegenteil – es gibt fantastische Firmen, wunderbare Führungskräfte, Umfelder, in denen Menschen wachsen, gedeihen und beitragen. Ich beende also mein Buch mit dem Unterstreichen der wiederholt strapazierten Erkenntnis, dass die Welt bunt und die Wirklich differenziert ist. Jede und jeder von uns hat von daher die Aufgabe, sich Dinge individuell anzuschauen, Daten zu sammeln und auf Grundlage derer Entscheidungen zu treffen.

Da junge Menschen wenig Lebenserfahrung haben, fällt es ihnen schwerer, Erscheinungen einzuordnen. Sie müssen, wie alle anderen auch, Daten sammeln, um Situationen einschätzen zu können. Im Gegensatz zu älteren und erfahrenen Menschen haben sie aber keinen bis wenig umfangreiche Datensätze, mit denen sie die aktuell gesammelten Daten abgleichen können. Und das macht es für sie schwierig. Liebe *Gen Z*, geht also zunächst davon aus, dass die Berufswelt genauso bunt ist wie das Leben selbst und dass es gilt, gesunde Umfelder zu finden und toxische zu verlassen. Sammelt genügend Daten und lauft nicht gleich beim ersten Zweifel davon (siehe Abschn. 4.2.7). Geht aber entschieden, wenn das Maß voll ist und Ihr sicher sein könnt, dass Ihr dort, wo Ihr seid, nicht vorankommt, nicht wertgeschätzt werdet, Euch nicht entwickeln und von professionell agierenden Menschen lernen könnt. Zum Schluss: Sucht Euch in schwierigen Situationen eine oder zwei Person/en Eures Vertrauens und teilt Eure Erfahrungen (siehe Abschn. 4.2.5). Gute Sparringspartner erkennt Ihr daran, dass sie Euch nicht gleich mit einfachen Tipps oder klaren Ansagen versorgen, sondern Euch ihren Eindruck schildern, auf diese Weise Euren Datensatz bereichern und darauf vertrauen, dass Ihr für Euch die richtige Entscheidung treffen werdet.

Literatur

„Die illoyalsten Jobber aller Zeiten" – So tickt die Generation Z und darauf müssen sich Unternehmen einstellen. (2023, April 13). XING. https://www.xing.com/news/articles/die-illoyalsten-jobber-aller-zeiten-so-tickt-die-generation-z-und-darauf-mussen-sich-unternehmen-einstellen-5640665 (Zugriffsdatum: 2025, Januar 19)

Blum, F. (2023, Januar 20). Von Klimawandel bis Cybercrime – Unternehmensrisiken: Das sind die Top 10 in Deutschland. *Mittelstand Heute*. https://www.mittelstand-heute.com/unternehmensrisiken-das-sind-die-top-10-in-deutschland-2023 (Zugriffsdatum: 2025, Januar 19)

Lanz, M. (Moderator). (2024, Juni 18). *Markus Lanz* [Fernsehsendung]. Heidemanns, M. (Produzent). ZDF.

Thoms, A. (2022). Grüne Werte vor schwarzen Zahlen? Weshalb Nachhaltigkeit zum Erfolgsfaktor im Recruiting wird. In A. Esmailzadeh, Y. Meier, S. Birkner, et al. (Hrsg.), *Gen Z für Entscheider:innen* (S. 61–65). Campus Verlag.

Vapaux, V. (2021). *Generation Z – Zwischen Selbstverwirklichung, Insta-Einsamkeit und der Hoffnung auf eine bessere Welt*. Gräfe und Unzer.

Quellenverzeichnis

Brockschmidt, Oscar (dualer Bachelor-Student), persönliche Kommunikation, 15.12.2023.

Dahmen, Andreas (Gründer und Vorstand, *GHK Management Consulting*), persönliche Kommunikation, 11.10.2023.

Günther, Barbara (Director HR, *Havas Media Germany*), persönliche Kommunikation, 26. April 2024.

Haberland, Patrick (Managing Partner, *DHR Global*), persönliche Kommunikation, 15.03.2024.

Käs, Eva-Maria (Manager Marketing & Kommunikation, *neotares Consult*), persönliche Kommunikation, 17.07.2024.

Klemann, Jens (Managing Partner, *STRATECO*), persönliche Kommunikation, 27.11.2023.

Mesquita, Andrea (HR Business Partner, *valantic Management Consulting*), persönliche Kommunikation, 21.11.2023.

Nehfischer, Thomas (Co-Founder & Managing Director, *ECO Group*), persönliche Kommunikation, 24.11.2023.

Rahman, Ridita (duale Bachelor-Studentin), persönliche Kommunikation, 01.12.2023.

Schwerdtle, Christoph (Co-Founder & Managing Director, *ECO Group*), persönliche Kommunikation, 24.11.2023.

Weber, Alina (Master-Studentin), persönliche Kommunikation, 28.11.2023.

5

Schlusswort

In Deutschland herrscht Fachkräftemangel – mit dieser Feststellung sind wir in das vorliegende Buch eingestiegen. Unsere Gesellschaft ist eine alternde, es werden zu wenige Kinder geboren, Millionen von Boomern gehen in den nächsten Jahren in Rente, die Wirtschaft ächzt unter Personalknappheit, und Unternehmen bräuchten dringend insbesondere auch junge Menschen, die sie mit ihrem Know-How, ihrem Impetus und ihrer Vorwärtsgewandtheit fit für die Zukunft machen. Da jede und jeder gebraucht wird, junge Menschen früher in den Arbeitsmarkt eintreten und ältere häufig gar nicht daran denken, mit der Masse in Rente zu gehen, tummeln sich zurzeit mindestens vier verschiedene Generationen auf dem Arbeitsmarkt – die Boomer und die Generation X, die Generation Y und die *Gen Z*. Es treffen also Menschen mit sehr großem Altersabstand und verschiedensten Sozialisationserfahrungen, Werten, Kommunikationsgewohnheiten aufeinander: Die Boomer wurden geprägt von den Studentenrevolten, dem Kniefall Willy Brandts, dem Nato-Doppelbeschluss, dem RAF-Terror. Die *Gen Z* erlebt(e) den IS-Terror, Donald Trump und den Aufstieg der AfD, die Corona-Pandemie, den Überfall Russlands auf die Ukraine. Boomer schrieben ihre Hausarbeiten noch mit der Schreibmaschine, die *Gen Z* geht keinen Schritt ohne Smartphone. Boomer lebten, um zu arbeiten. Die *Gen Z* arbeitet, um zu leben. Boomer waren immer viele, die *Gen Z* ist begehrte Mangelware. Und dazwischen liegen unendlich viele Schattierungen dieser Differenzen, die ebenso zwischen der *Generation X/Golf* und Y/*Why* auszumachen sind. Beide Seiten brauchen einander: Die Firmen mit ihren Boomer- und Generation X-Entscheider*innen müssen passende junge Talente für ihre Unternehmen finden, begeistern und halten. Die jungen Menschen müssen passende Firmen finden, in denen sie ihren Lebensunterhalt erwerben können. Und nun treffen diese Gruppierungen aufeinander und verstehen die Welt bzw. das Gegenüber nicht mehr. Glauben Sie allen Ernstes, dass ich mich hier unter solchen Bedingungen krummlege und mich dazu noch von dem Chef anschreien lasse? Glauben Sie allen Ernstes, dass das Leben ein Wunschkonzert ist und man sich etwas immer nur so lange als Zuschauer anschauen kann, bis man die Nase voll hat und weiterzieht?

Im vorliegenden Buch, das sich nun dem Ende neigt, war es mir ein Anliegen, den unterschiedlichen aufeinandertreffenden Akteuren zu zeigen, wie sie Brücken zueinander bauen können. Ich habe sie dazu ermuntert, sich mit der Geschichte, dem Aufwachsen, den frühen Erfahrungen, den hieraus entstandenen Werten und Kommunikationsgewohnheiten der jeweils anderen vertraut zu machen. Im Fokus stand dabei die *Gen Z*, die zurzeit am meisten verwundert, überrascht und Rätsel aufgibt. Ich hoffe, es ist mir gelungen, ein wenig mehr Verständnis für diese Generation zu wecken: Warum sind sie, wie sie sind? Warum agieren sie, wie sie agieren? Zu welchen längst überfälligen Entwicklungen können sie uns verhelfen? Was können wir von ihnen lernen? Worin sind sie besonders stark? Inwiefern müssen wir sie unterstützen? Wo brauchen sie unsere *Guidance*? Wie müssen wir unsere Unternehmen gestalten, damit die *Gen Z* bereit ist, an Bord zu kommen und Beiträge zu leisten?

Ich hoffe darüber hinaus, dass es mir gelungen ist, der *Gen Z* ein wenig klarer zu machen, warum sie gelegentlich unerwartete Reaktionen hervorruft. Habt ein wenig Respekt vor den Menschen, mit denen Ihr zu tun habt! Bleibt mal stehen, lasst Euch auf Dinge ein! Gestaltet mit und übernehmt Verantwortung! Arbeitet exakt und haltet nicht jedes Feedback für ausgemachten Blödsinn! Behaltet im Kopf: Ein Arbeitsverhältnis ist ein Deal, der vom Nehmen *und* Geben lebt. Entwickelt ein Auge für das, was

Ihr unter Umständen von Menschen mit mehr Erfahrung lernen könnt. Behaltet Euch zugleich Eure ungestüme Art bei und provoziert gerne die eine oder andere Revolution.

Zum Schluss: Liebe Leserin, lieber Leser – ich habe versucht, einen bzw. hoffentlich mehrere Punkte zu machen und kam aus diesem Grund ums gelegentliche Pauschalisieren nicht herum. Ich hoffe, es ist deutlich geworden: Die Repräsentierenden der *Gen Z* sind ebenso wie jene der Boomer, der Generation X und Y Individuen mit unterschiedlichsten Ausprägungen. Und dennoch teilen die Menschen einer Generation gemeinsame Erfahrungen, Prägungen und Haltungen, die wiederum unterschiedlichste Schattierungen annehmen können. Ich wünsche allen viel Freude bei der Beschäftigung mit dem jeweils Anderem, mit der Konfrontation mit den eigenen Schatten und der Erkenntnis, dass aus all dem Brücken gebaut werden können, die sicher nicht nur Unternehmen und junge Arbeitnehmer*innen auf neue Wege leiten.

Made in the USA
Monee, IL
03 May 2026

49438548R00108